Daniela Schroeder **Baurecht Nordrhein-Westfalen**

JURIQ Erfolgstraining
Herausgegeben von JURIQ® Juristisches Repetitorium, Köln

Baurecht Nordrhein-Westfalen

von
Rechtsanwältin Dr. Daniela Schroeder, LL.M.

Bibliografische Information der Deutschen Nationalbibliothek
Die Deutsche Nationalbibliothek verzeichnet diese Publikation in der
Deutschen Nationalbibliografie; detaillierte bibliografische Daten sind
im Internet über <http.//dnb.d-nb.de> abrufbar.

Bei der Herstellung des Werkes haben wir uns zukunftsbewusst für umweltverträgliche
und wiederverwertbare Materialien entschieden. Der Inhalt ist auf elementar chlorfreiem
Papier gedruckt.

ISBN 978-3-8114-7048-4

E-Mail: kundenbetreuung@hjr-verlag.de
Telefon: +49 89/2183-7928
Telefax: +49 89/2183-7620

© 2010 C.F. Müller, eine Marke der Verlagsgruppe Hüthig Jehle Rehm GmbH
Heidelberg, München, Landsberg, Frechen, Hamburg

www.cfmueller-campus.de
www.hjr-verlag.de

Dieses Werk, einschließlich aller seiner Teile, ist urheberrechtlich geschützt. Jede Verwertung
außerhalb der engen Grenzen des Urheberrechtsgesetzes ist ohne Zustimmung des Verlages
unzulässig und strafbar. Das gilt insbesondere für Vervielfältigungen, Übersetzungen, Mikro-
verfilmungen und die Einspeicherung und Bearbeitung in elektronischen Systemen.

Satz: TypoScript, München
Illustrationen: Mattfeldt & Sänger, München
Druck: Fuldaer Verlagsanstalt, Fulda

Liebe Leserinnen und Leser,

die neue Reihe „JURIQ Erfolgstraining" zur Klausur- und Prüfungsvorbereitung verbindet sowohl für Studienanfänger als auch für höhere Semester die Vorzüge des klassischen Lehrbuchs mit meiner Unterrichtserfahrung zu einem umfassenden Lernkonzept aus Skript und Online-Training.

In einem ersten Schritt geht es um das **Erlernen** der nach Prüfungsrelevanz ausgewählten und gewichteten Inhalte und Themenstellungen. Einleitende Prüfungsschemata sorgen für eine klare Struktur und weisen auf die typischen Problemkreise hin, die Sie in einer Klausur kennen und beherrschen müssen. Neu ist die **visuelle Lernunterstützung** durch
- ein nach didaktischen Gesichtspunkten ausgewähltes Farblayout
- optische Verstärkung durch einprägsame Graphiken und
- wiederkehrende Symbole am Rand

    ◯ = Definition zum Auswendiglernen und Wiederholen

    (P) = Problempunkt

    @ = Online-Wissens-Check

Illustrationen als „Lernanker" für schwierige Beispiele und Fallkonstellationen steigern die Merk- und Erinnerungsleistung Ihres Langzeitgedächtnisses.

Auf die Phase des Lernens folgt das **Wiederholen und Überprüfen** des Erlernten im **Online-Wissens-Check**: Wenn Sie im Internet unter www.juracademy.de/skripte/login das speziell auf dieses Skript abgestimmte Wissens-, Definitions- und Aufbautraining absolvieren, erhalten Sie ein direktes Feedback zu Ihrem eigenen Wissensstand und kontrollieren damit Ihren individuellen Lernfortschritt. Durch dieses aktive Lernen vertiefen Sie zudem nachhaltig und damit erfolgreich Ihre Kenntnisse im Baurecht NRW!

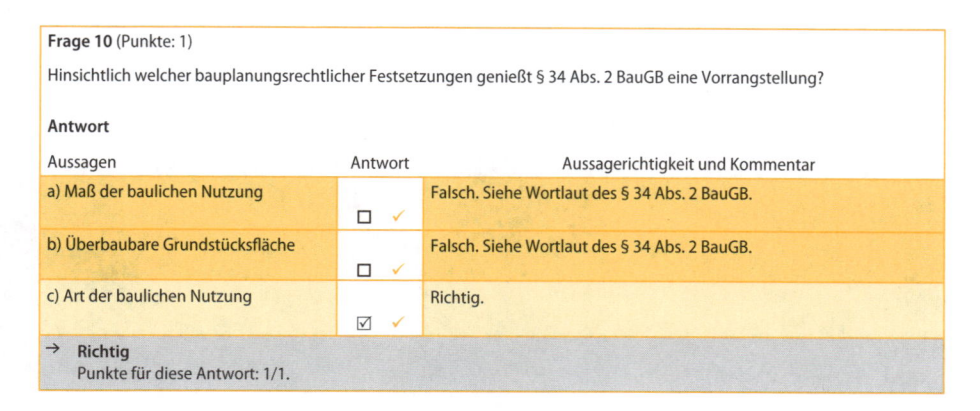

Frage 10 (Punkte: 1)		
Hinsichtlich welcher bauplanungsrechtlicher Festsetzungen genießt § 34 Abs. 2 BauGB eine Vorrangstellung?		
Antwort		
Aussagen	Antwort	Aussagerichtigkeit und Kommentar
a) Maß der baulichen Nutzung	☐ ✓	Falsch. Siehe Wortlaut des § 34 Abs. 2 BauGB.
b) Überbaubare Grundstücksfläche	☐ ✓	Falsch. Siehe Wortlaut des § 34 Abs. 2 BauGB.
c) Art der baulichen Nutzung	☑ ✓	Richtig.
→ **Richtig** Punkte für diese Antwort: 1/1.		

Schließlich geht es um das **Anwenden und Einüben** des Lernstoffes anhand von Übungsfällen verschiedener Schwierigkeitsstufen, die im Gutachtenstil gelöst werden. Die JURIQ **Klausurtipps** zu gängigen Fallkonstellationen und häufigen Fehlerquellen weisen Ihnen dabei den Weg durch den Problemdschungel in der Prüfungssituation.

Vorwort

Das **Lerncoaching** jenseits der rein juristischen Inhalte (nach Seite XIII) ist als zusätzlicher Service zum Informieren und Sammeln gedacht: Ein erfahrener Psychologe stellt u.a. Themen wie Motivation, Leistungsfähigkeit und Zeitmanagement anschaulich dar, zeigt Wege zur Analyse und Verbesserung des eigenen Lernstils auf und gibt Tipps für eine optimale Nutzung der Lernzeit und zur Überwindung evtl. Lernblockaden.

Das Skript Baurecht Nordrhein-Westfalen behandelt die prüfungsrelevanten Themen des öffentlichen Baurechts aus den Bereichen kommunale Bauleitplanung, bauplanungsrechtliche Zulässigkeit von Vorhaben sowie präventive und repressive Bauüberwachung. Dargestellt werden sowohl die materiell-rechtlichen als auch die verfahrens- bzw. prozessrechtlichen Problemstellungen.

Auf geht's – ich wünsche Ihnen viel Freude und Erfolg beim Erarbeiten des Stoffs!

Und noch etwas: Das Examen kann jeder schaffen, der sein juristisches Handwerkszeug beherrscht und kontinuierlich anwendet. Jura ist kein „Hexenwerk". Setzen Sie nie ausschließlich auf auswendig gelerntes Wissen, sondern auf Ihr Systemverständnis und ein solides methodisches Handwerk. Und schreiben Sie uns, wenn Sie Hilfe brauchen oder sonst etwas loswerden möchten. Dazu sind wir da, und zwar unter der Adresse: JURIQ GmbH, Bachemer Str. 33, 50931 Köln, E-Mail: team@juriq.de. Sehr dankbar sind wir auch für Hinweise auf Druckfehler, die sich leider nie ganz ausschließen lassen.

Köln, August 2010 *Daniela Schroeder*

Inhaltsverzeichnis

	Rn.	Seite
Vorwort		V
Literaturverzeichnis		XIII

1. Teil
Einführung 1   1

2. Teil
Grundlagen des öffentlichen Baurechts 3   2
A. Begriff des Baurechts 4   2
B. Unterscheidung zwischen privatem und öffentlichem Baurecht 5   2
    I. Privates Baurecht 6   2
    II. Öffentliches Baurecht 7   3
    III. Verhältnis zwischen privatem und öffentlichem Baurecht 9   4
C. Gesetzgebungskompetenzen für den Bereich des öffentlichen Baurechts nach dem Grundgesetz 12   6
    I. Bauplanungsrecht 13   6
    II. Bauordnungsrecht 14   7

3. Teil
Kommunale Bauleitplanung 16   9
A. Überblick 16   9
B. Bauleitpläne gemäß § 1 Abs. 2 BauGB 23   10
    I. Flächennutzungsplan 24   11
        1. Gegenstand und Inhalt des Flächennutzungsplans 25   11
        2. Rechtsnatur des Flächennutzungsplans 30   12
    II. Bebauungsplan 31   12
        1. Gegenstand und Inhalt des Bebauungsplans 32   13
        2. Rechtsnatur des Bebauungsplans 38   14
C. Rechtmäßigkeit eines Bebauungsplans 39   14
    I. Ermächtigungsgrundlage 43   16
    II. Formelle Rechtmäßigkeit des Bebauungsplans 44   16
        1. Zuständigkeit der Gemeinde 45   17
            a) Verbandskompetenz 46   17
            b) Organkompetenz 47   17
        2. Verfahren 49   18
            a) Aufstellungsbeschluss 50   18
            b) Umweltprüfung 54   19
            c) Frühzeitige Beteiligung der Öffentlichkeit und der Behörden 56   19
            d) Erarbeitung eines Planentwurfs 62   21
            e) Förmliche Beteiligung der Öffentlichkeit und der Behörden 63   21

	Rn.	Seite
f) Ermittlung und Bewertung abwägungsrelevanter Belange	72	23
g) Gemeindebeschluss über den Bebauungsplan	80	25
h) (Ausnahmsweise) Genehmigung des Bebauungsplans	81	26
i) Ausfertigung und ortsübliche Bekanntmachung des Bebauungsplans	82	26
III. Materielle Rechtmäßigkeit des Bebauungsplans	84	26
1. Planrechtfertigung	85	27
2. Planungsermessen	93	29
a) Anpassungspflicht an die Ziele der Raumordnung	94	29
b) Vorgaben für Planinhalte	96	30
c) Entwicklungsgebot	105	32
3. Ordnungsgemäße Abwägung aller Belange	106	32
D. Die Folgen von Verletzungen des BauGB bei der Aufstellung eines Bebauungsplans	116	35
I. Überblick	116	35
II. Bei Vorliegen einer Verletzung von Verfahrens- und Formvorschriften des BauGB	123	39
1. Unbeachtliche Verletzung nach § 214 Abs. 1 S. 1 BauGB	124	39
2. Beachtliche Verletzung einer Form- oder Verfahrensvorschrift nach § 214 Abs. 1 S. 1 Nr. 1, Nr. 2 Hs. 1, Nr. 3 Hs. 1 oder Nr. 4 BauGB	126	39
a) Beachtliche Verletzung des § 2 Abs. 3 BauGB nach § 214 Abs. 1 S. 1 Nr. 1 BauGB	126	39
b) Beachtliche Verletzung einer Form- oder Verfahrensvorschrift nach § 214 Abs. 1 S. 1 Nr. 2 Hs. 1 BauGB	140	43
c) Beachtliche Verletzung einer Form- oder Verfahrensvorschrift nach § 214 Abs. 1 S. 1 Nr. 3 Hs. 1 BauGB	141	43
d) Beachtliche Verletzung einer Form- oder Verfahrensvorschrift nach § 214 Abs. 1 S. 1 Nr. 4 BauGB	142	43
3. Interne Unbeachtlichkeitsvorschrift des § 214 Abs. 1 S. 1 Nr. 2 Hs. 2 oder Nr. 3 Hs. 2 oder Hs. 3 BauGB	143	43
4. Behebung der beachtlichen Verletzung von Verfahrens- oder Formvorschriften durch ein ergänzendes Verfahren nach § 214 Abs. 4 BauGB	146	44
5. Unbeachtlichwerden der nach § 214 Abs. 1 S. 1 Nr. 1–3 BauGB beachtlichen und nach § 214 Abs. 4 BauGB nicht behobenen Verletzung von Verfahrens- oder Formvorschriften gemäß § 215 Abs. 1 Nr. 1 BauGB	148	44
III. Bei Vorliegen einer Verletzung des Entwicklungsgebots i.S.d. § 8 BauGB	149	45
1. Unbeachtliche Verletzung des Entwicklungsgebots nach § 214 Abs. 2 BauGB	150	45
2. Behebung der beachtlichen Verletzung des Entwicklungsgebots nach § 214 Abs. 4 BauGB	152	45
3. Unbeachtlichwerden der nach § 214 Abs. 2 BauGB beachtlichen und nach § 214 Abs. 4 BauGB nicht behobenen Verletzung des Entwicklungsgebots	153	45

	Rn.	Seite
IV. Bei Vorliegen einer Verletzung des Abwägungsgebots i.S.d. § 1 Abs. 7 BauGB	154	46
1. Überblick	154	46
2. Erhebliche Verletzung nach § 214 Abs. 3 S. 2 Hs. 2 BauGB	156	46
3. Behebung der erheblichen Verletzung des Abwägungsgebots nach § 214 Abs. 4 BauGB	159	47
4. Unbeachtlichwerden der erheblichen Verletzung des Abwägungsgebots nach § 215 Abs. 1 S. 1 Nr. 3 BauGB	160	47
E. Sicherung der kommunalen Bauleitplanung	161	47
I. Überblick	161	47
II. Veränderungssperre	162	48
1. Überblick	162	48
2. Ermächtigungsgrundlage	164	49
3. Formelle Rechtmäßigkeit	165	49
a) Zuständigkeit	166	49
b) Verfahren	167	49
c) Form	168	49
d) Bekanntgabe	169	49
4. Materielle Rechtmäßigkeit	170	49
a) Wirksamer Beschluss, einen Bebauungsplan aufzustellen	171	50
b) Erforderlichkeit der Veränderungssperre zur Sicherung der Planung	174	50
5. Ermessen	177	52
6. Wirkungen der Veränderungssperre	178	52
III. Zurückstellung von Baugesuchen	182	53
F. Rechtsschutz gegen einen Bebauungsplan	184	54
I. Überblick	184	54
II. Zulässigkeit des Normenkontrollantrags	190	56
1. „Im Rahmen seiner Gerichtsbarkeit"	191	56
2. Statthafte Verfahrensart	193	56
3. Antragsberechtigung	198	58
4. Antragsbefugnis	200	58
5. Richtiger Antragsgegner	207	60
6. Antragsfrist	208	60
7. Präklusion	209	60
8. Ordnungsgemäßer Antrag	210	60
9. Zuständiges Gericht	211	60
10. Rechtsschutzbedürfnis	212	61
III. Begründetheit des Normenkontrollantrags	213	61
IV. Inhalt der gerichtlichen Entscheidung	221	64
V. Entscheidungsfolgen	222	64
G. Übungsfall Nr. 1	223	65

	Rn.	Seite

4. Teil
Bauplanungsrechtliche Zulässigkeit von Vorhaben 225 72
- **A. Überblick** 225 72
- **B. Anwendbarkeit der §§ 30 ff. BauGB** 229 75
  - I. Privilegierte Planfeststellung gemäß § 38 BauGB? 230 75
  - II. Vorhaben i.S.d. § 29 Abs. 1 BauGB? 232 75
    1. Bauliche Anlage 233 76
    2. Errichtung, Änderung oder Nutzungsänderung 236 76
- **C. Zulässigkeit des Vorhabens nach §§ 30 ff. BauGB** 240 77
  - I. Zulässigkeit des Vorhabens nach §§ 30, 34, 35 BauGB 241 77
    1. Bestimmung des maßgeblichen Bereichs 242 77
       a) (Ganz oder teilweise) beplanter Bereich 243 78
       b) (Gänzlich) unbeplanter Bereich 253 80
    2. Vereinbarkeit des Bauvorhabens mit §§ 30, 34 oder 35 BauGB 254 81
       a) Bei Vorhaben im Bereich eines qualifizierten Bebauungsplans: Vereinbarkeit des Vorhabens mit § 30 Abs. 1 BauGB 255 81
       b) Bei Vorhaben im Bereich eines einfachen Bebauungsplans im Innenbereich: Vereinbarkeit des Vorhabens mit §§ 30 Abs. 3, 34 BauGB 266 85
       c) Bei Vorhaben im Bereich eines einfachen Bebauungsplans im Außenbereich: Vereinbarkeit des Vorhabens mit §§ 30 Abs. 3, 35 BauGB 284 91
       d) Bei Vorhaben im gänzlich unbeplanten Innen- oder Außenbereich: Vereinbarkeit des Vorhabens mit § 34 BauGB oder § 35 BauGB 318 99
  - II. Zulässigkeit des Bauvorhabens nach § 33 BauGB 319 99
    1. Überblick 319 99
    2. Zulässigkeitsvoraussetzungen 321 100
       a) Sog. formelle Planreife 322 100
       b) Sog. materielle Planreife 324 100
       c) Schriftliches Anerkenntnis der Festsetzungen durch den Antragsteller für sich und seine Rechtsnachfolger 325 101
       d) Gesicherte Erschließung 326 101
  - III. Gemeindliches Einvernehmen 327 101
    1. Überblick 327 101
    2. Anforderungen an das Einvernehmen der Gemeinde 332 103
       a) Formell-rechtliche Anforderungen an das Einvernehmen der Gemeinde 333 104
       b) Materiell-rechtliche Anforderungen an das Einvernehmen der Gemeinde 334 104
    3. Rechtsnatur des Einvernehmens der Gemeinde 335 104
    4. Rechtswirkungen des (nicht) erteilten Einvernehmens der Gemeinde für das Baugenehmigungsverfahren 336 104
    5. Ersetzung des rechtswidrig versagten Einvernehmens der Gemeinde 338 105
- **D. Übungsfall Nr. 2** 341 107

	Rn.	Seite

5. Teil
Präventive Bauüberwachung: Die Baugenehmigung — 343 / 112

A. Überblick — 343 / 112
B. Baugenehmigung als präventives Verbot mit Erlaubnisvorbehalt — 346 / 113
C. Rechtsnatur der Baugenehmigung — 348 / 114
D. Arten der Baugenehmigung — 354 / 115
   I. Vorbescheid — 355 / 115
   II. Teilbaugenehmigung — 359 / 116
E. Anspruch auf Erteilung einer Baugenehmigung — 362 / 117
   I. Überblick — 362 / 117
   II. Anspruchsgrundlage — 365 / 118
   III. Formell-rechtliche Anspruchsvoraussetzungen — 366 / 118
      1. Ordnungsgemäßer Bauantrag — 367 / 118
      2. Zuständige Behörde — 370 / 120
         a) Sachliche Zuständigkeit — 371 / 120
         b) Örtliche Zuständigkeit — 373 / 120
      3. Verfahren — 374 / 121
   IV. Materiell-rechtliche Anspruchsvoraussetzungen — 375 / 121
      1. Genehmigungspflichtigkeit des Vorhabens — 376 / 121
      2. Genehmigungsfähigkeit des Vorhabens — 381 / 123
         a) Vereinbarkeit des Vorhabens mit dem Bauplanungsrecht — 385 / 125
         b) Vereinbarkeit des Vorhabens mit dem Bauordnungsrecht — 386 / 125
         c) Vereinbarkeit des Vorhabens mit sonstigen öffentlich-rechtlichen Vorschriften — 388 / 125
F. Mögliche Entscheidungen der Bauaufsichtsbehörde; Nebenbestimmungen; Baulasten — 390 / 126
   I. Ablehnende Entscheidung der Bauaufsichtsbehörde — 390 / 126
   II. Erteilung der Baugenehmigung — 391 / 127
   III. Erteilung der Baugenehmigung unter Beifügung von Nebenbestimmungen — 392 / 127
   IV. Erteilung einer Baugenehmigung und Baulast — 396 / 128
G. Rechtsschutz des Bauherrn und des Nachbarn im Zusammenhang mit einer Baugenehmigung — 398 / 129
   I. Überblick — 398 / 129
   II. Rechtsschutz des Bauherrn — 399 / 129
      1. Rechtsschutzbegehren: Erteilung einer Baugenehmigung — 399 / 129
      2. Rechtsschutzbegehren: Aufhebung einer Nebenbestimmung — 404 / 131
   III. Rechtsschutz des Nachbarn — 405 / 131
      1. Rechtsschutzbegehren: Aufhebung der dem Bauherrn erteilten Baugenehmigung — 405 / 131
      2. Rechtsschutzbegehren: Aussetzung der Vollziehung der Baugenehmigung — 422 / 137
H. Übungsfall Nr. 3 — 429 / 141

	Rn.	Seite
6. Teil **Repressive Bauüberwachung: Bauaufsichtliche Eingriffsverfügungen**	431	145
A. Überblick	431	145
B. Rechtmäßigkeit einer bauaufsichtlichen Verfügung	437	147
I. Ermächtigungsgrundlage	439	148
II. Formelle Rechtmäßigkeit	441	148
1. Zuständigkeit	442	148
2. Verfahren	444	148
3. Form	445	149
4. Begründung	446	149
III. Materielle Rechtmäßigkeit	447	149
1. Vorliegen eines baurechtswidrigen Zustandes	448	149
a) Formelle Baurechtswidrigkeit	449	149
b) Materielle Baurechtswidrigkeit	451	150
2. Tatbestandsvoraussetzungen der Maßnahme repressiver Bauüberwachung	452	150
a) Stilllegungsverfügung	454	150
b) Nutzungsuntersagung	455	151
c) Abrissverfügung	456	152
IV. Ermessen	461	153
1. Ermessensentscheidung	462	153
2. Grenzen des Ermessens	463	154
a) Verhältnismäßigkeitsgrundsatz	464	154
b) Gleichheitssatz	466	155
c) Behördliche Duldung oder Verwirkung	467	155
3. Richtiger Adressat	469	156
C. Vollstreckung einer bauaufsichtlichen Verfügung	473	156
D. Rechtsschutz gegen bauaufsichtliche Verfügungen	475	157
I. Überblick	475	157
II. Rechtsschutz des Bauherrn gegen bauaufsichtliche Verfügungen	476	157
1. Rechtsschutzziel: Aufhebung der bauaufsichtlichen Verfügung	476	157
2. Rechtsschutzziel: Wiederherstellung der aufschiebenden Wirkung der Anfechtungsklage	478	157
3. Rechtsschutzziel: Aufhebung einer Vollstreckungsmaßnahme	481	158
III. Rechtsschutz des Nachbarn gegen bauaufsichtliche Verfügungen	484	158
1. Rechtsschutzziel: Erlass einer bauaufsichtlichen Verfügung	484	158
2. Rechtsschutzziel: Erlass einer einstweiligen Anordnung	487	159
E. Übungsfall Nr. 4	488	160
Sachverzeichnis		167

Literaturverzeichnis

Battis/Krautzberger/Löhr	BauGB. Kommentar, 11. Aufl. 2009
Brandt/Sachs (Hrsg.)	Handbuch Verwaltungsverfahren und Verwaltungsprozessrecht, 2. Aufl. 2009
Brenner	Öffentliches Baurecht, 3. Aufl. 2009
Dietlein/Burgi/Hellermann	Öffentliches Recht in Nordrhein-Westfalen, 3. Aufl. 2009
Finkelnburg/Ortloff	Öffentliches Baurecht, Bd. II, 5. Aufl. 2005 (die 6. Aufl. 2010 ist nach Drucklegung des Skripts erschienen)
Gädtke/Temme/Heintz/Czepuck	BauO NRW. Kommentar, 11. Aufl. 2008
Hoppe/Bönker/Grotefels	Öffentliches Baurecht, 4. Aufl. 2010
Kopp/Schenke	VwGO. Kommentar, 16. Aufl. 2009
Schenke	Verwaltungsprozessrecht, 12. Aufl. 2009
Schrödter, W. (Hrsg.)	BauGB. Kommentar, 7. Aufl. 2005
Sodan/Ziekow	VwGO, 3. Aufl. 2010
Spannowsky/Uechtritz (Hrsg.)	BauGB. Kommentar, 2009
Stollmann	Öffentliches Baurecht, 6. Aufl. 2009
Tettinger/Erbguth/Mann	Besonderes Verwaltungsrecht, 10. Aufl. 2009
Würtenberger	Verwaltungsprozessrecht, 2. Aufl. 2006

Tipps vom Lerncoach

Warum Lerntipps in einem Jura-Skript?

Es gibt in Deutschland ca. 1,6 Millionen Studierende, deren tägliche Beschäftigung das Lernen ist. Lernende, die stets ohne Anstrengung erfolgreich sind, die nie kleinere oder größere Lernprobleme hatten, sind eher selten. Besonders juristische Lerninhalte sind komplex und anspruchsvoll. Unsere Skripte sind deshalb fachlich und didaktisch sinnvoll aufgebaut, um das Lernen zu erleichtern.

Über fundierte Lerntipps wollen wir darüber hinaus all diejenigen ansprechen, die ihr Lern- und Arbeitsverhalten verbessern und unangenehme Lernphasen schneller überwinden wollen.

Diese Tipps stammen von *Frank Wenderoth*, der als Diplom-Psychologe seit vielen Jahren in der Personal- und Organisationsentwicklung als Berater und Personal Coach tätig ist und außerdem Jurastudierende in der Prüfungsvorbereitung und bei beruflichen Weichenstellungen berät.

Wie lernen Menschen?

Die Wunschvorstellung ist häufig, ohne Anstrengung oder ohne eigene Aktivität „à la Nürnberger Trichter" lernen zu können. Die modernen Neurowissenschaften und auch die Psychologie zeigen jedoch, dass Lernen ein aktiver Aufnahme- und Verarbeitungsprozess ist, der auch nur durch aktive Methoden verbessert werden kann. Sie müssen sich also für sich selbst einsetzen, um Ihre Lernprozesse zu fördern. Sie verbuchen die Erfolge dann auch stets für sich.

Gibt es wichtigere und weniger wichtige Lerntipps?

Auch das bestimmen Sie selbst. Die Lerntipps sind Anregungen zu verstehen, die Sie aktiv einsetzen, erproben und ganz individuell auf Ihre Lernsituation anpassen können. Die Tipps sind pro Rechtsgebiet thematisch aufeinander abgestimmt und ergänzen sich von Skript zu Skript, können aber auch unabhängig voneinander genutzt werden.

Verstehen Sie die Lerntipps „à la carte"! Sie wählen das aus, was Ihnen nützlich erscheint, um Ihre Lernprozesse noch effektiver und ökonomischer gestalten zu können!

Lernthema 5
Mentale Techniken und Entspannung

Im Folgenden finden Sie konkrete Anwendungs- und Übungsvorschläge, um Ihre Aufmerksamkeit so zu lenken, dass es Ihnen leichter fällt, sich zu entspannen oder sich nach Arbeitsphasen zu regenerieren. Jeder Mensch besitzt die Fähigkeit, das natürliche Phänomen der Alltagshypnose oder Trance gezielt zu nutzen. Sie haben es selbst schon erlebt, z. B. bei Tagträumen mit offenen Augen, wenn Ihre Aufmerksamkeit „weggdriftet"! Sie können auch absichtlich Ihre Gedanken und Aufmerksamkeit in bestimmte Richtungen lenken, so dass Sie sich entspannter, leichter, motivierter oder auch kompetenter fühlen. Ihre Aufmerksamkeitslenkung bestimmt also auch Ihr Erleben und die damit verbundenen Gefühle. Diese Trancefähigkeit von Menschen macht man sich bei Hypnoseverfahren in der Psychotherapie und Medizin zu Nutze (Ängste, Schlafstörungen, Depressionen oder starke Schmerzen). Im Führungskräftecoaching nutzt man mentale Techniken, die den Umgang mit Stress und Konflikten erleichtern. Warum sollten wir diese nicht auch zur Entspannung beim Prüfungslernen nutzen?!

Lerntipps

Nutzen Sie Ihre mentalen Möglichkeiten stärker als bisher aus!

Damit Sie sich in Trance „hypnotisieren", müssen Sie aktiv mitarbeiten und üben. Nur wenn Sie wollen, können Sie sich aktiv auf bestimmte für Sie vielleicht neue Vorgehensweisen, Gedanken und Innenbilder einlassen. Mit mentalen Techniken kann man durch relativ einfache Übungen schnell eine tiefe Entspannung erreichen. Entspannung dient der Erholung, dem Stressabbau und der Wiederherstellung körperlicher und seelischer Ausgeglichenheit. Mit viel Übung z. B. auch in einem „Selbsthypnosetraining" bei einem Coach können Sie innerhalb weniger Minuten, häufig manchmal sogar Sekunden sich tiefenentspannen oder akute Blockaden lösen. Weil wir in Trance für Anweisungen (Suggestionen) empfänglicher sind, können Sie geeignete Autosuggestionen sogar nutzen, um Ihr Lernverhalten positiv zu beeinflussen.

Mentale Techniken und Entspannung

Positive Innenbilder fördern!

Begünstigen Sie Ihre Innenbilder, indem Sie stets mehreren Sinneskanälen Beachtung schenken. Je komplexer und plastischer das Bild, umso stärker werden die an die Wahrnehmung gekoppelten Erlebenskomponenten aktiviert, also die Gefühle. Die Innenrealität wirkt am besten, wenn Sie sich von der Außenrealität und Außenreizen abschirmen. Halten Sie die Augen geschlossen – Sie können auch eine Augenbinde oder Augenmaske zu Hilfe nehmen (siehe auch unten den Lerntipp zur Augenfixierung).

Da unsere Innenbilder vielfältige innere Verarbeitungsprozesse hervorrufen und damit verbunden sind, können auch unangenehme Gefühle auftreten, die uns nicht erklärbar sind. Damit sollten Sie ganz gelassen umgehen, weil das normal ist und die Gelassenheit schon ein Abklingen bewirken kann.

Falls Bilder erscheinen, die unangenehm sind und sich „verfestigen", so brechen Sie abrupt ab und schalten bewusst auf ein schönes Bild, eine schöne Erinnerung um. Sie brauchen lernförderliche Bilder.

Finden Sie einen geeigneten Rahmen!

Schalten Sie vor der Entspannung mögliche Störgeräusche aus (Telefon, geöffnetes Fenster). Achten Sie darauf, dass Sie nicht gestört werden (Schild an die Tür …). Benutzen Sie einen bequemen Sessel, Stuhl oder ein Sofa, auf dem Sie abschalten können. Achten Sie darauf, dass die Übungen räumlich in Ihrem Freizeitbereich, also nicht im Arbeitsbereich durchgeführt werden, wenn es Ihnen möglich ist. Legen Sie zu Beginn jeder Übung fest, wie lange sie dauern soll (Ruhebild in der Trainingsphase z.B. nach 15 Minuten die Augen öffnen). Verlassen Sie sich darauf, dass Sie nach Ihrer Zeitvorgabe, die Augen wieder öffnen, stellen sie sich eventuell einen leise summenden Wecker, den Sie bald aber entbehren können. Entspannung erreichen Sie natürlich nach viel Kaffee- oder Colakonsum nur schlecht. Bei Übermüdung oder nach Alkoholgenuss wird man wahrscheinlich nur durch eine Portion Schlaf frischer.

Leiten Sie Ihre „Selbsthypnose" durch eine Augenfixierung ein!

Die Einleitung verschiedener mentaler Techniken besteht darin, die Aufmerksamkeit von äußeren Geschehnissen weg immer mehr zu innerem Erleben zu lenken.

Es geht los mit einem Bild – wählen Sie Ihr Ruhebild aus!

In allen „Hypnosesitzungen" ist das „Ruhebild" zum Einstieg zentral. Es dient dazu, die Entspannung zu verbessern und so das innere Gleichgewicht leichter herzustellen. Das Bild sollte angenehm und mit Ruhe verbunden sein. Häufig werden als angenehm erlebte Szenen aus dem Urlaub gewählt, wie z.B. der Blick von einer Alpenwiese auf die Berge, oder man betrachtet die Hügel der Toskana, man liegt auf einer Wiese oder am Strand, schaut auf das Meer oder geht im Wald spazieren. In diesen Bildern sollten Sie ausreichend Zeit haben und länger dort verweilen können. Das Interessante ist, dass unser Gehirn in der Wirkung plastische Innenbilder nicht von äußeren Gegebenheiten unterscheidet. Das ist bei Problemen und Ängsten übrigens genauso. Wir sind es letztendlich selbst, die diese erzeugen und das können wir auch in förderlicher Weise nutzen.

Lassen Sie die Sinneseindrücke auf sich wirken!

Wenn Sie Ihre Augen schließen, können Sie die Sinneseindrücke noch besser auf sich wirken lassen. Die Eindrücke werden mit der Zeit plastischer und reichhaltiger. Auch wenn jeder von Ihnen ein anderes Bild und Erleben haben wird, lassen Sie sich von dieser Beschreibung animieren.

„Ruhe am Meer"

Sie sitzen am Meer und sehen die Wellen, den Horizont … Sie spüren dabei die angenehme Wärme, die über Ihre Stirn und die Wangen streicht. Sie merken mitunter, dass ein angenehm frischer Luftzug Ihre Stirn kühlt. Sie hören dann die typischen Geräusche der Szenerie, das Kommen und Gehen der Wellen, vielleicht auch den Ruf der Möwen … Sie fühlen die unterschiedlichen Berührungen an den Händen, den feinen Sand, den Sie vielleicht in die Hand nehmen und durch die Finger rieseln lassen. Sie nehmen auch die typischen Gerüche wahr, die würzig-salzige Meeresluft und spüren sogar etwas Salz auf den Lippen … Vielleicht legen Sie sich jetzt hin und schließen die Augen …

Lesen Sie die Zeilen noch einmal und achten Sie darauf, in Richtung welcher Wahrnehmungsqualitäten Sie Ihre Aufmerksamkeit gerichtet haben (Sehen, Fühlen, Hören, Riechen, Schmecken).

Mentale Techniken und Entspannung

- Planen Sie die Übungszeiten fest als Erholungszeit in größeren Zwischenpausen ein, vielleicht nach einer Arbeitseinheit von 90 Minuten für ca. 15 Minuten ein, vielleicht am späten Vormittag oder am Nachmittag (wenn das Lerntief naht).
- Manche setzen die Übung auch direkt nach dem Wachwerden, also vor Lernbeginn ein, manche werden dann müder.
- Auch wenn die Übung anfangs noch als unangenehme Pflicht erlebt wird, werden Sie schnellen Erfolg haben.
- Nach ca. 1 Woche täglichen Übens werden Sie die Übung als hilfreich erleben und sich darauf freuen.
- Nach ca. 2 Wochen und täglich zweimal üben können Sie schon die Kurzform der Autohypnose ausprobieren, es wird auf jeden Fall schneller gehen, sich zu entspannen

Falls Ruhebilder – selbst die schönsten – nicht mehr wirken, so ersetzen Sie diese durch andere.

Nutzen Sie die Entspannung auch für gezielte Autosuggestionen!

Nach ca. 1 bis 2 Wochen täglicher Übung werden Sie die Einleitung der Autohypnose zielgerichtet kombiniert mit „Selbstbeauftragungen" und „Autosuggestionen" einsetzen können, z. B. zu Beginn einer Lernphase. Nach einer Pause können Sie sich z. B. das wieder „Warmlaufen" erleichtern.

Beispiel „Gezielte Lernvorbereitung":

Verschaffen Sie sich einen kurzen Überblick über die gestellte Aufgabe, indem Sie sich orientieren, z. B.

- Definition einmal durchlesen, in einem Kapitel eines Buches Überschriften, Stichworte ansehen, ohne sie sich merken zu wollen.
- Aufbauschemata durchlesen.
- Bei schriftlichen Ausarbeitungen die Gliederung ansehen, Stichworte lesen.

Das dauert nur wenige Minuten. Durch diese Übersicht ist Ihr Arbeitsspeicher auf die zukünftige Arbeit vorbereitet. Das Gehirn hat Grobinformationen für den kommenden Auftrag und stellt seine Mittel bereit.

Das können Sie folgendermaßen leichter erreichen:

- Setzen Sie sich bequem hin und rücken Sie sich gemütlich zurecht.
- Suchen Sie sich einen kleinen Punkt im Raum in Augenhöhe vor möglichst ruhigem Hintergrund, damit Sie sich gut konzentrieren können.
- Sie können auch einen Papierschnipsel aus einem Aktenlocher nehmen und ihn an eine bestimmte Stelle kleben.
- Verwenden Sie in der Übungsphase möglichst den gleichen Stuhl und den gleichen Fixationspunkt.
- Sie beobachten den Punkt intensiv und werden feststellen, dass der Hintergrund und die Ränder verschwimmen, milchig werden, mal ist der Punkt scharf, dann wieder unscharf zu sehen.
- Betrachten Sie den Punkt mit Geduld, die Augen werden automatisch müder. Sie können die Augen dann schließen, wieder leicht öffnen, schließen …
- Beobachten Sie dann Ihre Atmung und bemerken, wie Sie ruhig ein- und ausatmen. Mit jedem Atemzug werden Sie und Ihr Körper lockerer und entspannter.
- Wenn Sie Umweltgeräusche zu Beginn lauter hören, arbeiten Sie nicht dagegen an.
- Richten Sie die Aufmerksamkeit dann verstärkt auf Ihren Körper, z. B. die Bauchdecke, die sich hebt und senkt, die Füße, Beine, das Gesäß … die Hände, die Arme … die Geräusche werden Ihnen gleichgültiger.
- Stellen Sie sich nun Ihr Ruhebild vor – so lange Sie wollen.
- Wenn Sie sich entspannt fühlen und die Augen öffnen möchten, zählen Sie rückwärts von 3 bis 0.
- Stehen Sie dann auf und Sie werden sich frischer fühlen.

Jeden Tag das gleiche Ritual, nach einer Woche können Sie das!

Wahrscheinlich werden Sie feststellen, dass Sie die erlebten Prozesse auch aus dem Alltag kennen (Dösen, Tagträume, mit offenen Augen andere Inhalte sehen, während die Realität in den Hintergrund tritt …). Diese andere Welt des Alltags ist der menschliche Trancezustand und wird hier methodisch nutzbar gemacht. Folgende methodische Hinweise dazu:

- Üben Sie das Vorgehen der Augenfixierung und des Ruhebildes täglich möglichst zweimal.

Nun legen Sie eine Pause von einer knappen Minute mit einer Kurzentspannung mit geschlossenen Augen ohne Ruhebild ein und betrachten die anstehenden Aufgaben. Jetzt ist der Auftrag (Suggestion) erteilt und Sie können zügig mit der Weiterarbeit beginnen.

Überlegen Sie sich Ihre Autosuggestionen oder „Selbstbeauftragungen" vor der Entspannung. Es kann z. B. auch motivationsförderliches Selbstlob sein („Ich habe schon etwas länger arbeiten können, Pausen besser eingehalten, folgende Dinge erledigt ...") oder andere lernförderliche Übungen und Selbstverbalisierungen.

Diese Lerntipps helfen und haben ihre Grenzen!

Autohypnose hilft nur, wenn sie regelmäßig und konsequent, also in der Übungsphase auch mehrmals täglich angewendet wird. Wenn Sie sehr viele Tagträume haben, die eher in Richtung Angstphantasien, Schwarzmalereien oder Realitätsflucht gehen, sollten Sie vorsichtiger mit der Anwendung sein. Sie können natürlich auch einen Experten wie einen Coach zu Rate ziehen. Bei sehr starken Lern- und Leistungsstörungen oder Depressionen, Ängsten, Lebenskrisen sollten Sie einen Psychotherapeuten oder eine Beratungsstelle konsultieren. Unsere Übungen können kein Ersatz dafür sein, sind aber eine hervorragende Grundlage zur direkten Entspannung, aber auch um seine mentalen Techniken an anderer Stelle weiterzuentwickeln (durch Bücher, in Übungsgruppen).

1. Teil
Einführung

Dieses Skript behandelt die prüfungsrelevanten Themen des öffentlichen Baurechts in Nordrhein-Westfalen. Das öffentliche Baurecht gehört zum **besonderen Verwaltungsrecht** und – neben dem Kommunalrecht sowie dem Polizei- und Ordnungsrecht – zu den Bereichen des besonderen Verwaltungsrechts, die regelmäßig Gegenstand juristischer Prüfungen sind. In der ersten Prüfung und im zweiten juristischen Staatsexamen gehört das „Baurecht im Überblick" zu den Pflichtfächern in Nordrhein-Westfalen (vgl. §§ 11 Abs. 2 Nr. 13 lit. c; 52 Abs. 1 S. 1 Nr. 1 JAG NRW[1]).

Fallbearbeitungen im öffentlichen Baurecht sind in Prüfungen beliebt. Das liegt nicht nur daran, dass das öffentliche Baurecht sehr praxisrelevant ist und die insoweit vielbeschäftigten Gerichte regelmäßig Entscheidungen fällen, die auch für die Fallbearbeitung in den juristischen Prüfungen von Interesse sind, sondern u.a. auch daran, dass Fälle im öffentlichen Baurecht so gelagert sein können, dass sie neben baurechtlichen Problemen auch Fragestellungen aus anderen Bereichen des öffentlichen Rechts (z.B. dem Verfassungsrecht, dem Staatshaftungsrecht, dem Kommunalrecht, dem allgemeinen Polizei- und Ordnungsrecht) aufwerfen können. Das bedeutet: In einer Fallbearbeitung können mehrere prüfungsrelevante Gebiete des öffentlichen Rechts gleichzeitig geprüft werden. Hinzu kommt, dass Fallbearbeitungen im öffentlichen Baurecht regelmäßig einen prozessrechtlichen Aufhänger haben, so dass auch entsprechende verfahrensrechtliche Kenntnisse geprüft werden können. Im öffentlichen Baurecht sind insoweit einige Besonderheiten zu beachten, auf die wir noch im Einzelnen zu sprechen kommen werden. Vor diesem Hintergrund sollten Sie dem öffentlichen Baurecht bei Ihrer Prüfungsvorbereitung daher unbedingt die entsprechende Aufmerksamkeit schenken!

---

1 Juristenausbildungsgesetz NRW (*von Hippel/Rehborn* Nr. 190).

2. Teil
Grundlagen des öffentlichen Baurechts

3 In diesem Teil des Skripts werden wir im Überblick einige Grundlagen erarbeiten, die für Ihr Verständnis des öffentlichen Baurechts unerlässlich sind. Zunächst gilt es, den Begriff des Baurechts zu klären.

A. Begriff des Baurechts

4 Wie Sie der Bezeichnung „öffentliches Baurecht" entnehmen können, handelt es sich bei diesem Rechtsgebiet im Kern um **Baurecht**. Der Begriff des Baurechts lässt sich wie folgt definieren:

> **Baurecht** umfasst alle privatrechtlichen und öffentlich-rechtlichen Rechtsvorschriften, die die Ordnung und Förderung der Bebauung und der baulichen Nutzung von Grund und Boden sowie die Rechtsbeziehungen der insoweit Beteiligten regeln.

B. Unterscheidung zwischen privatem und öffentlichem Baurecht

5 Indem das Baurecht privatrechtliche und öffentlich-rechtliche Rechtsvorschriften umfasst, lässt es sich in zwei Teilbereiche aufteilen: in einen privatrechtlichen und in einen öffentlich-rechtlichen Bereich. Dementsprechend hat das Baurecht zwei Untergebiete: das **private Baurecht** und das **öffentliche Baurecht**.

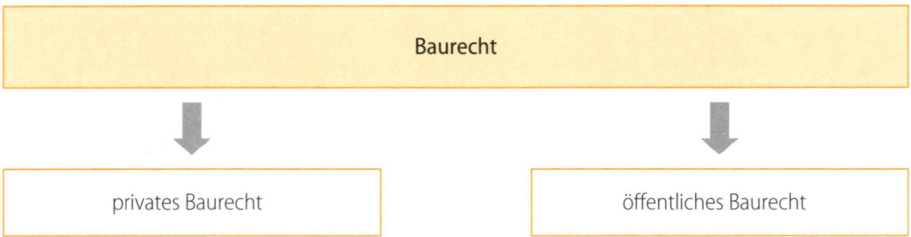

I. Privates Baurecht

6 Das private Baurecht regelt die **zivilrechtlichen Rechtsbeziehungen in Bezug auf die bauliche Nutzung von Grund und Boden**.[1] Es befasst sich vor allem mit der Nutzung des Eigentums an Grund und Boden[2] sowie der Frage, ob und in welchen Grenzen ein Grundstück im Verhältnis zwischen Privatrechtssubjekten baulich genutzt werden darf.[3]

---

1 *Erbguth* in: Tettinger/Erbguth/Mann, Besonderes Verwaltungsrecht Rn. 794.
2 *Stollmann* Öffentliches Baurecht § 1 Rn. 3.
3 Vgl. *Brenner* Öffentliches Baurecht Rn. 4.

Demgemäß finden sich gesetzliche Regelungen des privaten Baurechts im Wesentlichen im **BGB** (vgl. insbesondere §§ 903 ff. BGB), daneben aber auch in anderen privatrechtlichen Gesetzen wie etwa dem **NachbG NRW**,[4] das gemäß Art. 124 EGBGB neben dem BGB gilt.[5]

>> Werfen Sie zum besseren Verständnis ruhig einen Blick in die §§ 903 ff. BGB sowie in das NachbG! Nutzen Sie ggf. die Gelegenheit zu einer Wiederholung der §§ 903 ff. BGB im Skript „Sachenrecht"! <<

Beispiel A ist Eigentümer eines Grundstücks in der Stadt B. Als Weinliebhaber plant er, direkt an der Grundstücksgrenze zu seinem Nachbarn W den Erdboden bis zu einer Tiefe von 10 m abzutragen, um dort seinen neuen Weinkeller einzurichten. Als A dem W von seinem Vorhaben erzählt, ist W skeptisch und bittet einen Sachverständigen zu prüfen, ob bei einer Realisierung des Vorhabens sein eigenes Grundstück nicht gefährdet ist. Der Sachverständige stellt bei seiner Überprüfung fest, dass der Boden von W's Grundstück bei einer Realisierung des Vorhabens nicht mehr standfest wäre. Als W dem A das Ergebnis der Prüfung mitteilt und den Plänen des A widerspricht, ist dieser wenig erfreut. –

Gemäß § 903 S. 1 BGB, der die privatrechtliche Baufreiheit normiert,[6] kann der Eigentümer einer Sache grundsätzlich mit dieser Sache nach Belieben verfahren und andere von jeder Einwirkung ausschließen. Dementsprechend hat A als Eigentümer seines Grundstücks, das eine Sache i.S.d. § 90 BGB darstellt,[7] grundsätzlich das Recht, sein Grundstück nach Belieben baulich zu nutzen, so dass er an sich seinen neuen Weinkeller errichten kann. Sein Recht besteht jedoch nicht unbeschränkt. Wie dem Wortlaut des § 903 S. 1 BGB („soweit nicht das Gesetz oder Rechte Dritter entgegenstehen") zu entnehmen ist, hat der Eigentümer u.a. die Vorschriften zu beachten, die dem Schutz von Nachbarn dienen.

>> Lesen Sie § 903 S. 1 BGB! <<

In unserem Beispiel muss A § 909 BGB beachten. Im Gegensatz zum öffentlichen Baurecht müssen die Schranken der privaten Baufreiheit allerdings vom Betroffenen immer geltend gemacht werden. Beruft sich W daher gegenüber A auf § 909 BGB, wird sich A eine Alternative zu seinen bisherigen Planungen überlegen müssen.[8] ■

>> Lesen Sie § 909 BGB! <<

> **Hinweis**
>
> Zum privaten Baurecht kann auch das Bauvertragsrecht, das seine wesentlichen Grundlagen in §§ 631 ff. BGB hat, gezählt werden.[9]

II. Öffentliches Baurecht

Das private Baurecht regelt die zivilrechtlichen Rechtsbeziehungen in Bezug auf die Nutzung von Grund und Boden. Öffentliche Interessen bleiben dabei unberücksichtigt, obwohl es gewichtige öffentliche Interessen an der Nutzung von Grund und Boden gibt. Solche öffentlichen Interessen ergeben sich z.B. aus der tatsächlichen Begrenztheit der zur Verfügung stehenden Baufläche, aus der Abwehr von Gefahren, die von baulichen Anlagen für die Allgemeinheit oder die Nachbarn ausgehen können, aus dem städtebaulichen Bedarf an

7

>> Überlegen Sie, bevor Sie im Text weiterlesen, zunächst selbst, weshalb es neben dem privaten Baurecht auch ein öffentliches Baurecht geben könnte! <<

---

4 *Von Hippel/Rehborn* Nr. 185.
5 Vgl. zu weiteren Grundlagen bei *Hoppe* in: Hoppe/Bönker/Grotefels, Öffentliches Baurecht § 1 Rn. 1.
6 *Brenner* Öffentliches Baurecht Rn. 5.
7 Vgl. *Ellenberger* in: Palandt, Überbl. v. § 90 Rn. 3.
8 Vgl. zu den Charakteristika des privaten Baurechts *Brenner* Öffentliches Baurecht Rn. 5 ff.; *Stollmann* Öffentliches Baurecht § 1 Rn. 5 ff.
9 So z.B. *Stollmann* Öffentliches Baurecht § 1 Rn. 7.

öffentlichen Flächen (z.B. Verkehrsflächen, Grünflächen etc.) oder aus dem Flächenbedarf für besonderen öffentliche Zwecke (z.B. Ausweisung von Wasser- und Landschaftsschutzgebieten).[10] Diesen öffentlichen Interessen will das öffentliche Baurecht hinreichende Geltung verschaffen. Im Gegensatz zum privaten Baurecht regelt das öffentliche Baurecht damit die **Zulässigkeit**, die **Grenzen**, die **Ordnung** und die **Förderung der Nutzung von Grund und Boden durch bauliche Anlagen**[11] und umfasst **alle Rechtsvorschriften, die im öffentlichen Interesse die bauliche Nutzung von Grundstücken regeln**.[12]

8 Betrachten Sie alle Vorschriften des öffentlichen Baurechts stets vor dem Hintergrund des **Art. 14 Abs. 1 GG**.

Zwar ist in der Literatur umstritten, ob die sog. **Baufreiheit** des Einzelnen, d.h. das Recht, seinen Grund und Boden baulich zu nutzen, in den sachlichen Schutzbereich des Art. 14 Abs. 1 GG fällt;[13] die Rechtsprechung nimmt aber jedenfalls an, dass Art. 14 Abs. 1 GG die Baufreiheit garantiert.[14] Bei Vorliegen der gesetzlichen Voraussetzungen hat der Einzelne somit ein durch Art. 14 Abs. 1 GG geschütztes Recht, sein Grundstück zu bebauen (vgl. § 75 Abs. 1 S. 1 BauO NW). Allerdings handelt es sich bei dieser grundrechtlich gewährleisteten Freiheit lediglich um eine „**potenzielle Baufreiheit**".[15] Den Grund hierfür liefert Art. 14 Abs. 1 GG selbst: Art. 14 Abs. 1 GG stellt ein Grundrecht mit normgeprägtem Schutzbereich dar. Grundrechte mit normgeprägtem Schutzbereich zeichnen sich dadurch aus, dass deren Schutzbereich einer einfachgesetzlichen Ausgestaltung und Konkretisierung bedarf. Bei Art. 14 Abs. 1 GG legt also der einfache Gesetzgeber fest, was „Eigentum" ist und definiert dadurch für die Zukunft das Eigentum neu. Dogmatisch betrachtet, handelt es sich hierbei um Inhalts- und Schrankenbestimmungen i.S.d. Art. 14 Abs. 1 S. 2 GG. Damit besteht die durch Art. 14 Abs. 1 GG gewährleistete Baufreiheit **nur nach Maßgabe und im Rahmen der einfachgesetzlichen Ausgestaltung**.[16]

> **Hinweis**
>
> Sie sehen also: Das öffentliche Baurecht bezweckt den Ausgleich zwischen dem persönlichen Interesse des Einzelnen, in Ausübung der Baufreiheit seinen Grund und Boden baulich zu nutzen, und dem öffentlichen Interesse an einer baulichen Nutzung von Grund und Boden, das mit dem Allgemeininteresse in Einklang steht.

III. Verhältnis zwischen privatem und öffentlichem Baurecht

9 Nach der Gegenüberstellung des privaten Baurechts und des öffentlichen Baurechts stellt sich zwangsläufig die Frage, in welchem Verhältnis beide Gebiete überhaupt zueinander stehen. Die Antwort auf diese Frage lautet: **Das private Baurecht und das öffentliche Baurecht**

---

10 *Hellermann* in: Dietlein/Burgi/Hellermann, Öffentliches Recht in Nordrhein-Westfalen § 4 Rn. 4.
11 *Erbguth* in: Tettinger/Erbguth/Mann, Besonderes Verwaltungsrecht Rn. 794.
12 *Brenner* Öffentliches Baurecht Rn. 1.
13 Vgl. hierzu nur *Erbguth* in: Tettinger/Erbguth/Mann, Besonderes Verwaltungsrecht Rn. 816 m.w.N. mit dem gleichzeitigen Hinweis, dass der Streit nicht überbewertet werden sollte.
14 BVerfGE 35, 263; BVerwGE 45, 309.
15 *Erbguth* in: Tettinger/Erbguth/Mann, Besonderes Verwaltungsrecht Rn. 816.
16 So die herkömmliche Auffassung; vgl. nur *Just* in: Hoppe/Bönker/Grotefels, Öffentliches Baurecht § 2 Rn. 55 f. (str.). S. auch Skript „Grundrechte" Rn. 127, 607, 612, 624 f.

stehen grundsätzlich selbständig nebeneinander. Dies können Sie bereits daran sehen, dass eine Baugenehmigung gemäß § 75 Abs. 3 S. 1 BauO NW „unbeschadet der Rechte Dritter" erteilt wird.

Beispiel Angenommen, in unserem Beispiel oben (Rn. 6) stehen den Plänen des A keine öffentlich-rechtlichen Vorschriften entgegen, sondern nur § 909 BGB. – Bei ihrer Prüfung, ob das Bauvorhaben des A genehmigungsfähig ist, kann und darf die Baugenehmigungsbehörde gemäß § 75 Abs. 1 S. 1 BauO NRW allein die Vereinbarkeit des Bauvorhabens mit öffentlich-rechtlichen Vorschriften prüfen. Als privatrechtliche Vorschrift gehört § 909 BGB demnach nicht zum behördlichen Prüfungsprogramm. Daher kann die Behörde die Erteilung der Baugenehmigung für den geplanten Weinkeller nicht unter Berufung auf § 909 BGB versagen. Etwas anderes gilt nur dann, wenn feststeht, dass das Bauvorhaben aus privatrechtlichen Gründen nicht ausgeführt werden wird. In diesem Ausnahmefall kann die Erteilung der Baugenehmigung versagt werden, weil der Bauherr[17] kein Sachentscheidungsinteresse für die Erteilung der Baugenehmigung hat.[18] ■

Im umgekehrten Fall gilt Entsprechendes: Die Bestimmungen des öffentlichen Rechts sind im privaten Baurecht an sich irrelevant. **10**

Beispiel Wie Beispiel eben (Rn. 9). – Dass das Bauvorhaben des A nach den Vorschriften des öffentlichen Rechts genehmigungsfähig ist, lässt die Möglichkeit des W unberührt, sich auf § 909 BGB zu berufen und auf diesem Wege die Errichtung des geplanten Weinkellers zu verhindern. ■

Eine **Verbindung** zwischen dem privaten Baurecht und dem öffentlichen Baurecht besteht nur **ausnahmsweise**, und zwar dann, **wenn** eine **Vorschrift des öffentlichen Baurechts drittschützenden Charakter** hat (dazu näher noch unten Rn. 413 ff.). In diesen Fällen stellen die drittschützenden öffentlich-rechtlichen Bestimmungen **Schutzgesetze i.S.d. § 823 Abs. 2 BGB** dar.[19] **11**

Beispiel Familie H hat einen angebauten Altbau kernsaniert und dabei vergessen, Brandwände einzubauen. Als ein Küchengerät in Abwesenheit der Familie H in Brand gerät, greift das Feuer infolge der fehlenden Brandwände auf das angebaute Nachbarhaus der Familie G über und beschädigt dieses Haus nicht unerheblich. Die Familie G verlangt von der Familie H Schadenersatz u.a. gemäß § 823 Abs. 2 BGB. – Der Einbau von Brandwänden gehört zu den Maßnahmen des Brandschutzes, der in § 17 BauO NW geregelt ist. Der Einbau von Brandwänden liegt nicht nur im öffentlichen, sondern auch im individuellen Interesse, indem der Einbau von Brandwänden auch das Leben, die körperliche Unversehrtheit, die Gesundheit und das Eigentum der Nachbarn schützen soll. Aufgrund seines drittschützenden Charakters handelt es sich bei § 17 BauO NW um ein Schutzgesetz i.S.d. § 823 Abs. 2 BGB. ■

---

17 Der Begriff des Bauherrn wird im Skript geschlechtsneutral verwendet.
18 *BVerwGE* 42, 115.
19 Vgl. dazu – auch generell – *Sprau* in: Palandt, § 823 Rn. 56a, 62.

C. Gesetzgebungskompetenzen für den Bereich des öffentlichen Baurechts nach dem Grundgesetz

>> Nutzen Sie die Gelegenheit, um die Verteilung der Gesetzgebungskompetenzen nach dem Grundgesetz im Skript „Staatsorganisationsrecht" zu wiederholen! <<

12

Öffentliches Baurecht	
Bauplanungsrecht	**Bauordnungsrecht**
• flächenbezogenes Recht	• objektbezogenes Recht
• Bund hat gemäß Art. 74 Abs. 1 Nr. 18 GG konkurrierende Gesetzgebungszuständigkeit	• Länder haben gemäß Art. 70 Abs. 1, 30 GG Gesetzgebungszuständigkeit
• Rechtsquellen: BauGB, BauNVO, PlanZV, WertV	• Rechtsquellen: v.a. LBauO

Die Verteilung der Gesetzgebungskompetenzen ist in Art. 70 ff. GG geregelt. Danach besitzen die Länder das Recht zur Gesetzgebung, soweit das Grundgesetz nicht dem Bund Gesetzgebungsbefugnisse zuweist.

>> Lesen Sie Art. 74 Abs. 1 Nr. 18 GG! <<

Nach **Art. 74 Abs. 1 Nr. 18 GG** besitzt der Bund die konkurrierende Gesetzgebungskompetenz u.a. für „das **Bodenrecht** (ohne das Recht der Erschließungsbeiträge)". Welche Materien unter diesen Kompetenztitel fallen und wie die Gesetzgebungskompetenzen zwischen dem Bund und den Ländern im Übrigen verteilt sind, ist seit dem sog. **Baurechtsgutachten des Bundesverfassungsgerichts** aus dem Jahre 1954 geklärt: Unstreitig besitzen sowohl der Bund als auch die Länder im Bereich des öffentlichen Baurechts Gesetzgebungskompetenzen, denn beim öffentlichen Baurecht handelt es sich nicht um eine Gesamtmaterie, sondern um zwei Materien: das **Bauplanungsrecht** (auch Städtebaurecht genannt) und das (formelle und materielle) **Bauordnungsrecht**.[20]

I. Bauplanungsrecht

13

Das **Bauplanungsrecht** regelt die rechtlichen Beziehungen des Menschen zu Grund und Boden.

Das Bauplanungsrecht soll die rechtliche Qualität des Bodens und seine Nutzbarkeit in den Gemeinden festlegen.[20] Für dieses **flächenbezogene Recht**[21] besitzt der **Bund** gemäß **Art. 74 Abs. 1 Nr. 18 GG** die konkurrierende Gesetzgebungskompetenz. Von dieser Gesetzgebungskompetenz hat der Bund durch den Erlass des **BauGB**[22] und darauf gestützter Rechtsverordnungen (**BauNVO**,[23] **PlanZV**,[24] **WertV**[25]) Gebrauch gemacht. Diese Gesetze enthalten somit

---

20 *BVerfGE* 3, 407 – sog. Baurechtsgutachten.
21 Vgl. *Erbguth* in: Tettinger/Erbguth/Mann, Besonderes Verwaltungsrecht Rn. 795.
22 Baugesetzbuch (Sartorius I Nr. 300).
23 Baunutzungsverordnung (Sartorius I Nr. 311).
24 Planzeichenverordnung (Sartorius I Ergänzungsband Nr. 312).
25 Wertermittlungsverordnung (Sartorius I Ergänzungsband Nr. 310 f.). Beachte: Die Wertermittlungsverordnung befindet sich in der Novellierung, vgl. http://www.bmvbs.de/Anlage/original_1059865/Verordnungsentwurf-ImmoWertV.pdf.

Regelungen in Bezug auf die Vorbereitung und Leitung der baulichen und sonstigen Nutzung von Grund und Boden.²⁶

> **Hinweis**
>
> Im Bereich des Bauplanungsrechts sind aus dem BauGB vor allem Vorschriften des allgemeinen Städtebaurechts (§§ 1–10, 14–17, 29–36 BauGB), die BauNVO und ggf. die BauGB DVO²⁷ prüfungsrelevant.

II. Bauordnungsrecht

Dem steht das **(materielle) Bauordnungsrecht** gegenüber.

14

> Das **(materielle) Bauordnungsrecht** regelt die ordnungsrechtlichen Anforderungen an eine konkrete bauliche Anlage.

Die ordnungsrechtlichen Anforderungen dienen traditionell vor allem der Gefahrenabwehr, weil sich das materielle Bauordnungsrecht aus dem Baupolizeirecht entwickelt hat; daneben dienen sie der Gestaltung einzelner baulicher Anlagen und inzwischen auch der Verwirklichung sozialstaatlicher und umweltpolitischer Ziele. Das materielle Bauordnungsrecht stellt damit **objektbezogenes Recht** dar.²⁸

Hierfür besitzen die **Länder** gemäß **Art. 30, 70 Abs. 1 GG** die Gesetzgebungskompetenz. Von dieser Gesetzgebungskompetenz hat jedes Land vor allem durch den Erlass einer **Bauordnung**,²⁹ die sich mehr oder weniger an der erstmals im Jahre 1960 von der Arbeitsgemeinschaft der Bauminister der Länder (ARGEBAU) ausgearbeiteten Musterbauordnung³⁰ orientiert, Gebrauch gemacht.³¹ Diese Vorschriften enthalten demnach Regelungen in Bezug auf die baukonstitutiven, baugestalterischen und bauwirtschaftlichen Anforderungen an bauliche Anlagen, die Anforderungen an Baustoffe, die Ordnung des Bauvorgangs, die Unterhaltung und die Instandsetzung baulicher Anlagen sowie die Verhinderung bzw. Bekämpfung von Gefahren, die von baulichen Anlagen ausgehen können.³²

> **Hinweis**
>
> Lassen Sie sich von der Bezeichnung „Bauordnung" nicht in die Irre führen: Anders als die Bezeichnung vermuten lassen könnte, handelt es sich bei der Bauordnung um ein Parlamentsgesetz!

---

26 *Stollmann* Öffentliches Baurecht § 1 Rn. 15.
27 *Von Hippel/Rehborn* Nr. 92a.
28 Vgl. zum Ganzen *Brenner* Öffentliches Baurecht Rn. 15.
29 Nordrhein-Westfalen: BauO NRW (*von Hippel/Rehborn* Nr. 93).
30 Abrufbar im Internet z.B. unter www.is-argebau.de/musterbauordnung (Rubrik „Mustervorschriften und Mustererlasse", dort Ordner „Bauaufsicht/Bautechnik").
31 Weitere Gesetze finden Sie für NRW in *von Hippel/Rehborn* ab Nr. 93a ff.
32 Vgl. *Stollmann* Öffentliches Baurecht § 1 Rn. 16.

15 Die soeben genannten Gesetzgebungstitel verleihen den Ländern nicht nur die Kompetenz zum Erlass materiell-rechtlicher bauordnungsrechtlicher Vorschriften, sondern ermächtigen sie auch dazu, die **Organisation** und das **Verfahren der Bauaufsicht** zu regeln (sog. **formelles Bauordnungsrecht**).

> **Hinweis**
>
> Im Bereich des (formellen und materiellen) Bauordnungsrechts sind v.a. die §§ 1–3, 6, 7, 12, 13, 51, 56–59a, 60–62, 63–68, 69–83 BauO NRW prüfungsrelevant.

3. Teil
Kommunale Bauleitplanung

A. Überblick

Bauleitplanung		
Kommunale Bauleitplanung	Raumordnung	Fachplanung
örtliche und **umfassende** Bauleitplanung	**überörtliche** Bauleitplanung	**punktuelle** Bauleitplanung

>> Nutzen Sie die Gelegenheit zu einer kurzen Wiederholung der kommunalen Selbstverwaltungsgarantie im Skript „Kommunalrecht NRW"! <<

Die kommunale Bauleitplanung ist eine **örtliche Planung**, die die **Nutzung der Grundstücke in einem Gemeindegebiet** zum Gegenstand hat. Träger der kommunalen Bauleitplanung sind die **Gemeinden** (vgl. § 1 Abs. 3 S. 1, § 2 Abs. 1 S. 1 BauGB).

Sie haben damit die sog. **Planungshoheit** inne, die in ihrem Kern als Bestandteil der **Garantie kommunaler Selbstverwaltung** gemäß Art. 28 Abs. 2 S. 1 GG bzw. Art. 78 Verf. NRW verfassungsrechtlich geschützt ist.[1]

Aufgabe der kommunalen Bauleitplanung ist gemäß § 1 Abs. 1 BauGB, die **bauliche und sonstige Nutzung der Grundstücke in der Gemeinde nach Maßgabe des BauGB vorzubereiten und zu leiten**.

Die kommunale Bauleitplanung dient der **Verwirklichung städtebaulicher Vorstellungen** (vgl. in der Zusammenschau Art. 74 Abs. 1 Nr. 18 GG, § 1 Abs. 1, Abs. 3, Abs. 5 BauGB und § 9 Abs. 1 BauGB).[2]

>> Lesen Sie zum besseren Verständnis die genannten Vorschriften der kommunalen Bauleitplanung! <<

Die rechtlichen Instrumente zur Vorbereitung bzw. Leitung der baulichen und sonstigen Nutzung der Grundstücke in der Gemeinde sind die **Bauleitpläne** (vgl. § 1 Abs. 2 BauGB). Gemäß § 1 Abs. 3 S. 1 BauGB haben die Gemeinden die Bauleitpläne aufzustellen, **sobald und soweit** es **für die städtebauliche Entwicklung und Ordnung erforderlich** ist. Die Gemeinden haben damit das **Recht** und unter den in § 1 Abs. 3 S. 1 BauGB genannten Voraussetzungen die **Pflicht**, Bauleitpläne aufzustellen.[3]

Wie sich aus § 1 Abs. 3 S. 2 BauGB ergibt, hat ein **Einzelner** jedoch **kein subjektiv-öffentliches Recht auf Durchführung der Bauleitplanung**. Die Durchführung der Bauleitplanung kann vielmehr allein im Wege der Kommunalaufsicht durchgeführt werden (s. insoweit das Skript „Kommunalrecht NRW" Rn. 322 ff.).

---
1 Vgl. näher dazu etwa *Brenner* Öffentliches Baurecht Rn. 128 ff.
2 *Hellermann* in: Dietlein/Burgi/Hellermann, Öffentliches Recht in Nordrhein-Westfalen § 4 Rn. 22.
3 Zu den Rechtsschutzmöglichkeiten im Falle einer Beeinträchtigung der Planungshoheit s. *Brenner* Öffentliches Baurecht Rn. 163.

20   Die Gemeinde besitzt ihre Planungshoheit nur für ihr (eigenes) Gemeindegebiet.

Beispiel[4] Die Firma Z erwirbt in einem gemeindefreien Gebiet ein großes Grundstück, auf dem sie Klärschlamm lagern will. Als die benachbarte Gemeinde M von den Plänen der Firma Z erfährt, beschließt der Gemeinderat, einen Bebauungsplan mit Grünordnungsplan aufzustellen, der auch das Grundstück der Firma Z erfassen soll. – Soweit der Aufstellungsbeschluss des Gemeinderates auch eine Fläche erfassen soll, das außerhalb des eigenen Gemeindegebietes liegt, ist der Bebauungsplan rechtswidrig. Die Gemeinde M besitzt die Planungshoheit allein für ihr Gemeindegebiet. Außerhalb des Gemeindegebietes kann die Gemeinde M daher keine kommunale Bauleitplanung in die Wege leiten.

21   Allein aufgrund ihrer räumlichen Beschränkung auf das Gemeindegebiet unterscheidet sich die kommunale Bauleitplanung von der Raumordnung. Die **Raumordnung** hat die **überörtliche Planung und Ordnung des Gesamtraums der Bundesrepublik Deutschland** zum Gegenstand. Auf der Ebene des Bundes erfolgt sie durch das ROG[5] und auf der Ebene der Länder – in Umsetzung des ROG – durch Landesplanungsgesetze[6] und andere Vorschriften. Die Raumordnung bindet grundsätzlich (nur) die Exekutive. Gleichwohl stehen kommunale Bauleitplanung und Raumordnung nicht völlig isoliert nebeneinander; vielmehr sind beide Bereiche – wie bereits § 1 Abs. 4 BauGB zeigt – durchaus miteinander verbunden.[7]

> **Hinweis**
>
> Merken Sie sich: Raumordnung ist eine überörtliche Planung; kommunale Bauleitplanung ist eine örtliche Planung.

22   In ihrer Eigenschaft als umfassende örtliche Planung unterscheidet sich die kommunale Bauleitplanung von der sog. **Fachplanung**. Die Fachplanung beschränkt sich auf die in jeweiligen Spezialgesetzen geregelte **Planung einzelner sektoraler (raumbedeutsamer) Aufgaben- bzw. Problemfelder** wie z.B. der Planung von Bundesfernstraßen, Energieversorgungsanlagen, Wasser- oder Naturschutzgebieten.[8]

> **Hinweis**
>
> Merken Sie sich: Fachplanung ist eine punktuelle Planung; kommunale Bauleitplanung ist eine umfassende Planung.

B. Bauleitpläne gemäß § 1 Abs. 2 BauGB

23   Die **Bauleitpläne** stellen die rechtlichen Instrumente für die kommunale Plangestaltung dar. § 1 Abs. 2 BauGB nennt als Bauleitpläne den **Flächennutzungsplan** (vorbereitender Bauleit-

---

[4] In Anlehnung an *BVerwGE* 99, 127.
[5] Raumordnungsgesetz (Sartorius I Nr. 340).
[6] Vgl. LPIG NRW (*von Hippel/Rehborn* Nr. 94).
[7] Vgl. zur Raumordnung und zur Landesplanung insgesamt näher etwa *Brenner* Öffentliches Baurecht Rn. 57 ff.
[8] *Hellermann* in: Dietlein/Burgi/Hellermann, Öffentliches Recht in Nordrhein-Westfalen § 4 Rn. 26.

plan) und den **Bebauungsplan** (verbindlicher Bauleitplan). Beide Pläne stehen in einem Stufenverhältnis, das sich graphisch wie folgt darstellt:

Zweistufiges System der kommunalen Bauleitplanung

Erste Stufe: **Flächennutzungsplan**
• vorbereitender Bauleitplan (vgl. § 1 Abs. 2 BauGB) • grds. hoheitliche Äußerung sui generis ohne Rechtsnormcharakter • betrifft die Planung der Art der Bodennutzung im gesamten Gemeindegebiet • langfristige Planung in den Grundzügen mit Inhalt gemäß § 5 BauGB
Zweite Stufe: **Bebauungsplan**
• grds. Entwicklungsgebot (§ 8 Abs. 2 S. 1 BauGB) • rechtsverbindliche Festsetzungen nach Maßgabe des § 9 BauGB für die städtebauliche Ordnung (vgl. § 8 Abs. 1 S. 1 BauGB) für einzelne Teile des Gemeindegebiets (vgl. § 9 Abs. 7 BauGB) • Erlass als Satzung (vgl. § 10 BauGB)

I. Flächennutzungsplan

Auf der ersten Stufe steht der Flächennutzungsplan.   24

1. Gegenstand und Inhalt des Flächennutzungsplans

Der Flächennutzungsplan stellt einen **umfassenden gemeindlichen Entwicklungsplan** in Bezug auf die **Art der Bodennutzung im gesamten**[9] Gemeindegebiet dar.[10] Die Flächennutzungsplanung erfolgt **langfristig**. In den Blick genommen wird ein Zeitraum von ca. 15 bis 20 Jahren. Ändern sich zwischenzeitlich die städtebaulichen Bedürfnisse, kann der Flächennutzungsplan geändert oder ergänzt werden (vgl. auch § 1 Abs. 8 BauGB).[11]   25

》 Lesen Sie § 5 BauGB insgesamt! 《

Der **Inhalt** eines Flächennutzungsplans ergibt sich aus **§ 5 BauGB**. In Umsetzung der Ziele der übergeordneten Raumplanung (vgl. § 1 Abs. 4 BauGB) ist danach im Flächennutzungsplan für das **gesamte Gemeindegebiet** die sich aus der beabsichtigten städtebaulichen Entwicklung ergebende **Art der Bodennutzung** nach den voraussehbaren **Bedürfnissen** der Gemeinde darzustellen. Zu diesem Zwecke können im Flächennutzungsplan insbesondere die in § 5 Abs. 2 BauGB als Regelbeispiele (vgl. Wortlaut „insbesondere") genannten Punkte aufgeführt werden. Die in § 5 Abs. 2 BauGB genannten Punkte lassen sich in drei Untergruppen von Darstellungen aufteilen:[12]   26
- Darstellung der für die Bebauung vorgesehenen Fläche (Nr. 1)
- Darstellung der öffentlichen und privaten Infrastruktur (Nr. 2)
- Darstellung der sonstigen Nutzung von Flächen (Nr. 3–10).

---

9 Ausnahme: § 5 Abs. 1 S. 2 BauGB.
10 Vgl. *BVerwG* NVwZ-RR 2003, 406.
11 Vgl. zum Ganzen *Brenner* Öffentliches Baurecht Rn. 194.
12 Vgl. *Stollmann* Öffentliches Baurecht § 5 Rn. 7.

27 Die in zeichnerischer und ggf. textlicher Form[13] vorzunehmende Darstellung der Art der Bodennutzung darf im Flächennutzungsplan **grundsätzlich** nur in seinen **Grundzügen**, also grobmaschig[14] erfolgen, weil der Flächennutzungsplan seinem Wesen nach „auf Verfeinerung angelegt" ist.[15] Mit dem Flächennutzungsplan bereitet die Gemeinde die Leitung der baulichen und sonstigen Nutzung der Grundstücke im Gemeindegebiet durch den Bebauungsplan vor, weshalb der Flächennutzungsplan auch **vorbereitender Bebauungsplan** genannt wird.[16]

> **Beispiel** Die Gemeinde S arbeitet einen Flächennutzungsplan für ihr Gemeindegebiet aus. Aufgrund einer in den kommenden zehn Jahren zu erwartenden hohen Zuzugsrate insbesondere junger Familien aus den nahegelegenen Großstädten stellt die Gemeinde S dabei u.a. ein bisher als Fläche für die Landwirtschaft genutztes Areal teils als Bauland und teils als Grünfläche dar. – Hier hat die Gemeinde S auf der Grundlage ihrer vorhersehbaren zukünftigen städtebaulichen Bedürfnisse die Art der Nutzung des Bodens in seinen Grundzügen dargestellt, ohne jedoch Details festzulegen. Damit genügt sie den Anforderungen an die in einem Flächennutzungsplan darzustellende Art der Bodennutzung.

28 Etwas anderes gilt allerdings ausnahmsweise gemäß § 5 Abs. 2b BauGB z.B. für sog. **sachliche Teilflächennutzungspläne**, die Darstellungen mit den Rechtswirkungen des § 35 Abs. 3 S. 3 BauGB enthalten. So kann ein sachlicher Teilflächennutzungsplan z.B. eine Konzentrationszone für Windenergieanlagen oder für Mobilfunkanlagen enthalten.

29 Neben den Darstellungen bzgl. der Art der Bodennutzung enthält der Flächennutzungsplan deklaratorische Aussagen in Form der in § 5 Abs. 3 BauGB genannten **Kennzeichnungen** und der in § 5 Abs. 4 und Abs. 4a BauGB erwähnten **nachrichtlichen Übernahmen** und **Vermerke** sowie gemäß § 5 Abs. 5 BauGB eine **Begründung** mit den Angaben nach § 2a BauGB.[17]

2. Rechtsnatur des Flächennutzungsplans

» Lesen Sie zum Flächennutzungsplan abschließend noch die §§ 6 und 7 BauGB! «

30 **Grundsätzlich** hat der Flächennutzungsplan lediglich **verwaltungsinterne Wirkung**, d.h. er bindet nur die erlassende Gemeinde (vgl. z.B. § 8 Abs. 2 BauGB) und andere Planungsträger (vgl. z.B. § 7 BauGB); deshalb wird er überwiegend als eine **hoheitliche Äußerung sui generis ohne Rechtsnormqualität** angesehen.[18] Etwas **anderes** gilt jedoch für den oben (Rn. 28) erwähnten **sachlichen Teilflächennutzungsplan**. Da die in einem solchen Plan enthaltenen Darstellungen Ausschlusswirkung i.S.d. § 35 Abs. 3 S. 3 BauGB haben, wird diesen Plänen Rechtsnormqualität zugesprochen.[19]

II. Bebauungsplan

31 Auf der zweiten Stufe steht der Bebauungsplan. Er ist **im Regelfall gemäß § 8 Abs. 2 S. 1 BauGB** aus dem Flächennutzungsplan zu entwickeln (sog. **Entwicklungsgebot**). Etwas anderes gilt für den selbständigen Bebauungsplan gemäß § 8 Abs. 2 S. 2 BauGB, für den parallel entwickelten und vorzeitig bekannt gemachten Bebauungsplan nach § 8 Abs. 3 BauGB und für den vorzeitigen Bebauungsplan gemäß § 8 Abs. 4 BauGB.

---

13 Dazu *Brenner* Öffentliches Baurecht Rn. 205.
14 Vgl. *BVerwGE* 26, 287.
15 *BVerwG* NVwZ-RR 2003, 406.
16 Vgl. *Brenner* Öffentliches Baurecht Rn. 192.
17 Vgl. näher *Stollmann* Öffentliches Baurecht § 5 Rn. 11 f.
18 Vgl. grdl. *BVerwG* NVwZ 1991, 262. Näher zur Rechtsnatur *Brenner* Öffentliches Baurecht Rdn. 193.
19 Vgl. *Jaeger* in: Spannowsky/Uechtritz, BauGB § 5 BauGB Rn. 72.

1. Gegenstand und Inhalt des Bebauungsplans

Im Gegensatz zum Flächennutzungsplan enthält der Bebauungsplan die **rechtsverbindlichen Festsetzungen für die städtebauliche Ordnung** (vgl. § 8 Abs. 1 S. 1 BauGB) für **einzelne Teile des Gemeindegebietes** (vgl. § 9 Abs. 7 BauGB). Als verbindlicher Bauleitplan bildet der Bebauungsplan das **Hauptinstrument zur Umsetzung der gemeindlichen Planungshoheit**.[20] Gemäß § 8 Abs. 1 S. 2 BauGB bildet der Bebauungsplan die **Grundlage für weitere, zum Vollzug des BauGB erforderliche Maßnahmen**. So bildet ein Bebauungsplan z.B. die Grundlage für die Zulässigkeit eines Vorhabens nach § 30 BauGB, für Vorkaufsrechte der Gemeinde (§§ 24 Abs. 1 Nr. 1, 25 Abs. 1 Nr. 1 BauGB), für die Enteignung (§ 85 Abs. 1 Nr. 1 BauGB) und grundsätzlich auch für die Herstellung von Erschließungsanlagen (§ 125 BauGB).

Der **Inhalt** des Bebauungsplans ist in **§ 9 BauGB** geregelt. Der Bebauungsplan weist **parzellenscharf** die bauliche Nutzung (§ 9 Abs. 1 Nr. 1–9 BauGB) und die nichtbauliche Nutzung der jeweiligen Flächen (§ 9 Abs. 1 Nr. 10–26 BauGB) aus.

>> Lesen Sie § 9 Abs. 1 BauGB! <<

Beispiel Wie Beispiel oben (Rn. 27). Die Gemeinde S setzt die Baufläche in ihrem Bebauungsplan als reines Wohngebiet fest. Damit darf jedes Grundstück grundsätzlich nur mit einem Wohngebäude bebaut werden. Nur ausnahmsweise können Läden oder nichtstörende Handwerksbetriebe zugelassen werden. Die Gemeinde kann demgemäß ein bestimmtes Grundstück als Fläche für einen Lebensmittelladen im Wohngebiet vorsehen. ■

Im Gegensatz zu den Darstellungsmöglichkeiten nach § 5 Abs. 2 BauGB (s.o. Rn. 26) ist die Aufzählung der Festsetzungsmöglichkeiten in **§ 9 Abs. 1 BauGB abschließend**. Die Festsetzungsmöglichkeiten in **§ 9 Abs. 1 Nr. 1 und Nr. 2 BauGB** werden **durch die BauNVO (vor allem §§ 1–15 BauNVO) ergänzt**. § 9 Abs. 1 BauGB verpflichtet die Gemeinde nicht, alle dort genannten Kriterien im Bebauungsplan festzusetzen (vgl. auch Wortlaut „können"). Welche Festsetzungen im Bebauungsplan erfolgen, bestimmt sich vielmehr danach, welche Festsetzung für die städtebauliche Entwicklung und Ordnung erforderlich i.S.d. § 1 Abs. 3 BauGB ist.

> **JURIQ-Klausurtipp**
>
> In der Fallbearbeitung können die Festsetzungen im Bebauungsplan Anlass geben, diese am Maßstab der Grundrechte zu überprüfen, denn die rechtsverbindlichen Festsetzungen im Bebauungsplan stellen **Inhalts- und Schrankenbestimmungen des Eigentums** i.S.d. Art. 14 Abs. 1 S. 2 GG dar (s. dazu allgemein näher Skript „Grundrechte" Rn. 624 f.).

§ 9 Abs. 1a bis Abs. 3 BauGB sehen **weitere Festsetzungsmöglichkeiten für bestimmte Fälle** vor. **§ 9 Abs. 4 BauGB** eröffnet den Ländern die Möglichkeit, durch Rechtsvorschriften zu bestimmen, dass auf Landesrecht beruhende Regelungen in den Bebauungsplan aufgenommen werden können, und festzulegen, inwieweit die Vorschriften des BauGB auf diese Festsetzungen anwendbar sind.

>> Lesen Sie § 9 Abs. 1a bis Abs. 6a und Abs. 8 BauGB! <<

Nordrhein-Westfalen hat mit **§ 86 Abs. 4 BauO NRW** von dieser Ermächtigung Gebrauch gemacht.

>> Lesen Sie § 86 Abs. 4 BauO NRW! <<

---

[20] *Brenner* Öffentliches Baurecht Rn. 215.

Beispiel Die nordrhein-westfälische Gemeinde M stellt derzeit einen Bebauungsplan für ein Teilgebiet ihrer Gemeinde auf. Als Festsetzung nimmt sie in den Bebauungsplan auf, dass der Boden der Standplätze für Abfallbehälter versiegelt und die seitlichen Begrenzungen der Standplätze begrünt werden. – Eine solche Festsetzung ist gemäß § 86 Abs. 1 Nr. 4 BauO NRW möglich. Auf diese Weise schafft die Gemeinde örtliches Baurecht.

> **Hinweis**
>
> Beachten Sie, dass die Festsetzungen auf der Grundlage des § 86 Abs. 4 BauO NRW – materiell-rechtlich betrachtet – **Bauordnungsrecht** bilden, wenngleich sie keine gefahrenabwehrrechtlichen Bestimmungen darstellen (vgl. § 60 Abs. 2 S. 2 BauO NRW).

36 Die Festsetzungen im Bebauungsplan können auf verschiedene Weise erfolgen, nämlich z.B. durch Zeichnung, Farbe, Schrift und Text. Die Gemeinde besitzt insoweit ein Wahlrecht.[21] In der Regel werden die Festsetzungen durch **Text** und eine **beigefügte Planzeichnung** zu Papier gebracht. Dabei hat die Gemeinde die Vorgaben der PlanZV zu beachten.

> **Hinweis**
>
> Während die BauNVO auf der Grundlage des § 9a Nr. 1-3 BauGB ergangen ist, beruht die PlanZV auf § 9a Nr. 4 BauGB.

37 **§ 9 Abs. 5 bis Abs. 6a BauGB** enthalten **Vorgaben für Kennzeichnungen bzw. nachrichtlich zu übernehmende Festsetzungen**. Gemäß **§ 9 Abs. 8 BauGB** muss der Bebauungsplan eine **Begründung** mit den Angaben nach § 2a BauGB enthalten.

2. Rechtsnatur des Bebauungsplans

38 Im Gegensatz – jedenfalls im Regelfall – zum Flächennutzungsplan wird der Bebauungsplan von der Gemeinde als **Satzung** erlassen (vgl. § 10 Abs. 1 BauGB) und stellt damit ein materielles Gesetz in der inländischen Normenhierarchie dar. Die damit zusammenhängenden prozessualen Fragen werden unten (Rn. 193 ff.) behandelt.

C. Rechtmäßigkeit eines Bebauungsplans

39 In der Fallbearbeitung können Sie aufgefordert sein, die Rechtmäßigkeit eines gemäß § 10 BauGB als Satzung erlassenen oder zu erlassenden Bebauungsplans zu überprüfen.[22] Erfahrungsgemäß ist dabei allein die Frage, ob ein Bebauungsplan rechtmäßig aufgestellt wurde, prüfungsrelevant. Nicht prüfungsrelevant sind damit Fragen der Rechtmäßigkeit einer Änderung, Ergänzung oder Aufhebung eines Bebauungsplans, die jedoch jeweils denselben

---

21 Vgl. zum Ganzen *Löhr* in: Battis/Krautzberger/Löhr, BauGB § 9 Rn. 2.
22 Soweit ersichtlich, ist die Frage der Rechtmäßigkeit eines Flächennutzungsplans dagegen wenig prüfungsrelevant. Da sich die Prüfung der Rechtmäßigkeit eines Flächennutzungsplans grundsätzlich mit der Prüfung der Rechtmäßigkeit eines Bebauungsplans deckt, gelten die nachfolgenden Ausführungen im Text grundsätzlich entsprechend für den Flächennutzungsplan.

Rechtmäßigkeit eines Bebauungsplans 3 C

Rechtmäßigkeitsvoraussetzungen unterliegen wie die Aufstellung eines Bebauungsplans (vgl. auch § 1 Abs. 8 BauGB).

> **JURIQ-Klausurtipp**
>
> Sollten Sie daher unerwartet doch die Rechtmäßigkeit einer Änderung, einer Aufhebung etc. eines Bebauungsplans zu prüfen haben, können Sie sich am Prüfungsschema für die Rechtmäßigkeit der Aufstellung eines Bebauungsplans orientieren.

Die Prüfung, ob ein Bebauungsplan rechtmäßig aufgestellt wird bzw. wurde, kann prozessual in eine Normenkontrolle nach § 47 Abs. 1 Nr. 1 VwGO eingebettet sein (s. unten Rn. 184 ff.) oder als inzidente Prüfung z.B. im Kontext der Frage, ob ein Anspruch auf die Erteilung einer Baugenehmigung besteht (s. unten Rn. 385), gefordert sein. Die Rechtmäßigkeit eines Bebauungsplans prüfen Sie dann wie folgt: **40**

Rechtmäßigkeit eines Bebauungsplans

I. Ermächtigungsgrundlage

II. Formelle Rechtmäßigkeit des Bebauungsplans
  1. **Zuständigkeit der Gemeinde**
     a) Verbandskompetenz
     b) Organkompetenz
  2. **Verfahren**
     a) Aufstellungsbeschluss
     b) Umweltprüfung
     c) Frühzeitige Beteiligung der Öffentlichkeit und der Behörden
        - Sonstige Träger öffentlicher Belange   Rn. 60 f.
     d) Erarbeitung eines Planentwurfs
     e) Förmliche Beteiligung der Öffentlichkeit und der Behörden
        - Berechnung der Auslegungsfrist   Rn. 67
        - Anforderungen an die Wahrung der Monatsfrist   Rn. 68
     f) Ermittlung und Bewertung abwägungsrelevanter Belange
        - Seit EAG Bau 2004 verfahrensbezogene Pflichten   Rn. 78
     g) Gemeindebeschluss über den Bebauungsplan
     h) (Ausnahmsweise) Genehmigung des Bebauungsplans
     i) Ausfertigung und ortsübliche Bekanntmachung des Bebauungsplans

III. Materielle Rechtmäßigkeit des Bebauungsplans
  1. **Planrechtfertigung**
  2. **Planungsermessen**
     a) Anpassungspflicht an die Ziele der Raumordnung
     b) Vorgaben für Planinhalte
     c) Entwicklungsgebot
  3. **Ordnungsgemäße Abwägung aller Belange**
     - Seit EAG Bau 2004 verbliebene materiell-rechtliche Pflichten   Rn. 107

PRÜFUNGSSCHEMA

> **JURIQ-Klausurtipp**
>
> Denken Sie stets daran: Prüfungsschemata sollen Ihnen lediglich eine Orientierungshilfe für Ihre Prüfung geben. Keinesfalls dürfen Prüfungsschemata starr angewendet werden. Wenden Sie ein Prüfungsschema daher immer auf Ihren Fall bezogen an. Das bedeutet vor allem: Problematisieren Sie nur solche Punkte, die tatsächlich erörterungsbedürftig sind. Unproblematische Punkte können Sie kurz – dann auch durchaus im Urteilsstil – abhandeln. Durch diese Vorgehensweise sparen Sie nicht nur Zeit und Energie für die wirklichen Probleme, sondern stellen v.a. auch Ihre Fähigkeit zur Schwerpunktsetzung in der Fallbearbeitung unter Beweis.

41 Bevor Sie die eigentliche Prüfung beginnen, sollten Sie einen möglichst präzise gefassten Obersatz formulieren (s. *Beispiele* unten Rn. 214 im Zusammenhang mit einem Normenkontrollantrag). Hiermit legen Sie sich selbst den Grundstein für eine erfolgreiche Fallbearbeitung.

42 Die eigentliche Prüfung der Rechtmäßigkeit des Bebauungsplans erfolgt in drei Schritten:

I. Ermächtigungsgrundlage

43 Nach dem rechtsstaatlichen Vorbehalt des Gesetzes darf die öffentliche Gewalt im grundrechtsrelevanten Bereich nicht ohne gesetzliche Grundlage handeln. So liegt der Fall auch hier. Wie oben (Rn. 34) erwähnt, stellen die Festsetzungen in einem Bebauungsplan Inhalts- und Schrankenbestimmungen des Eigentums i.S.d. Art. 14 Abs. 1 S. 2 GG dar. Demgemäß bedarf es einer (formell-)gesetzlichen Grundlage für die Aufstellung eines Bebauungsplans. Einschlägige Ermächtigungsgrundlage für die Aufstellung eines Bebauungsplans sind die **§§ 1 Abs. 3 S. 1, 2 Abs. 1 S. 1 BauGB**. Diese Vorschriften konkretisieren – wie z.B. auch § 10 Abs. 1 BauGB – die Planungshoheit der Gemeinde (s.o. Rn. 16).

II. Formelle Rechtmäßigkeit des Bebauungsplans

44 Die formelle Rechtmäßigkeit des Bebauungsplans prüfen Sie in zwei Schritten:

> **JURIQ-Klausurtipp**
>
> Erkennen Sie das Grundmuster der Prüfung? Die formelle Rechtmäßigkeit des Bebauungsplans prüfen Sie im Ansatz wie die formelle Rechtmäßigkeit jedes anderen Gesetzes. Dies überrascht nicht, handelt es sich beim Bebauungsplan doch um ein materielles Gesetz (s.o. Rn. 38)!
>
> Für die Prüfung im Einzelnen gilt das oben (Rn. 40) zu Prüfungsschemata Gesagte hier im besonderen Maße: Vor allem die einzelnen Verfahrensvoraussetzungen sollten Sie zwar im Hinterkopf haben und in der Fallbearbeitung bei der Erstellung Ihrer Lösungsskizze anprüfen. Gehen Sie auf diese Voraussetzungen in Ihrer Falllösung aber nur dann näher ein, soweit die eine oder andere Voraussetzung nach den Angaben im Sachverhalt tatsächlich problematisch ist.

1. Zuständigkeit der Gemeinde

Bei der Prüfung der Zuständigkeit der Gemeinde, die einen Bebauungsplan aufstellen will oder aufgestellt hat, sind **zwei Formen der Zuständigkeit** zu unterscheiden, die Sie bereits aus dem Kommunalrecht kennen: zum einen die Verbandskompetenz und zum anderen die Organkompetenz.

a) Verbandskompetenz

Die Verbandskompetenz betrifft die Frage, **welcher Verband aus der Gesamtheit der öffentlichen Gewalt für die Aufstellung des Bebauungsplans zuständig** ist. Gemäß **§ 2 Abs. 1 S. 1 BauGB** sind dies die **Gemeinden** als Träger der Planungshoheit in ihrem Gemeindegebiet.

Beispiel In der Gemeinde A gilt für ihr Gemeindegebiet ein Bebauungsplan, in dem ein reines Wohngebiet von zwei Gewerbegebieten umgeben ist. Zum Ausgleich möchte die Gemeinde A nun eine Fläche, die unmittelbar an das reine Wohngebiet angrenzt, aber bereits der Gemeinde B gehört, als Fläche für Wald (§ 9 Abs. 1 Nr. 18b BauGB) festsetzen und fasst einen entsprechenden Ergänzungsbeschluss für ihren Bebauungsplan. – Da diese Fläche der Gemeinde B gehört, besitzt die Gemeinde B und nicht die Gemeinde A die Planungshoheit über diese Fläche und hat demnach die Verbandskompetenz.

> **Hinweis**
>
> Wenig prüfungsrelevante Ausnahmen von der Verbandszuständigkeit der Gemeinde sind in §§ 203–205 BauGB enthalten.

b) Organkompetenz

Von der Verbandskompetenz ist die Organkompetenz zu unterscheiden. Bei der Organkompetenz prüfen Sie, **welches Organ der Gemeinde zur Aufstellung eines Bebauungsplans berufen** ist. Die Antwort auf diese Frage finden Sie in **§ 41 Abs. 1 S. 2 lit. f GO NRW** und **ergänzend ggf.** in der **Hauptsatzung der Gemeinde**.[23] Danach ist der **Rat der Gemeinde** für die Aufstellung eines Bebauungsplans zuständig.

Sofern – wie in unserem *Beispiel* oben (Rn. 46) – die Gemeinde ihre Zuständigkeit nicht eingehalten hat, erweist sich der Bebauungsplan bereits aus diesem Grunde als rechtswidrig und, weil es sich beim Bebauungsplan seiner Rechtsnatur nach um eine Satzung und damit um ein materielles Gesetz handelt (s.o. Rn. 38), zugleich als nichtig.

> **JURIQ-Klausurtipp**
>
> Beachten Sie, dass die Verletzung von Zuständigkeitsvorschriften bei der Aufstellung eines als Satzung erlassenen Bebauungsplans nicht geheilt werden kann. § 7 Abs. 6 GO NRW gilt nach seinem Wortlaut nur für die Verletzung von Verfahrens- oder Formvorschriften. § 214 BauGB greift ebenfalls nicht, weil er allein Verstöße gegen Bestimmungen des BauGB, nicht aber solche gegen kommunalrechtliche Vorschriften erfasst.

» Nutzen Sie ggf. die Gelegenheit zu einer kurzen Wiederholung der Begriffe Verbands- und Organkompetenz im Skript „Kommunalrecht NRW"! «

---

23 Vgl. *Hellermann* in: Dietlein/Burgi/Hellermann, Öffentliches Recht in Nordrhein-Westfalen § 4 Rn. 40.

2. Verfahren

49 Das Verfahren zur Aufstellung eines Bebauungsplans kann in bis zu acht Schritten erfolgen:

a) Aufstellungsbeschluss

>> Lesen Sie die im Folgenden jeweils genannten Vorschriften zum besseren Verständnis der Materie unbedingt parallel zum Text aufmerksam durch! <<

50 Das Verfahren zur Aufstellung eines Bebauungsplans beginnt gemäß **§ 2 Abs. 1 S. 1 BauGB** mit einem Aufstellungsbeschluss, der gemäß **§ 2 Abs. 1 S. 2 BauGB** ortsüblich nach Maßgabe der Bestimmungen der GO NRW und ggf. der gemeindlichen Hauptsatzung[24] **bekannt zu machen** ist. Regelmäßig erfolgt die Bekanntmachung im Amtsblatt der Gemeinde (vgl. § 7 Abs. 5 GO NRW i.V.m. § 1 Abs. 2, § 4 Abs. 1 Nr. 1 BekanntmVO[25]). Mit dem ortsüblich bekannt gemachten Aufstellungsbeschluss wird das **Aufstellungsverfahren förmlich eröffnet**.

51 Besondere inhaltliche Anforderungen werden an den Aufstellungsbeschluss nicht gestellt. Es genügt, wenn der Beschluss gefasst wird, dass ein Bebauungsplan aufgestellt werden soll.

Beispiel Der Rat der Gemeinde O beschließt, für eine bisher landwirtschaftlich genutzte Fläche im Gemeindegebiet einen Bebauungsplan aufzustellen. Wie die Fläche zukünftig genutzt werden soll, lässt der Rat bei seinem Beschluss offen. – Der rechtsstaatliche Bestimmtheitsgrundsatz verlangt nicht, dass der Aufstellungsbeschluss bereits inhaltliche Aussagen zu der beabsichtigten Planung enthält.[26] Demgemäß konnte der Rat der Gemeinde O die Frage der konkreten Nutzung der Fläche ohne Weiteres offen lassen. Der rechtsstaatliche Bestimmtheitsgrundsatz verlangt jedoch, dass ein Planbereich benannt wird.[27] Ein solches Gebiet hat der Rat der Gemeinde O benannt und damit seine rechtsstaatlichen Pflichten erfüllt. ■

52 Der Aufstellungsbeschluss stellt nach h.M. keine Rechtmäßigkeitsvoraussetzung für den späteren Bebauungsplan dar.[28]

Beispiel Die Gemeinde T führt ein Aufstellungsverfahren für einen Bebauungsplan durch, ohne zuvor einen Aufstellungsbeschluss gefasst zu haben. ■

Die h.M. verweist auf den Wortlaut des § 2 Abs. 1 S. 2 BauGB, nach dem nur eine Pflicht zur Bekanntmachung, nicht jedoch eine Pflicht zum Erlass eines Aufstellungsbeschlusses bestehe.[29]

53 Etwas anderes gilt jedoch für Maßnahmen zur Sicherung der Bauleitplanung i.S. etwa der §§ 14 Abs. 1, 15 Abs. 1, 33 Abs. 1 BauGB. Diese setzen den Erlass eines rechtmäßigen Aufstellungsbeschlusses voraus.[30]

Beispiel Will die Gemeinde H eine Veränderungssperre erlassen, muss sie zuvor beschließen, einen Bebauungsplan für das betreffende Gebiet in ihrer Gemeinde auszustellen. Ohne diesen Aufstellungsbeschluss ist der Erlass einer Veränderungssperre rechtswidrig. ■

---

24 Vgl. *BVerwGE* 19, 164.
25 Bekanntmachungsverordnung (*von Hippel/Rehborn* Nr. 20d).
26 Vgl. allgemein *BVerwGE* 51, 121.
27 Vgl. *Erbguth* in: Tettinger/Erbguth/Mann, Besonderes Verwaltungsrecht Rn. 895.
28 *BVerwGE* 79, 200; auch *Erbguth* in: Tettinger/Erbguth/Mann, Besonderes Verwaltungsrecht Rn. 895 mit Fn. 26.
29 Vgl. *Erbguth* in: Tettinger/Erbguth/Mann, Besonderes Verwaltungsrecht Rn. 895 mit Fn. 26.
30 S. nur *Stollmann* Öffentliches Baurecht § 6 Rn. 4.

b) Umweltprüfung

54 Sofern die Gemeinde den Bebauungsplan im normalen Verfahren gemäß §§ 2 ff. BauGB aufstellen will, muss sie im Anschluss an den Aufstellungsbeschluss eine Umweltprüfung durchführen. Bei dieser Prüfung sind die **voraussichtlichen erheblichen Umweltauswirkungen zu ermitteln** und **in einem Umweltbericht zu beschreiben und zu bewerten** (vgl. § 2 Abs. 4 S. 1 Hs. 1 BauGB). Einzelheiten zur Umweltprüfung sind in § 2 Abs. 4 S. 1 Hs. 2 und S. 2 bis 6 BauGB geregelt. Danach muss die Gemeinde gemäß § 2 Abs. 4 S. 2 BauGB insbesondere ein sog. **Scoping** durchführen, indem sie für jeden Bebauungsplan festlegt, in welchem Umfang und Detaillierungsgrad es erforderlich ist, die Belange für die Abwägung zu ermitteln. Unterlaufen ihr dabei Fehler, verletzt die Gemeinde nicht nur § 2 Abs. 4 S. 2 BauGB, sondern auch § 2 Abs. 3 BauGB.

Beispiel Beim Scoping verkennt die Gemeinde T, dass für die beabsichtigte Planung eine umfangreiche Ermittlung der umweltbezogenen Auswirkungen auf den Menschen und seine Gesundheit sowie auf die Bevölkerung insgesamt notwendig ist (vgl. § 1 Abs. 6 Nr. 7c BauGB). – Indem die Gemeinde T die Erforderlichkeit, in welchem Umfang und Detaillierungsgrad dieser Belang des Umweltschutzes zu ermitteln ist, nicht zutreffend festgelegt hat, verstößt sie gegen § 2 Abs. 4 S. 2 und Abs. 3 BauGB.

55 Entscheidet sich die Gemeinde demgegenüber dafür, den Bebauungsplan im sog. vereinfachten Verfahren oder im sog. beschleunigten Verfahren aufzustellen, entfällt die Umweltprüfung (vgl. § 13 Abs. 3 BauGB bzw. § 13a Abs. 2 Nr. 1 BauGB).

c) Frühzeitige Beteiligung der Öffentlichkeit und der Behörden

56 Sobald die Gemeinde ein erstes erörterungsfähiges Planungskonzept ausgearbeitet hat, muss sie gemäß § 3 Abs. 1 S. 1 Hs. 1 BauGB grundsätzlich[31] eine sog. frühzeitige Beteiligung der Öffentlichkeit durchführen, die in Form einer **Bürgeranhörung** stattfindet (vgl. **§ 3 Abs. 1 S. 1 Hs. 2 BauGB**). Dabei muss die Gemeinde die Bürger **über die Ziele und die Zwecke der Planung sowie die voraussichtlichen Auswirkungen der Planung öffentlich unterrichten**. Die frühzeitige Beteiligung der Öffentlichkeit dient mehreren Zwecken:[32] In erster Linie dient sie der **vollständigen Ermittlung und der zutreffenden Bewertung der von der Planung berührten Belange** (vgl. § 4a Abs. 1 BauGB). Durch die Öffentlichkeitsbeteiligung beschafft und vervollständigt die Gemeinde das notwendige Abwägungsmaterial. Bei dieser Gelegenheit erhält die Gemeinde nähere Informationen über die Wünsche und auch die Befürchtungen der betroffenen Bürger. Die Beteiligung der Öffentlichkeit soll außerdem die Bürger in den Prozess der Vorbereitung politischer (Planungs-)Entscheidungen aktiv einbeziehen und dient insoweit einem demokratischen Zweck.

> **Hinweis**
>
> Wichtig ist auch die Rechtsschutzfunktion, die mit der frühzeitigen Beteiligung der Öffentlichkeit verbunden ist. Bei der Aufstellung von Bebauungsplänen unterliegt der Satzungsgeber grundrechtlichen Schutzpflichten (s. allgemein zu den grundrechtlichen Schutzpflichten Skript „Grundrechte" Rn. 39 ff.).[33]

---

[31] Ausnahme: § 3 Abs. 1 S. 2 BauGB.
[32] Vgl. dazu *BVerwG* NVwZ 1988, 822.
[33] Vgl. in diesem Zusammenhang auch *BVerfGE* 53, 30 – Mülheim-Kärlich.

57 Gemäß § 4 Abs. 1 S. 1 BauGB muss die Gemeinde neben der Öffentlichkeit – u.U. zeitgleich (vgl. § 4a Abs. 2 BauGB) – die **Behörden und die sonstigen Träger öffentlicher Belange**, deren Aufgabenbereich durch die Planung betroffen werden können, entsprechend **§ 3 Abs. 1 S. 1 Hs. 1 BauGB frühzeitig unterrichten** und **zur Äußerung auch im Hinblick auf das Scoping i.S.d. § 2 Abs. 4 BauGB auffordern**.

58 Wie die frühzeitige Beteiligung der Öffentlichkeit dient die frühzeitige Beteiligung der Behörden und der sonstigen Träger öffentlicher Belange vor allem der **vollständigen Ermittlung und der zutreffenden Bewertung der von der Planung berührten Belange** (vgl. § 4a Abs. 1 BauGB).[34] Zugleich soll die frühzeitige Beteiligung der Behörden und der sonstigen Träger öffentlicher Belange die **Gemeinde bei der Zusammenstellung der abwägungsrelevanten Belange entlasten**. Je mehr Abwägungsmaterial die beteiligten Träger öffentlicher Belange selbst beibringen, desto geringer ist der Aufwand für die Gemeinde, selbst die abwägungsrelevanten Belange zu ermitteln. Gleichzeitig reduziert die frühzeitige Beteiligung der Träger öffentlicher Belange die **Gefahr, den Planentwurf ergänzen und erneut auslegen zu müssen, wenn behördliche Stellungnahmen erst später eingehen**.[35]

59 Welche Behörden und welche sonstigen Träger öffentlicher Belange i.S.d. § 4 Abs. 1 S. 1 BauGB frühzeitig zu beteiligen sind, richtet sich gemäß § 4 Abs. 1 S. 1 BauGB danach, ob die beabsichtigte kommunale Planung Belange betrifft, die sich auf die **Art der Bodennutzung** beziehen.[36] Zu den zu beteiligenden **Behörden i.S.d. § 4 Abs. 1 S. 1 BauGB** können z.B. das Gewerbeaufsichtsamt, die Denkmalschutzbehörde, das Umweltamt oder eine Nachbargemeinde gehören.

60 Nicht vollkommen klar ist, wer ein **sonstiger Träger öffentlicher Belange i.S.d. § 4 Abs. 1 S. 1 BauGB** ist. Da § 4 Abs. 1 S. 1 BauGB die sonstigen Träger öffentlicher Belange eigenständig neben Behörden nennt, ist davon auszugehen, dass es sich bei ihnen nicht um hoheitlich handelnde Behörden im verwaltungsorganisatorischen Sinne handeln muss.[37] Andernfalls würde die ausdrückliche separate Nennung der sonstigen Träger öffentlicher Belange in § 4 Abs. 1 S. 1 BauGB keinen Sinn ergeben. Zu den sonstigen Trägern öffentlicher Belange i.S.d. § 4 Abs. 1 S. 1 BauGB gehören damit **Stellen, die den gesetzlichen Auftrag haben, öffentliche Belange zu verfolgen** (sog. funktioneller Behördenbegriff, vgl. § 1 Abs. 4 VwVfG NRW).[36] Dies sind vor allem die Träger der funktionalen Selbstverwaltung (etwa Industrie- und Handelskammer, Handwerkskammer, Ärztekammer) und Energieversorgungsunternehmen (z.B. Stadtwerke GmbH).[38]

> **Beispiel** Die Gemeinde K plant, sämtliche unterirdische Versorgungsleitungen in einem Teil ihrer Gemeinde zu verlegen, damit sie nicht dem Bau einer ebenfalls in Planung stehenden U-Bahn-Strecke im Wege stehen. – Im Rahmen der frühzeitigen Beteiligung sonstiger Träger öffentlicher Belange nach § 4 Abs. 1 S. 1 BauGB sind auch die von der Verlegung der Versorgungsleitungen betroffenen Versorgungsunternehmen zu beteiligen.

---

34 Vgl. auch *BVerwG* NVwZ 1988, 288.
35 Vgl. zum Ganzen *Erbguth* in: Tettinger/Erbguth/Mann, Besonderes Verwaltungsrecht Rn. 899.
36 *Erbguth* in: Tettinger/Erbguth/Mann, Besonderes Verwaltungsrecht Rn. 900.
37 *Stollmann* Öffentliches Baurecht § 6 Rn. 13.
38 *Battis* in: Battis/Krautzberger/Löhr, BauGB § 4 Rn. 3 m.w. Beispielen.

Formelle Rechtmäßigkeit des Bebauungsplans 3 C II

Private Interessenvertretungen, die sich mit öffentlichen Aufgaben beschäftigen (z.B. Naturschutzverbände,[39] Sportverbände) kommen mangels gesetzlichen Auftrags, öffentliche Interessen zu verfolgen, **nicht** als **sonstige Träger öffentlicher Belange** in Betracht. Sie sind über § 3 Abs. 1 S. 1 Hs. 1 BauGB zu beteiligen.[40]

61

> **JURIQ-Klausurtipp**
>
> Sie sehen: Für die Frage, ob es sich im Einzelfall um einen sonstigen Träger öffentlicher Belange handelt oder nicht, ist maßgeblich, ob ein gesetzlicher Auftrag zur Verfolgung öffentlicher Interessen gegeben ist.

d) Erarbeitung eines Planentwurfs

Nach der frühzeitigen Beteiligung der Öffentlichkeit sowie der Behörden und der sonstigen Träger öffentlicher Belange erarbeitet die Gemeinde oder – im Falle einer Übertragung gemäß § 4b BauGB – ein privates Planungsbüro einen Planentwurf. Diesem Entwurf muss gemäß **§ 2a BauGB** eine **Begründung** beigefügt werden, die die Grundlage für die Begründung zum Bebauungsplan i.S.d. § 9 Abs. 8 BauGB bildet.[41]

62

e) Förmliche Beteiligung der Öffentlichkeit und der Behörden

Gemäß § 3 Abs. 2 S. 1 BauGB ist der Planentwurf mit der Begründung und den nach Einschätzung der Gemeinde wesentlichen, bereits vorliegenden umweltbezogenen Stellungnahmen für die Dauer eines Monats auszulegen. Mit dieser Auslegung **beteiligt** die Gemeinde die **Öffentlichkeit förmlich am Planungsverfahren**. Durch die Öffentlichkeitsbeteiligung erhält jedermann unabhängig davon, ob er ein individuelles Interesse an der Planung vorweisen kann, die Gelegenheit zur Stellungnahme.

63

Mindestens eine Woche vor der öffentlichen Auslegung des Planentwurfs sind u.a. der Ort und die Dauer der Auslegung ortsüblich bekannt zu machen (vgl. § 3 Abs. 2 S. 2 BauGB).

64

Diese Bekanntmachung soll den Bürgern ermöglichen, sich ihres Interesses an dem Planentwurf bewusst zu werden (sog. **Anstoßfunktion**).[42]

Beispiel Die ehrenamtlich verwaltete Gemeinde C verkündet in ihrem Amtlichen Gemeindeblatt, dass der Planentwurf Nr. xy ab sofort für einen Monat im Gemeindehaus ausliegt. Eingesehen werden könne er während der für den Publikumsverkehr vorgesehenen Öffnungszeiten des Gemeindehauses. Dort könne Stellung zum Planentwurf genommen werden. – Gemeindebewohner W hat Zweifel, ob diese Bekanntmachung rechtmäßig ist. ∎

---

39 Vgl. BVerwGE 104, 367; vgl. aber §§ 59 f. BNatSchG.
40 *Erbguth* in: Tettinger/Erbguth/Mann, Besonderes Verwaltungsrecht Rn. 900.
41 *Hellermann* in: Dietlein/Burgi/Hellermann, Öffentliches Recht in Nordrhein-Westfalen Rn. 45.
42 BVerwGE 55, 369.

Die Zweifel des W sind in der Tat aus mehreren Gründen berechtigt:

65 (1) Entgegen § 3 Abs. 2 S. 2 Hs. 1 BauGB hat die Gemeinde C die Auslegung des Planentwurfs nicht mindestens eine Woche vorher bekannt gegeben. Die Frist für die Bekanntmachung berechnet sich nach § 187 Abs. 1 BGB, d.h. der Tag der Bekanntmachung wird nicht mitgerechnet.[43]

66 (2) Ein Verstoß gegen § 3 Abs. 2 S. 2 Hs. 1 BauGB liegt ferner darin, dass die Bekanntmachung nicht – wie erforderlich – zumindest den datumsmäßigen Beginn der Auslegungsfrist enthält.[44]

67 Früher war umstritten, wie die Monatsfrist in § 3 Abs. 2 S. 1, S. 2 Hs. 1 BauGB berechnet wird. Inzwischen vertritt die **h.M.** jedoch die Ansicht, dass für den **Fristbeginn § 187 Abs. 2 S. 1 BGB** gilt und für das **Fristende §§ 188 Abs. 2 Alt. 2, 193 BGB** einschlägig ist.[45]

Beispiel Anders als in unserem Beispiel oben (Rn. 64) teilt die Gemeinde C in ihrer Bekanntmachung über die Auslegung des Planentwurfs mit, dass sie den Planentwurf vom 3.3. bis zum 3.4.2010 auslegt. – Nach der h.M. beginnt die Auslegungsfrist gemäß § 187 Abs. 2 S. 1 BGB am 3.3.2010 und endet gemäß § 188 Abs. 2 Alt. 2 BGB mit Ablauf des 2.4.2010. Die Erwähnung des 3.4.2010 ist daher unzutreffend.

68 (3) Fraglich ist, ob die Gemeinde C die in § 3 Abs. 2 S. 1 BauGB vorgesehene Monatsfrist wahrt, wenn sie eine Einsicht in den Planentwurf nur während der für den Publikumsverkehr vorgesehenen Öffnungszeiten gewährt. – Nach früher h.M. sollte diese Vorgehensweise nicht genügen.[46] Inzwischen hat sich jedoch die gegenteilige Ansicht durchgesetzt. Nach dieser Ansicht ist zu prüfen, inwieweit sich die Möglichkeit der Einsichtnahme in den Planentwurf insgesamt als hinreichend erweist.[47]

Beispiel Die Gemeinde C wird von zwei ehrenamtlichen Mitarbeitern verwaltet. Der Planentwurf Nr. xy liegt täglich in der Zeit von 9.00 bis 12.00 Uhr aus. In dieser Zeit ist das Gemeindehaus für den Publikumsverkehr geöffnet. – Auf der Grundlage der früheren h.M. würde diese täglich zeitlich begrenzte Einsichtsmöglichkeit nicht ausreichen. Nach der inzwischen vorherrschenden Ansicht wäre demgegenüber davon auszugehen, dass die vorgesehenen Zeiten für eine Einsichtnahme in den Planentwurf unter den gegebenen Umständen ausreichend sind.

> **JURIQ-Klausurtipp**
>
> Sollte sich dieser Punkt in der Fallbearbeitung als problematisch erweisen, stellen Sie den Meinungsstreit auf Ihren Fall bezogen dar und schließen sich einer Ansicht mit eigenen Argumenten an. Zugunsten der inzwischen vorherrschenden Ansicht könnte sprechen, dass sie den Umständen des Einzelfalls gerechter wird. Bei einer kleinen Gemeinde wie in unserem *Beispiel* wäre es grundsätzlich unzumutbar zu verlangen, dass sie den Planentwurf auch nachmittags auslegt.

---

43 *Stollmann* Öffentliches Baurecht § 6 Rn. 26.
44 Vgl. allgemein *Battis* in: Battis/Krautzberger/Löhr, BauGB § 3 Rn. 13.
45 S. nur *Kersten* in: Spannowsky/Uechtritz, BauGB § 3 BauGB Rn. 72 ff.; GmS-OGB *BVerwGE* 40, 363.
46 Vgl. etwa *VGH Bayern* NJW 1974, 1670.
47 Vgl. etwa *W. Schröder* in: Schröder, BauGB § 3 Rn. 35a f. (mit Überblick über die Entwicklung des Meinungsbildes).

Formelle Rechtmäßigkeit des Bebauungsplans

(4) Indem in der Bekanntmachung lediglich der Planentwurf Nr. xy genannt wird, bewirkt die Bekanntmachung der Gemeinde C außerdem nicht die mit § 3 Abs. 2 S. 2 BauGB bezweckte Anstoßfunktion. Hierfür wäre es vielmehr notwendig gewesen, das Plangebiet näher zu bezeichnen, d.h. insbesondere den räumlichen Geltungsbereich des Planentwurfs hinreichend deutlich, zumindest durch eine schlagwortartige geographische Bezeichnung zu konkretisieren.[48]

(5) Damit in Zusammenhang steht schließlich ein letztes Bedenken, das sich auf die am Ende der Bekanntmachung enthaltene Formulierung bezieht, dort könnte Stellung zum Planentwurf genommen werden. Mit dieser Formulierung erweckt die Gemeinde C den Eindruck, etwaige Bedenken oder Anregungen könnten nur „dort", also unmittelbar vor Ort und damit persönlich vorgebracht werden, so dass eine schriftliche Stellungnahme ausgeschlossen wäre.[49] Hierdurch läuft die Gemeinde C Gefahr, Bürger davon abzuhalten, Stellung zu nehmen, was der mit § 3 Abs. 2 S. 2 BauGB bezweckten Anstoßfunktion zuwiderläuft.

Rechtzeitig[50] vorgebrachte Bedenken oder Anregungen zum Planentwurf fließen in die Abwägung der Gemeinde nach § 1 Abs. 7 BauGB ein. Sollte der Planentwurf aufgrund von Bedenken oder Anregungen geändert oder ergänzt werden, müssen die Verfahrensabschnitte der Auslegung des Planentwurfs sowie der förmlichen Beteiligung der Öffentlichkeit, der Behörden und der sonstigen Träger öffentlicher Belange erneut durchgeführt werden. Allerdings gelten insoweit Verfahrenserleichterungen (vgl. **§ 4a Abs. 3 BauGB**).

f) Ermittlung und Bewertung abwägungsrelevanter Belange

Gemäß **§ 2 Abs. 3 BauGB** sind bei der Aufstellung eines Bebauungsplans für die Abwägung relevante Belange zu ermitteln und zu bewerten. Mit der in § 2 Abs. 3 BauGB angesprochenen Abwägung ist die Abwägung nach § 1 Abs. 7 BauGB gemeint, in deren Rahmen die öffentlichen und privaten Belange gegeneinander und untereinander in einen gerechten Ausgleich zu bringen sind.

Die **Abwägung nach § 1 Abs. 7 BauGB**, die als Selbstverständlichkeit voraussetzt, dass *überhaupt* eine Abwägung stattfindet, vollzieht sich in **drei Phasen**, wobei sich die **beiden ersten Phasen** auf den **Abwägungsvorgang** und die **dritte Phase** auf das **Abwägungsergebnis** beziehen:[51]

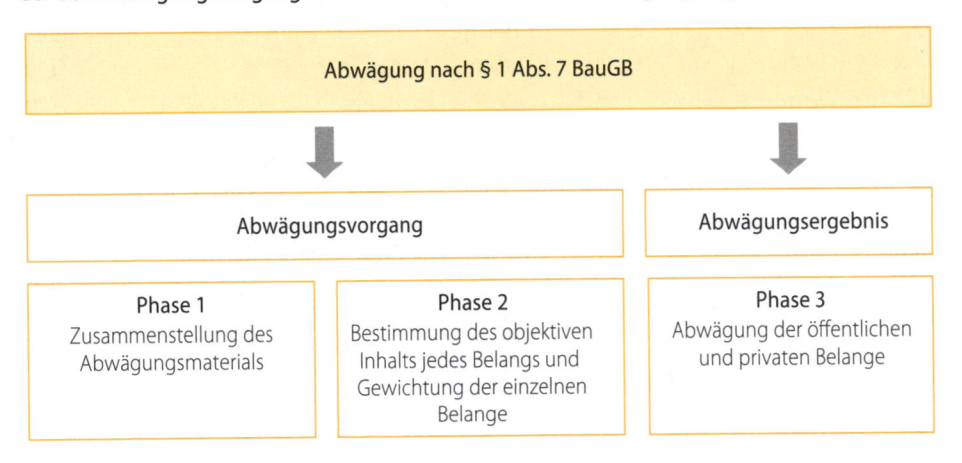

Abwägung nach § 1 Abs. 7 BauGB	
Abwägungsvorgang	**Abwägungsergebnis**
Phase 1 — Zusammenstellung des Abwägungsmaterials / **Phase 2** — Bestimmung des objektiven Inhalts jedes Belangs und Gewichtung der einzelnen Belange	**Phase 3** — Abwägung der öffentlichen und privaten Belange

---

48 Vgl. allgemein *BVerwG* NVwZ 2001, 203.
49 Vgl. allgemein *VGH Bayern* NJW 1983, 297.
50 Vgl. in diesem Zusammenhang § 3 Abs. 2 S. 2 Hs. 2 BauGB.
51 Vgl. *Stollmann* Öffentliches Baurecht § 7 Rn. 31.

> **Hinweis**
>
> In der Literatur ist die Anzahl der Phasen umstritten: Neben den – hier angenommenen – drei Phasen wird vertreten, dass sich die Abwägung in zwei oder vier Phasen vollzieht.[52] Dabei werden die (hier als die ersten beiden Phasen dargestellten) Abschnitte entweder zusammengefasst oder weiter ausdifferenziert. Welcher Ansicht Sie folgen, entscheiden Sie nach Ihrer eigenen Überzeugung.

74 In der **ersten Phase** ist das **Abwägungsmaterial zusammenzustellen**. Die Gemeinde muss alle von der städtebaulichen Planung konkret betroffenen öffentlichen und privaten Belange, die **weit** zu verstehen sind und sowohl gegenwärtige als auch zukünftige Belange umfassen, ermitteln.[53] Hierfür müssen die relevanten Belange begrifflich abstrakt definiert werden.[54]

75 In die Abwägung müssen alle öffentlichen und privaten Belange eingestellt werden, die **„nach Lage der Dinge"** in die Abwägung einzustellen sind.[55] Nach Ansicht des Bundesverwaltungsgerichts sind dies „alle mehr als nur geringfügig betroffenen, schutzwürdigen Belange, deren Betroffenheit der Gemeinde bekannt oder zumindest hätte bekannt sein müssen".[56]

> **Beispiel** Beispiele für demnach in die Abwägung einzustellende öffentliche Belange ergeben sich aus § 1 Abs. 5 und Abs. 6 BauGB. Beispiele für schutzwürdige private Belange sind z.B. private Rechte wie das sich aus Art. 14 Abs. 1 GG ergebende Recht auf bauliche Nutzung eines Grundstücks, unabhängig davon, ob die Nutzung des Grundstücks auf dem Eigentum oder auf einem Miet- oder Pachtverhältnis beruht; ferner u.U. das Interesse eines Unternehmers an einer Änderung eines Gewerbebetriebes; schließlich auch private Interessen wie etwa der Schutz vor Immissionen. Kein schutzwürdiger privater Belang ist demgegenüber z.B. ein Schwarzbau. ■

76 In der **zweiten Phase** muss die Gemeinde den **objektiven Inhalt jedes Belangs bestimmen und die einzelnen Belange gewichten**.

77 In der **dritten Phase** findet die **eigentliche Abwägung der öffentlichen und privaten Belange** statt. Sie bildet damit den **Kern der gesamten Abwägung**.[55] Die Gemeinde muss in dieser Phase die gewichteten öffentlichen und privaten Belange ins Verhältnis setzen und entscheiden, welche Belange gegenüber anderen Belangen den Vorrang erhalten und welcher Belang ggf. ganz oder teilweise zurückgestellt wird.

78 Die in § 2 Abs. 3 BauGB geforderte Ermittlung und Bewertung des Abwägungsmaterials betrifft die ersten beiden Phasen der Abwägung. Insoweit ist in Umsetzung gemeinschaftsrechtlicher Vorgaben durch das **EAG Bau 2004**[57] eine **wesentliche Änderung der Rechtslage** eingetreten: **§ 2 Abs. 3 BauGB** wurde als „**Verfahrensgrundnorm**"[58] neu in das BauGB eingefügt mit dem

---

[52] Für drei Phasen z.B. *Dirnberger* in: W. Schrödter, BauGB § 1 Rn. 138; für vier Phasen z.B. *Brenner* Öffentliches Baurecht Rn. 377 ff.; *Hoppe* in: Hoppe/Bönker/Grotefels, Öffentliches Baurecht § 7 Rn. 32.
[53] Vgl. zum Ganzen (einschließlich Beispiele) *Brenner* Öffentliches Baurecht Rn. 377.
[54] Vgl. *Hellerman* in: Dietlein/Burgi/Hellermann, Öffentliches Recht in Nordrhein-Westfalen § 4 Rn. 87.
[55] Vgl. BVerwGE 34, 301 – Flachglas.
[56] BVerwG NVwZ-RR 1994, 490.
[57] Europarechtsanpassungsgesetz Bau vom 24.6.2004 (BGBl. I, S. 1359). Näher zum EAG Bau 2004 z.B. *Battis/Krautzberger/Löhr* NJW 2004, 2553; *Finkelnburg* NVwZ 2004, 897; *Kment* DVBl. 2007, 1275.
[58] BT-Drucks. 15/2250, S. 42.

Formelle Rechtmäßigkeit des Bebauungsplans

gesetzgeberischen Ziel, die **Ermittlung und die Bewertung planungsrelevanter Belange** nunmehr nicht mehr als materiell-rechtliche, sondern als **verfahrensbezogene Pflichten** auszugestalten.[59] Bis zu dieser Änderung waren die Ermittlung und die Bewertung der öffentlichen und privaten Belange materiell-rechtliche Pflichten und gehörten dementsprechend zum materiell-rechtlichen Abwägungsvorgang mit der Folge, dass Aspekte der Ermittlung und der Gewichtung der planungsrelevanten Belange im Rahmen der materiellen Rechtmäßigkeit eines Bebauungsplans zu prüfen waren. Seit der Einfügung des § 2 Abs. 3 BauGB stellen die Erfordernisse des Ermittelns und des Bewertens der planungsrelevanten Belange verfahrensbezogene Pflichten dar mit der Folge, dass deren ordnungsgemäße Erfüllung bereits im Rahmen der **formellen Rechtmäßigkeit eines Bebauungsplans** zu prüfen ist. In der Literatur ist diese gesetzgeberische Neuerung nach wie vor umstritten; insbesondere wird unter Hinweis auf § 214 Abs. 3 S. 2 Hs. 2 BauGB bestritten, dass der Abwägungsvorgang nunmehr allein verfahrensrechtliche Bedeutung haben soll. Das Bundesverwaltungsgericht hat sich mittlerweile jedoch auf die Gesetzesänderung eingelassen.[60]

> **JURIQ-Klausurtipp**
>
> Diese Änderung müssen Sie sich für Ihre Fallbearbeitung unbedingt vor Augen halten. Sie wirkt sich auch auf die Planerhaltung nach §§ 214, 215 BauGB aus (dazu näher unten Rn. 127 ff.).

79 Die nunmehr verfahrensrechtliche Einordnung der Ermittlung und der Bewertung der öffentlichen und privaten Belange durch § 2 Abs. 3 BauGB ändert an den zur bisherigen Rechtslage anerkannten Anforderungen an das Verfahren bei der Aufstellung eine Bebauungsplans nichts. Inhaltlich entspricht § 2 Abs. 3 BauGB der bisherigen, sich aus dem Abwägungsgebot ergebenden Rechtslage, nach der die Berücksichtigung aller planungsrelevanten Belange in der Abwägung zunächst deren ordnungsgemäße Ermittlung und Bewertung voraussetzt.[61]

g) Gemeindebeschluss über den Bebauungsplan

80 Das Planverfahren der Gemeinde mündet im Satzungsbeschluss des Gemeinderates über den Bebauungsplan (vgl. § 10 Abs. 1 BauGB). Insoweit unterscheidet sich das Verfahren beim Bebauungsplan von dem beim Flächennutzungsplan, für den ein einfacher Gemeinderatsbeschluss genügt.

> **JURIQ-Klausurtipp**
>
> Wenn der Sachverhalt entsprechende Anhaltspunkte enthält, müssen Sie den Gemeinderatsbeschluss ggf. am Maßstab der Vorschriften der GO NRW (v.a. §§ 47 ff.) auf seine Rechtmäßigkeit hin überprüfen!

» Nutzen Sie die Gelegenheit, die insoweit prüfungsrelevanten Problemfelder im Skript „Kommunalrecht NRW" zu wiederholen! «

---

59 Vgl. BT-Drucks. 15/2550, S. 63.
60 *BVerwGE* 131, 100; dazu *Mager* JA 2009, 398; offen noch *BVerwGE* 128, 238. Im Anschluss an *BVerwGE* 131, 100 VGH BW, Urt. v. 9.6.2009 – 3 S 1108/07 (s.u. Übungsfall Nr. 1 Rn. 223 f.).
61 *BVerwGE* 131, 100 (unter Bezugnahme auf die Gesetzesbegründung).

h) (Ausnahmsweise) Genehmigung des Bebauungsplans

81 Im Gegensatz zum Flächennutzungsplan, der immer genehmigungsbedürftig ist (vgl. § 6 Abs. 1 BauGB), muss der Bebauungsplan **nur ausnahmsweise von der höheren Verwaltungsbehörde genehmigt** werden (vgl. **§ 10 Abs. 2 BauGB**). Versagt die höhere Verwaltungsbehörde ihre Genehmigung innerhalb von grundsätzlich drei Monaten unter Angabe von Gründen (vgl. § 10 Abs. 2 S. 2 i.V.m. § 6 Abs. 4 S. 1 bis 3 BauGB), kann der Bebauungsplan nicht in Kraft treten. Andernfalls gilt die Genehmigung als erteilt (vgl. § 10 Abs. 2 S. 2 BauGB i.V.m. § 6 Abs. 4 S. 4 BauGB).

> **Hinweis**
>
> Vgl. in diesem Zusammenhang auch § 246 Abs. 1a BauGB, nach dem die Länder bestimmen können, dass nicht genehmigungsbedürftige Bebauungspläne anzeigepflichtig sind. Von dieser Ermächtigung hat NRW bislang keinen Gebrauch gemacht.

i) Ausfertigung und ortsübliche Bekanntmachung des Bebauungsplans

82 Wie jede Satzung muss auch der Bebauungsplan ausgefertigt werden. Da es in NRW keine ausdrückliche Regelung über die Ausfertigung von Satzungen gibt, folgt dieses Erfordernis aus dem Rechtsstaatsprinzip. Mit der Ausfertigung wird dokumentiert, dass der **Inhalt des Bebauungsplans authentisch** ist und die **Verfahrensvorschriften eingehalten** wurden.[62]

> **JURIQ-Klausurtipp**
>
> Zumindest in der Praxis erweist sich die Ausfertigung von Bebauungsplänen als fehleranfällig. Nähere Ausführungen zu diesem Themenkomplex im Sachverhalt sollten Sie aufhorchen lassen. Prüfen Sie die Einhaltung der entsprechenden Vorschriften dann besonders aufmerksam.

83 Gemäß **§ 10 Abs. 3 S. 1 BauGB** ist – ausnahmsweise – die Erteilung der Genehmigung des Bebauungsplans oder – im Regelfall – der **(Satzungs-)Beschluss des Bebauungsplans** durch die Gemeinde **ortsüblich bekannt zu machen**. Dabei sind die Bestimmungen des § 10 Abs. 3 S. 2 bis 3, Abs. 4 BauGB zu beachten. Nach **§ 10 Abs. 3 S. 4 BauGB** tritt der Bebauungsplan mit seiner Bekanntgabe **in Kraft**.

III. Materielle Rechtmäßigkeit des Bebauungsplans

84 Im Anschluss an die formelle Rechtmäßigkeit prüfen Sie die materielle Rechtmäßigkeit des Bebauungsplans in drei Schritten:

---

[62] Vgl. zum Ganzen *Burgi* in: Dietlein/Burgi/Hellermann, Öffentliches Recht in Nordrhein-Westfalen § 2 Rn. 303; *Hellermann* ebda., § 4 Rn. 49. Speziell zur Authentizitätsfunktion eines Bebauungsplans *VGH BW* VBlBW 2009, 466.

Materielle Rechtmäßigkeit des Bebauungsplans 3 C III

1. Planrechtfertigung

Gemäß **§ 1 Abs. 3 S. 1 BauGB** haben die Gemeinden die Bauleitpläne i.S.d. § 1 Abs. 2 BauGB aufzustellen, **sobald und soweit** es **für die städtebauliche Entwicklung und Ordnung erforderlich** ist. Sobald und soweit städtebaulich erforderlich, ist eine Gemeinde nach § 1 Abs. 3 S. 1 BauGB zur Aufstellung eines Bebauungsplans **verpflichtet**. § 1 Abs. 3 S. 1 BauGB regelt das **„Ob"** der Aufstellung von Bauleitplänen.[63]

» Lesen Sie § 1 Abs. 3 BauGB! «

> **Hinweis**
>
> Merken Sie sich: „Der Erlass erforderlicher Bauleitpläne ist geboten, der Erlass nicht erforderlicher Bauleitpläne dagegen verboten".[64] § 1 Abs. 3 S. 1 BauGB hat demnach sowohl Gebots- als auch Verbotswirkung.

Dieser Pflicht steht **kein subjektiv-öffentliches Recht des Einzelnen** auf städtebauliche Planung gegenüber (vgl. **§ 1 Abs. 3 S. 2 BauGB**). Dementsprechend gibt es auch keinen Anspruch auf Aufrechterhaltung eines einmal in Kraft getretenen Bebauungsplans (sog. Plangewährleistungsanspruch). Veränderungen des Bebauungsplans können allerdings Entschädigungsansprüche nach §§ 39 ff. BauGB auslösen.[65]

Der Zeitpunkt („sobald") und der sachlich-räumliche Umfang („soweit") der Planaufstellung sind in § 1 Abs. 3 S. 1 BauGB gesetzlich festgelegt.

Beispiel In einem unbeplanten Bereich der Gemeinde T ist ein Gewerbepark entstanden. Die Gemeinde T sieht derzeit keinen Handlungsbedarf für die Aufstellung eines Bebauungsplans für den Gewerbepark. Dies sieht die Nachbargemeinde H anders und schaltet die Kommunalaufsicht ein. – Die Kommunalaufsicht kann die Gemeinde T verpflichten, für den betreffenden Bereich einen Bebauungsplan aufzustellen, sofern ein qualifizierter städtebaulicher Bedarf besteht. ∎

Für die in § 1 Abs. 3 BauGB genannte städtebauliche Entwicklung und Ordnung sind **allein öffentliche Belange maßgeblich**.

Beispiel Schriftsteller G lebt am Rande eines reinen Wohngebietes in der Gemeinde S. Von seinem Arbeitszimmer aus genießt er eine freie Sicht auf einen landwirtschaftlich genutzten unbeplanten Bereich der Gemeinde S. Eines Morgens liest er zu seinem Entsetzen in der Zeitung, dass das bisher landwirtschaftlich genutzte Gebiet bebaut werden soll. Die Gemeinde S hat ins Auge gefasst, für dieses Gebiet einen Bebauungsplan aufzustellen und dieses Gebiet als Mischgebiet auszuweisen. Da G um seine geschätzte Fernsicht fürchtet, bittet er die Gemeinde S, das betreffende Gebiet als landwirtschaftlich genutzte Fläche im Bebauungsplan festzusetzen. – Abgesehen davon, dass G kein subjektiv-öffentliches Recht auf eine städtebauliche Planung hat (oben Rn. 86), würde die Ausweisung der betreffenden Fläche als landwirtschaftlich genutztes Gebiet nur den privaten Interessen des G dienen. Mangels Vorliegen eines öffentlichen Belangs wäre die Aufstellung eines solchen Bebauungsplans unzulässig. ∎

---

63 Vgl. *Erbguth* in: Tettinger/Erbguth/Mann, Besonderes Verwaltungsrecht Rn. 946.
64 *Stollmann* Öffentliches Baurecht § 7 Rn. 3.
65 Vgl. näher *Schieferdecker* in: Hoppe/Bönker/Grotefels, Öffentliches Baurecht, § 9.

> Lesen Sie § 1 Abs. 5 und Abs. 6 BauGB! «

89 Öffentliche Belange, die für die städtebauliche Entwicklung und Ordnung relevant sein können, finden sich in **§ 1 Abs. 5 BauGB** (vgl. Wortlaut „insbesondere") als sog. **allgemeine Planungsleitlinien**, die durch die in **§ 1 Abs. 6 BauGB** nicht abschließend aufgezählten sog. **besonderen Planungsleitlinien** konkretisiert werden. Diese Planungsleitlinien enthalten Berücksichtigungsgebote, die im Rahmen der Abwägung überwunden werden können.[66]

90 Zentrales Kriterium in § 1 Abs. 3 S. 1 BauGB ist die **Erforderlichkeit** der städtebaulichen Planung. Die Frage der Erforderlichkeit städtebaulicher Planung hängt von den Entwicklungsvorstellungen der Gemeinde und damit von ihrer **planerischen Konzeption** ab. Hierdurch wird der verfassungsrechtlich verbürgten Planungshoheit der Gemeinde bereits im Vorfeld der gemeindlichen Gestaltungshoheit bei der späteren Bauleitplanung Rechnung getragen.[67]

> **Hinweis**
>
> Die planerische Konzeption der Gemeinde ist **kommunalaufsichtsrechtlich** und **gerichtlich nur eingeschränkt überprüfbar**.[68] Sie darf nur dahingehend überprüft werden, ob die Gemeinde sich innerhalb der Grenzen ihres Beurteilungsspielraums gehalten hat.

91 Das Merkmal der Erforderlichkeit für die städtebauliche Entwicklung und Ordnung bildet nur bei „groben und einigermaßen offensichtlichen Missgriffen" hinsichtlich Ziel, Anlass, Zeitpunkt, Umfang oder Inhalt der kommunalen Planung mit der Folge städtebaulicher Missstände eine wirksame Schranke der Planungshoheit. Jede Bauleitplanung muss auf eine geordnete städtebauliche Entwicklung ausgerichtet sein und dies gewährleisten.[69]

92 Unter Berücksichtigung der planerischen Konzeption der Gemeinde ist eine städtebauliche Planung erforderlich, wenn sie **vernünftigerweise geboten** erscheint. Es genügt, wenn die Planungsinitiative der Gemeinde nach ihrer planerischen Konzeption angemessen erscheint.[70]

Beispiel In unserem Beispiel oben (Rn. 88) greift die Gemeinde S die Idee des G auf und beabsichtigt, losgelöst von dem persönlichen Interesse des G, das betreffende Gebiet als Fläche für landwirtschaftliche Nutzung festzusetzen. Auf diese Weise will sie eine von Großinvestoren ins Auge gefasste Wohnbebauung auf dieser Fläche verhindern. – Sofern eine Gemeinde (wie hier) eine bestimmte städtebauliche Nutzung (hier zu landwirtschaftswirtschaftlichen Zwecken) nur vorschiebt, um eine andere bauliche Nutzung (hier die geplante Wohnbebauung) zu verhindern (sog. Negativplanung),[71] wäre die Festsetzung der betreffenden Fläche als Fläche für landwirtschaftliche Nutzung nicht erforderlich i.S.d. § 1 Abs. 3 S. 1 BauGB. – Anders läge der Fall, wenn die Gemeinde S allein die Absicht verfolgen würde, durch die Festsetzung des Gebiets als Fläche für die Landwirtschaft dieses Gebiet tatsächlich dauerhaft für die landwirtschaftliche Nutzung zu sichern. In diesem Falle hätte die Gemeinde S keine Verhinderungsabsicht, sondern würde ausschließlich ein städtebaulich zulässiges Ziel verfolgen. ∎

---

66 Vgl. näher zum Ganzen *Stollmann* Öffentliches Baurecht § 7 Rn. 21 ff. und Rn. 27 a.E.
67 Vgl. *Erbguth* in: Tettinger/Erbguth/Mann, Besonderes Verwaltungsrecht Rn. 949.
68 Vgl. zur gerichtlichen Überprüfbarkeit *BVerwG* NJW 1971, 1626.
69 Vgl. zum Ganzen *OVG NRW* NWVBl. 2006, 421.
Vgl. *BVerwG* W NWVBl. 2006, 421.
70 Vgl. *Erbguth* in: Tettinger/Erbguth/Mann, Besonderes Verwaltungsrecht Rn. 951.
71 Vgl. allgemein *BVerwG* NVwZ 1999, 878.

Materielle Rechtmäßigkeit des Bebauungsplans　　　　　　　　　　　　　　　　3 C III

Weitere Beispiele　Nicht erforderlich ist ein Bebauungsplan, wenn den beabsichtigten Festsetzungen im Bebauungsplan auf unabsehbare Zeit unüberwindbare tatsächliche oder rechtliche Hindernisse entgegenstehen[72] oder wenn der Bebauungsplan aus zwingenden Gründen nicht vollzogen werden kann.[73] ∎

2. Planungsermessen

Im Gegensatz zur Planrechtfertigung geht es beim Planungsermessen um das „**Wie**" der Aufstellung von Bebauungsplänen. Das Planungsermessen überprüfen Sie in drei Schritten: 　93

> **JURIQ-Klausurtipp**
>
> In der Fallbearbeitung gehen Sie allerdings nur auf die Punkte näher ein, die nach dem Sachverhalt tatsächlich Probleme aufwerfen. Die unproblematischen Punkte können Sie kurz – und dann auch ruhig im Urteilsstil – abhandeln.

a) Anpassungspflicht an die Ziele der Raumordnung

Gemäß § 1 Abs. 4 BauGB sind die Bebauungspläne den Zielen der Raumordnung anzupassen (sog. **Anpassungspflicht**).[74] Die Ziele der Raumordnung sind in § 3 Nr. 2 ROG legal definiert: 　94

> **Ziele der Raumordnung** sind verbindliche Vorgaben in Form von räumlich und sachlich bestimmten oder bestimmbaren, vom Träger der Raumordnung abschließend abgewogenen (§ 7 Abs. 2 [ROG]) textlichen oder zeichnerischen Festlegungen in Raumordnungsplänen zur Entwicklung, Ordnung und Sicherung des Raums.

Solche Ziele der Raumordnung werden im **Landesentwicklungsprogramm** und in den **Raumordnungsplänen** (z.B. Landesentwicklungsplan oder Regionalplan) festgelegt (vgl. § 12 LPlG NRW). Sind entsprechende Ziele der Raumordnung festgelegt, ist die Gemeinde hieran gemäß **§ 1 Abs. 4 BauGB** gebunden. Die Gemeinde ist nicht nur an solche Ziele der Raumordnung, die zur Zeit des Planverfahrens bereits festgelegt sind, sondern auch an solche Ziele gebunden, die nachträglich festgelegt werden. Im zuletzt genannten Falle besteht gemäß § 1 Abs. 4 BauGB eine Anpassungspflicht.[75] Im Gegensatz zu den Grundsätzen der Raumordnung, die in § 3 Nr. 3 ROG legal definiert sind, können die **Ziele der Raumordnung** auch **im Rahmen der Abwägung nach § 1 Abs. 7 BauGB nicht überwunden** werden.[76] 　95

> **Hinweis**
>
> Neben den Zielen der Raumordnung schränken auch Fachplanungen (dazu bereits oben Rn. 22) die Planungshoheit der Gemeinde ein. Beachten Sie in diesem Zusammenhang § 38 BauGB (s.u. Rn. 230 f.)![77]

---

72 Vgl. *BVerwGE* 108, 248.
73 Vgl. *BVerwGE* 109, 246; 116, 144.
74 Vgl. näher *Stollmann* Öffentliches Baurecht § 7 Rn. 10 ff.
75 Vgl. zum Ganzen *Hellermann* in: Dietlein/Burgi/Hellermann, Öffentliches Recht in Nordrhein-Westfalen § 4 Rn. 65.
76 *BVerwGE* 90, 329.
77 Dazu insgesamt näher *Hellermann* in: Dietlein/Burgi/Hellermann, Öffentliches Recht in Nordrhein-Westfalen § 4 Rn. 67 ff.

b) Vorgaben für Planinhalte

96 Aufgrund ihrer Planungshoheit ist die Gemeinde für die städtebauliche Planung in ihrem Gemeindegebiet verantwortlich. Sie entscheidet daher, wie sie ihr Gemeindegebiet städtebaulich verplant. So bestimmt sie z.B., ob ein bestimmtes Gebiet als Gewerbegebiet, als Mischgebiet oder als reines Wohngebiet und ob ein benachbartes Gebiet als Versorgungsfläche oder als Wald ausgewiesen wird. Die in Ausübung ihrer Planungshoheit ausgewiesenen Gebiete muss die Gemeinde jedoch den gesetzlich vorgesehenen Festsetzungsmöglichkeiten zuordnen können. Die Festsetzungsmöglichkeiten der Gemeinde sind grundsätzlich[78] abschließend in **§ 9 Abs. 1 bis Abs. 3 BauGB** enthalten (sog. **„numerus clausus bauplanungsrechtlicher Festsetzungsmöglichkeiten")**;[79] ergänzend gelten über **§ 9a Nr. 1 bis 3 BauGB** die Vorschriften der **BauNVO**.

> **Hinweis**
>
> Durch die Festsetzungen in einem Bebauungsplan bestimmt die Gemeinde den Inhalt und die Schranken des Eigentums i.S.d. Art. 14 Abs. 1 S. 2 GG der im Plangebiet belegenen Grundstücke (s.o. Rn. 34).

» Lesen Sie § 9 Abs. 1 Nr. 1 und 2 BauGB! «

97 Von den in § 9 Abs. 1 bis Abs. 3 BauGB vorgesehenen Festsetzungsmöglichkeiten sind die Festsetzungen hinsichtlich der **Art** und des **Maßes der baulichen Nutzung (§ 9 Abs. 1 Nr. 1 BauGB)** sowie hinsichtlich der **Bauweise** und der **überbaubaren Grundstücksfläche (§ 9 Abs. 1 Nr. 2 BauGB)** von besonderer Bedeutung.

» Werfen Sie zum besseren Verständnis an dieser Stelle einen Blick in die Inhaltsübersicht der BauNVO! «

Für diese möglichen Festsetzungen gelten **ergänzend** die jeweiligen Bestimmungen der **BauNVO**.

98 Je nach Inhalt eines Bebauungsplans sind folgende **Arten von Bebauungsplänen** zu unterscheiden:[80] Sofern eine Gemeinde die Art der baulichen Nutzung (§ 9 Abs. 1 Nr. 1 BauGB, §§ 1 bis 15 BauNVO), das Maß der baulichen Nutzung (§ 9 Abs. 1 Nr. 1 BauGB, §§ 16 bis 21a BauNVO), die Bauweise (§ 9 Abs. 1 Nr. 2 BauGB, § 22 BauNVO) *und* die überbaubaren Grundstücksflächen (§ 9 Abs. 1 Nr. 2 BauGB, § 23 BauNVO) in ihrem Bebauungsplan festsetzt, liegt ein sog. **qualifizierter Bebauungsplan** vor (vgl. § 30 Abs. 1 BauGB). Fehlt eine dieser Festsetzungen, handelt es sich lediglich um einen sog. **einfachen Bebauungsplan** (§ 30 Abs. 3 BauGB).

> **Hinweis**
>
> Für die Unterscheidung zwischen qualifiziertem und einfachem Bebauungsplan sind demnach allein die Festsetzungen in § 9 Abs. 1 Nr. 1 und Nr. 2 BauGB maßgeblich. Welche Festsetzungen ein Bebauungsplan möglicherweise im Übrigen enthält, ist für die rechtliche Einordnung des Bebauungsplans als qualifizierter oder einfacher Bebauungsplan also unerheblich!

---

78 Ausnahmen: § 9 Abs. 4 BauGB (z.B. § 86 Abs. 4 BauO NRW) und § 12 Abs. 3 S. 2 BauGB.
79 *Hellermann* in: Dietlein/Burgi/Hellermann, Öffentliches Recht in Nordrhein-Westfalen § 4 vor Rn. 70 (Überschrift 5).
80 Der sog. vorhabenbezogene Bebauungsplan wird in diesem Skript nicht behandelt. S. dazu z.B. *Stollmann* Öffentliches Baurecht § 5 Rn. 18 f.

Materielle Rechtmäßigkeit des Bebauungsplans 3 C III

99 Setzt die Gemeinde die **Art der baulichen Nutzung** fest, ist § 9 Abs. 1 Nr. 1 BauGB i.V.m. §§ **1 bis 15 BauNVO** zu beachten. Die Festsetzung der Art der baulichen Nutzung erfolgt gemäß § 1 Abs. 3 S. 1 BauNVO durch die Festsetzung eines der in § 1 Abs. 2 BauNVO abschließend genannten **Baugebiete**. Durch die Festsetzung eines Baugebietes werden die Vorschriften der §§ 2 bis 14 BauNVO **grundsätzlich Bestandteil des Bebauungsplans** (vgl. § 1 Abs. 3 S. 2 BauNVO).

Beispiel 1 Die Gemeinde M hat ein Gebiet in ihrem Bebauungsplan als besonderes Wohngebiet i.S.d. § 1 Abs. 2 Nr. 4 i.V.m. § 1 Abs. 3 S. 1 BauNVO festgesetzt. Daher werden die §§ 4a, 12 ff. BauNVO Bestandteil des Bebauungsplans. ■

Beispiel 2[81] Befinden sich in einem Baugebiet Wirtschaftsstellen land- und forstwirtschaftlicher Betriebe und will die Gemeinde dieses Gebiet als Mischgebiet festsetzen, steht dem entgegen, dass die Gemeinde die tatsächlich vorhandene Bebauung nicht in dem geplanten Baugebiet unterbringen kann. Die tatsächliche Bebauung erfüllt vielmehr die Voraussetzungen eines Dorfgebiets i.S.d. § 5 BauNVO. ■

> **Hinweis**
>
> Im Zusammenhang bebauter Ortsteile i.S.d. § 34 BauGB ist § 9 Abs. 2a BauGB zu beachten, der mit Wirkung zum 1.1.2007 in das BauGB eingefügt wurde.

100 Setzt die Gemeinde das **Maß der baulichen Nutzung** fest, ist § 9 Abs. 1 Nr. 1 BauGB i.V.m. §§ **16 bis 21a BauNVO** zu beachten, wobei § 17 BauNVO Obergrenzen normiert.

101 Das Maß der baulichen Nutzung kann durch die in § 16 Abs. 2 BauNVO genannten Varianten festgesetzt werden. Die **Grundflächenzahl** gibt an, wie viel Quadratmeter Grundfläche der baulichen Anlage je Quadratmeter Grundstücksfläche zulässig sind (vgl. § 19 Abs. 1 BauNVO).

Beispiel In einem Bebauungsplan ist eine Grundflächenzahl (GRZ) von 0,3 festgesetzt worden. K besitzt ein 1000 m² großes Grundstück in diesem Gebiet. – K kann sein Grundstück unter diesen Umständen mit einer maximalen Grundfläche von 300 m² bebauen. ■

102 Die **Geschossflächenzahl** gibt an, wie viel Quadratmeter Geschossfläche der baulichen Anlage je Quadratmeter Grundstücksfläche zulässig sind (vgl. § 20 Abs. 2 BauNVO).

Beispiel Wie Beispiel oben (Rn. 102). Neben der GRZ ist eine Geschossflächenzahl (GFZ) von 0,4 festgesetzt worden. – K kann eine Gesamtgeschossfläche von 400 m² verbauen. Wenn er sich für eine zweigeschossige Bauweise entscheidet, kann er pro Geschoss 200 m² einplanen; wenn er sich für eine viergeschossige Bauweise entscheidet, kann er pro Geschoss 100 m² einplanen. ■

103 Nähere Vorgaben hinsichtlich der Festsetzung der **Zahl der Vollgeschosse** und der **Höhe der baulichen Anlagen** finden sich in § 20 Abs. 1 BauNVO bzw. § 18 BauNVO.

---

[81] Vgl. *BVerwGE* 133, 377.

> **Hinweis**
>
> Beachten Sie in diesem Zusammenhang § 16 Abs. 3 BauNVO, den Sie zum besseren Verständnis als Konditionalsatz lesen können: Wenn das Maß der baulichen Nutzung festgelegt wird, müssen stets die Grundflächenzahl oder die Größe der Grundflächen der baulichen Anlagen sowie u.U. die Zahl der Vollgeschosse oder die Höhe der baulichen Anlagen festgesetzt werden.

104 Setzt die Gemeinde die **Bauweise** und/oder die **überbaubaren Grundstücksflächen** fest, ist § 9 Abs. 1 Nr. 2 BauGB i.V.m. § 22 bzw. § 23 BauNVO zu beachten. Bzgl. Einzelheiten lesen Sie bitte die Normtexte der §§ 22 und 23 BauNVO!

c) Entwicklungsgebot

105 Aus der grundsätzlichen Zweistufigkeit der Bauleitplanung (s. bereits oben Rn. 23 ff.) ergibt sich folgerichtig das sog. Entwicklungsgebot, das in **§ 8 Abs. 2 S. 1 BauGB** normiert ist. Danach sind **Bebauungspläne aus dem Flächennutzungsplan zu entwickeln**. Die Gemeinde muss daher die im Flächennutzungsplan getroffenen Grundentscheidungen als solche beachten. Nicht ausgeschlossen ist jedoch, dass die im Flächennutzungsplan vorgesehene Planung fortentwickelt wird. Deshalb sind auch unwesentliche Grenzverschiebungen zulässig.[82]

> **Beispiel** Die Gemeinde D hat in einem Flächennutzungsplan ein Gebiet als öffentliche Grünfläche vorgesehen. Im Bebauungsplan kann dieses Gebiet nun nicht z.B. als Gewerbegebiet ausgewiesen werden. Zulässig wäre aber z.B., einen Teil des als Grünfläche vorgesehenen Gebiets als Friedhof und einen anderen Teil dieses Gebiets als Sportplatz auszuweisen (vgl. § 9 Abs. 1 Nr. 15 BauGB). ∎

3. Ordnungsgemäße Abwägung aller Belange

106 Nach § 1 Abs. 7 BauGB muss die Gemeinde bei der Aufstellung eines Bebauungsplans die öffentlichen und privaten Belange gegeneinander und untereinander gerecht abwägen. Wie beim Planungsermessen (s.o. Rn. 93) steht bei dieser Abwägung das **„Wie"** der gemeindlichen Planung in Rede.[83] Ungeachtet der materiell-rechtlichen Bindungen, denen die Gemeinde bei der Aufstellung eines Bebauungsplans unterliegt, besitzt die Gemeinde im Übrigen einen erheblichen Gestaltungsspielraum, welche Festsetzungen über die bauliche oder sonstige Nutzung der Grundstücke in ihrem Gemeindegebiet sie unter Abwägung der öffentlichen und privaten Belange trifft.[84] Allerdings besteht auch diese gestalterische Freiheit nicht unbegrenzt. Vielmehr unterliegt die planerische Gestaltungsfreiheit der Gemeinde dem sog. **Gebot gerechter Abwägung**,[85] das in **§ 1 Abs. 7 BauGB** gesetzlich normiert ist.

---

82 Vgl. zum Ganzen *Hellermann* in: Dietlein/Burgi/Hellermann, Öffentliches Recht in Nordrhein-Westfalen § 4 Rn. 61.
83 Vgl. *Erbguth* in: Tettinger/Erbguth/Mann, Besonderes Verwaltungsrecht Rn. 946.
84 Vgl. *Hellermann* in: Dietlein/Burgi/Hellermann, Öffentliches Recht in Nordrhein-Westfalen § 4 Rn. 76.
85 Grundlegend *BVerwGE* 34, 301 – Flachglas.

Materielle Rechtmäßigkeit des Bebauungsplans 3 C III

Wie bereits dargestellt, vollzieht sich die Abwägung nach § 1 Abs. 7 BauGB in drei Phasen. Nach der durch das EAG Bau 2004 bewirkten Änderung der Rechtslage ist als materiell-rechtliche Pflicht der Gemeinde allein die **Pflicht zur ordnungsgemäßen Abwägung im eigentlichen Sinne** in der dritten Phase der Abwägung übrig geblieben (str.; s.o. Rn. 78). **107**

> **JURIQ-Klausurtipp**
>
> Beachten Sie diese Änderung der Rechtslage in Ihrer Fallbearbeitung! Auch wenn Sie mit Teilen der Literatur die Ansicht vertreten möchten, dass die Ermittlung und die Bewertung der öffentlichen und privaten Belange – entgegen der gesetzgeberischen Intention – weiterhin materiell-rechtliche Pflichten der Gemeinde darstellen, müssen Sie den Meinungsstreit und seine Auswirkungen erörtern.

Zwecks inhaltlicher Konkretisierung des Gebots gerechter Abwägung haben die Rechtsprechung und das Schrifttum sog. **Abwägungsgrundsätze** für eine ordnungsgemäße Abwägung in der letzten Phase des Abwägungsvorgangs entwickelt,[86] hinsichtlich derer jedenfalls im Ansatz Konsens besteht: **108**

Nach dem sog. **Gebot der Abwägungsbereitschaft** muss die Gemeinde für alle möglichen Planungsvarianten offen sein. Andernfalls würde die Abwägungsentscheidung unzulässig verkürzt. Dies ist z.B. der Fall, wenn die Gemeinde von vornherein auf eine bestimmte Planung festgelegt ist.[87] **109**

Beispiel Die Gemeinde K möchte in einem Bebauungsplan ein bisher als öffentlicher Sportplatz genutztes Gebiet zukünftig als Wohngebiet ausweisen. Alleiniger Grund für diesen Sinneswandel der Gemeinde K ist das auch für sie lukrative Vorhaben des privaten Investors C, auf dem betreffenden Gebiet eine große Wohnanlage zu errichten. Ohne Rücksprache mit anderen Ämtern oder dem Gemeinderat sichert die Gemeinde K die besagte Änderung des Bebauungsplans zu. – Hier verletzt die Gemeinde K das Gebot der Abwägungsbereitschaft allein schon deshalb, weil sie die Zusicherung ohne Mitwirkung des Gemeinderates abgibt. ■

Keine unzulässige Verkürzung der Abwägung liegt jedoch vor, wenn die Vorwegnahme der Entscheidung sachlich gerechtfertigt ist, die planungsrechtliche Zuständigkeitsordnung gewahrt ist (insbesondere der Gemeinderat ordnungsgemäß beteiligt wurde) und die vorweggenommene Entscheidung inhaltlich nicht zu beanstanden ist.[88] **110**

Das sog. **Gebot der Konfliktbewältigung** verpflichtet die Gemeinde, bei der Abwägung nach § 1 Abs. 7 BauGB alle bestehenden und durch die beabsichtigte Planung neu auftretenden städtebaulichen Konflikte zu berücksichtigen und planerisch zu bewältigen.[89] Zur Bewältigung solcher Konflikte stehen der Gemeinde die vielfältigen Festsetzungsmöglichkeiten des § 9 Abs. 1 bis Abs. 3 BauGB und die sie konkretisierenden Bestimmungen der BauNVO zur Verfügung. Die Gemeinde muss grundsätzlich so planen, dass sie einen Konflikt zumindest reduziert.[90] **111**

---

86 Vgl. *Erbguth* in: Tettinger/Erbguth/Mann, Besonderes Verwaltungsrecht Rn. 1013.
87 Vgl. *Hellermann* in: Dietlein/Burgi/Hellermann, Öffentliches Recht in Nordrhein-Westfalen § 4 Rn. 90.
88 Vgl. BVerwGE 45, 309.
89 Vgl. *Hoppe* in: Hoppe/Bönker/Grotefels, Öffentliches Baurecht § 7 Rn. 133 ff.
90 Vgl. OVG NRW DVBl. 2009, 1385; auch *Brenner* Öffentliches Baurecht Rn. 401.

Beispiel Sofern bei der Umsetzung eines Bebauungsplans hinsichtlich eines bestehenden Gewerbebetriebs, der Lärm emittiert, Nutzungskonflikte zu erwarten sind, darf die Gemeinde insoweit nicht auf eine Konfliktlösung im Bebauungsplan verzichten, weil sie unterstellt, dass der Gewerbebetrieb in der Zukunft modernisiert wird und die Betriebsabläufe geändert werden, und – allein gestützt auf bloße Absichtsbekundungen des Betriebsinhabers – mittelfristig von einer Standortverlagerung des Gewerbebetriebs ausgeht.[91] ■

112 Etwas anderes gilt dann, wenn der Konflikt in einem dem Planungsverfahren nachfolgenden Verfahren gelöst werden kann.[92] In diesem Falle besitzt die Gemeinde die Möglichkeit der sog. **planerischen Zurückhaltung**.[93]

Beispiel Belange von Nachbarn können in einem dem Planungsverfahren nachfolgenden Baugenehmigungsverfahren über § 15 BauNVO berücksichtigt werden. ■

113 Nicht nur beim Nachbarschutz (dazu unten Rn. 411 ff.; s. auch Rn. 260), sondern auch bei der Aufstellung von Bebauungsplänen hat die Gemeinde das sog. **Gebot der Rücksichtnahme** zu beachten, das die Gemeinde speziell im Bereich der Bauleitplanung zur Berücksichtigung schutzwürdiger privater Interessen verpflichtet. Das so verstandene Gebot der Rücksichtnahme hat nähere Ausprägungen erfahren, zu denen als zentrale Ausprägung der sog. **Grundsatz der Trennung unverträglicher Nutzungen** gehört. Danach sollen unverträgliche Nutzungen grundsätzlich nicht nebeneinander geplant werden.

Beispiel Wohngebiete und Industriegebiete sollen möglichst nicht nebeneinander liegen, weil Industriegebiete ihrem Wesen nach emissionsbelastet sind.[94] ■

114 Nach h.M. handelt es sich beim Trennungsgrundsatz um ein sog. **Optimierungsgebot**, das – im Gegensatz zu den Planungsleitsätzen – zwar eine vorrangige Berücksichtigung verlangt, einer – allerdings rechtfertigungsbedürftigen – Überwindung durch im Einzelfall vorrangige Belange aber nicht entgegensteht.[95] Ein positiv-rechtlich normiertes Optimierungsgebot finden Sie v.a. in § 50 BImSchG.[96]

Beispiel Wird ein allgemeines Wohngebiet neben einem Gewerbegebiet festgelegt, kann dies eine abwägungsgerechte Planungsentscheidung sein, die die Planungsdirektive des § 50 BImSchG hinreichend beachtet. Zur Bewältigung des möglichen Konflikts zwischen dem allgemeinen Wohngebiet und dem benachbarten Gewerbegebiet kommen Festsetzungen nach § 9 Abs. 1 Nr. 24 BauGB in Betracht.[97] ■

---

91 Vgl. *OVG NRW* NWVBl. 2004, 309.
92 Vgl. *Erbguth* in: Tettinger/Erbguth/Mann, Besonderes Verwaltungsrecht Rn. 1017.
93 Vgl. *Hellermann* in: Dietlein/Burgi/Hellermann, Öffentliches Recht in Nordrhein-Westfalen § 4 Rn. 91.
94 Vgl. auch *BVerwGE* 45, 309.
95 Vgl. zum Ganzen *Erbguth* in: Tettinger/Erbguth/Mann, Besonderes Verwaltungsrecht Rn. 1018 f. (mit Fn. 522) und Rn. 989.
96 Bundesimmissionsschutzgesetz (Sartorius I Nr. 296).
97 *OVG NRW* NWVBl. 2007, 20.

Schließlich hat die Gemeinde das sog. **Gebot der Lastenverteilung** zu beachten, das sich vor allem auf die Inanspruchnahme von Flächen für öffentliche Einrichtungen oder Verkehrsflächen bezieht.[98] Nach diesem Gebot sollen private Grundstücke für öffentliche Einrichtungen oder Verkehrsflächen nur dann in Anspruch genommen werden, wenn der Staat selbst keine adäquaten Flächen besitzt.[99] Falls private Grundstücke verplant werden müssen, hat die Gemeinde die Lasten so zu verteilen, dass ein Interessenausgleich hergestellt wird, der den Umständen des Einzelfalls gerecht wird.[100]

115

D. Die Folgen von Verletzungen des BauGB bei der Aufstellung eines Bebauungsplans

I. Überblick

In Kapitel C dieses Teils haben wir uns die formell- und materiell-rechtlichen Anforderungen an einen rechtmäßigen Bebauungsplan erarbeitet. Im Anschluss daran werden Sie sich nun bestimmt fragen, was passiert, wenn die den Bebauungsplan aufstellende Gemeinde eine der erörterten Rechtmäßigkeitsvoraussetzungen nach dem BauGB nicht erfüllt.

116

Würde man zur Beantwortung dieser Frage die allgemeinen Regeln, die für die Folgen von Verletzungen beim Erlass von Gesetzen (zu denen auch der als Satzung erlassene Bebauungsplan gehört) gelten, heranziehen, wäre die Antwort leicht: Auf der Grundlage der allgemeinen Verletzungsfolgenregelungen bei Gesetzen wäre ein Bebauungsplan, der eine formelle oder materielle Rechtmäßigkeitsvoraussetzung nicht erfüllt, mit Wirkung für die Vergangenheit nichtig und damit als Rechtsnorm unbeachtlich. Bei Bebauungsplänen gelten indes **besondere Verletzungsfolgenregelungen**, die in den **§§ 214 ff. BauGB** normiert sind und gemäß § 214 Abs. 1 S. 1 BauGB für Flächennutzungspläne und Satzungen nach dem BauGB, zu denen neben Bebauungsplänen i.S.d. § 10 BauGB u.a. Veränderungssperren i.S.d. § 16 Abs. 1 BauGB gehören, gelten.

117

》 Nutzen Sie ggf. die Gelegenheit zu einer kurzen Wiederholung der Grundsätze, die für die Folgen von Verletzungen beim Erlass von Gesetzen gelten! 《

> **Hinweis**
>
> Entsprechend der Prüfungsrelevanz beschränkt sich die folgende Darstellung auf die Verletzungsfolgenregelungen bei der Aufstellung von Bebauungsplänen. Für die anderen möglichen Konstellationen gelten die folgenden Ausführungen grundsätzlich entsprechend.

Damit trägt der Gesetzgeber dem Umstand Rechnung, dass die Aufstellung eines Bebauungsplans für die Gemeinden rechtlich zunehmend komplexer wird und ein Bebauungsplan dadurch immer fehleranfälliger wird. Auf der Grundlage der allgemeinen Fehlerregelungen bei Gesetzen wäre ein rechtswidriger Bebauungsplan mit Wirkung für die Vergangenheit nichtig und damit unbeachtlich. Um diese für die Praxis unbefriedigende Situation zu vermeiden, hatte der Gesetzgeber zwei Möglichkeiten: Zum einen konnte er die formellen und materiellen Anforderungen an die Rechtmäßigkeit eines

118

---

98 *Hellermann* in: Dietlein/Burgi/Hellermann, Öffentliches Recht in Nordrhein-Westfalen § 4 Rn. 93.
99 Vgl. *BVerfG* (K) NVwZ 2003, 727.
100 Vgl. *Hellermann* in: Dietlein/Burgi/Hellermann, Öffentliches Recht in Nordrhein-Westfalen § 4 Rn. 93.

Bebauungsplans reduzieren; zum anderen konnte er die Folgen von Verstößen gegen die Rechtmäßigkeitsanforderungen differenziert regeln. Der Gesetzgeber hat sich in den §§ 214 ff. BauGB zum Schutze der verfassungsrechtlich garantierten Planungshoheit der Gemeinde und im Interesse der im Rechtsstaatsprinzip verwurzelten Rechtssicherheit für die zuletzt genannte Möglichkeit entschieden. Indem bestimmte Verstöße gegen das BauGB nach den § 214 f. BauGB unbeachtlich bzw. behebbar sind oder unbeachtlich werden, bleibt ein Bebauungsplan trotz eines solchen Verstoßes gegen das BauGB rechtswirksam. Die **§ 214 f. BauGB** dienen demnach – wie es auch in der Überschrift vor § 214 BauGB zum Ausdruck kommt – der „**Planerhaltung**".

> **Hinweis**
>
> Die in § 214 f. BauGB enthaltenen Verletzungsfolgenregelungen dürfen nicht dahingehend (miss-)verstanden werden, dass die Gemeinde wegen § 214 f. BauGB von ihrer Pflicht zur Einhaltung der gesetzlichen Vorgaben bei der Aufstellung eines Bebauungsplans befreit ist. § 214 f. BauGB entbinden die Gemeinde keineswegs von ihrer Pflicht, bei der Aufstellung eines Bebauungsplans alle formellen und materiellen Rechtmäßigkeitsvoraussetzungen ordnungsgemäß zu prüfen. Die Aufsichtsbehörde ist verpflichtet zu überwachen, dass die Gemeinde diese Pflicht erfüllt (vgl. § 216 BauGB).

119 Im Einzelnen stellen die §§ 214 ff. BauGB differenzierte Verletzungsfolgenregelungen bereit: **§ 214 Abs. 1 BauGB** betrifft die **Verletzung von Verfahrens- und Formvorschriften**, also die Verletzung von formell-rechtlichen Vorschriften. **§ 214 Abs. 2 und Abs. 3 BauGB** beziehen sich auf die **Verletzung des Entwicklungsgebots i.S.d. § 8 BauGB und des Abwägungsgebotes i.S.d. § 1 Abs. 7 BauGB**, also auf die **Verletzung von materiell-rechtlichen Vorschriften**. § 214 Abs. 4 BauGB regelt das sog. ergänzende Verfahren. § 215 BauGB enthält Regelungen für nach § 214 BauGB beachtliche, nicht behobene Verletzungen.

> **Hinweis**
>
> § 214 Abs. 2a BauGB enthält ergänzende Vorschriften für Bebauungspläne, die im beschleunigten Verfahren aufgestellt werden.

120 Die Verletzungsfolgenregelungen nach §§ 214 f. BauGB sind sehr prüfungsrelevant; deshalb sollten Sie ihnen bei Ihrer Prüfungsvorbereitung besondere Aufmerksamkeit schenken!

> **JURIQ-Klausurtipp**
>
> Bedenken Sie unbedingt, dass die § 214 f. BauGB ausschließlich die Folgen von Verletzungen des *BauGB* bei der Aufstellung eines Bebauungsplans regeln (vgl. auch den Wortlaut des § 214 Abs. 1 S. 1 BauGB „dieses Gesetzbuchs")! Die Verletzung sonstiger Gesetze, insbesondere landesrechtlicher Gesetze wie etwa der GO NRW, folgen den für sie geltenden Regelungen (z.B. für die GO NRW §§ 7 Abs. 6; 31 Abs. 6; 43 Abs. 2 GO NRW; s. dazu das Skript „Kommunalrecht NRW" Rn. 263).

Überblick

Die Prüfung der §§ 214 f. BauGB knüpft unmittelbar an die Prüfung der Rechtmäßigkeit eines Bebauungsplans an. Bei der Aufstellung eines Bebauungsplans können formell- oder materiell-rechtliche Bestimmungen des BauGB verletzt werden. Je nachdem, ob Sie in Ihrer Fallbearbeitung eine formell- und/oder eine materiell-rechtliche Rechtsverletzung nach dem Prüfungsschema oben (Rn. 40) festgestellt haben, prüfen Sie für jede Rechtsverletzung deren Fehlerfolge.

> **JURIQ-Klausurtipp**
>
> In der Fallbearbeitung können Sie die Verletzungsfolgen entweder unmittelbar nach dem Feststellen einer Rechtsverletzung oder im Anschluss an die Prüfung der Rechtmäßigkeit des Bebauungsplans in einem eigenen Abschnitt vor dem Endergebnis prüfen. An welcher Stelle Sie die Prüfung durchführen, entscheiden Sie. Hier ist Ihr juristisches Fingerspitzengefühl dafür gefragt, wo die Erörterung der Fehlerfolgen in der konkreten Fallbearbeitung am geeignetsten erscheint.

3 D Die Folgen von Verletzungen des BauGB bei der Aufstellung eines Bebauungsplans

122 Die Folgen von Verletzungen des BauGB bei der Aufstellung eines Bebauungsplans prüfen Sie wie folgt:

Die Folgen von Verletzungen des BauGB bei der Aufstellung eines Bebauungsplans

I. Bei Vorliegen einer Verletzung von Verfahrens- und Formvorschriften des BauGB:
1. Unbeachtliche Verletzung von Verfahrens- oder Formvorschriften nach § 214 Abs. 1 S. 1 BauGB?
2. Wenn Antwort zu 1. „nein": beachtliche Verletzung von Verfahrens- oder Formvorschriften nach § 214 Abs. 1 S. 1 Nr. 1, Nr. 2 Hs. 1, Nr. 3 Hs. 1 oder Nr. 4 BauGB?
   a) Beachtliche Verletzung des § 2 Abs. 3 BauGB nach § 214 Abs. 1 S. 1 Nr. 1 BauGB?
       Änderung der Rechtslage durch das EAG Bau 2004   Rn. 127 ff.
       aa) Bekannte oder fahrlässig unbekannte, von der Planung berührte Belange in wesentlichen Punkten nicht zutreffend ermittelt oder bewertet?
       bb) Offensichtlichkeit des Mangels
       cc) Einfluss des offensichtlichen Verfahrensfehlers auf das Ergebnis des Verfahrens
   b) Beachtliche Verletzung einer Form- oder Verfahrensvorschrift nach § 214 Abs. 1 S. 1 Nr. 2 Hs. 1 BauGB?
   c) Beachtliche Verletzung einer Form- oder Verfahrensvorschrift nach § 214 Abs. 1 S. 1 Nr. 3 Hs. 1 BauGB?
   d) Beachtliche Verletzung einer Form- oder Verfahrensvorschrift nach § 214 Abs. 1 S. 1 Nr. 4 BauGB?
3. Wenn Antwort zu 2. „ja": Unbeachtlichkeit der an sich beachtlichen Verletzung von Verfahrens- oder Formvorschriften nach den internen Unbeachtlichkeitsvorschriften des § 214 Abs. 1 S. 1 Nr. 2 Hs. 2 oder Nr. 3 Hs. 2 bzw. Hs. 3 BauGB?
4. Wenn Antwort zu 3. „nein": Behebung der beachtlichen Verletzung durch ein ergänzendes Verfahren nach § 214 Abs. 4 BauGB?
5. Wenn Antwort zu 4. „nein": Unbeachtlichwerden der nach § 214 Abs. 1 S. 1 Nr. 1–3 BauGB beachtlichen und nicht nach § 214 Abs. 4 BauGB behobenen Verletzung gemäß § 215 Abs. 1 S. 1 Nr. 1 BauGB?

II. Bei Vorliegen einer Verletzung des Entwicklungsgebots i.S.d. § 8 BauGB:
1. Unbeachtliche Verletzung nach § 214 Abs. 2 BauGB?
2. Wenn Antwort zu 1. „nein": Behebung der beachtlichen Verletzung durch ein ergänzendes Verfahren nach § 214 Abs. 4 BauGB?
3. Wenn Antwort zu 2. „nein": Unbeachtlichwerden der nach § 214 Abs. 2 BauGB beachtlichen und nicht nach § 214 Abs. 4 BauGB behobenen Verletzung gemäß § 215 Abs. 1 S. 1 Nr. 2 BauGB?

III. Bei Vorliegen einer Verletzung des Abwägungsgebots i.S.d. § 1 Abs. 7 BauGB:
1. Erhebliche Verletzung nach § 214 Abs. 3 S. 2 Hs. 2 BauGB?
2. Wenn Antwort zu 1. „nein": Behebung der erheblichen Verletzung durch ein ergänzendes Verfahren nach § 214 Abs. 4 BauGB?
3. Wenn Antwort zu 2. „nein": Unbeachtlichwerden der nach § 214 Abs. 3 BauGB erheblichen und nicht nach § 214 Abs. 4 BauGB behobenen Verletzung gemäß § 215 Abs. 1 S. 1 Nr. 3 BauGB?

II. Bei Vorliegen einer Verletzung von Verfahrens- und Formvorschriften des BauGB

Die Folgen einer Verletzung von Verfahrens- und Formvorschriften des BauGB bei der Aufstellung eines Bebauungsplans prüfen Sie in fünf Schritten:

1. Unbeachtliche Verletzung nach § 214 Abs. 1 S. 1 BauGB

Zunächst untersuchen Sie, ob es sich bei dem gemeindlichen Verstoß gegen eine Verfahrens- oder Formvorschrift des BauGB um eine unbeachtliche Verletzung nach § 214 Abs. 1 S. 1 BauGB handelt. Dies ist dann der Fall, wenn die verletzte Form- oder Verfahrensvorschrift nicht ausdrücklich in § 214 Abs. 1 S. 1 BauGB erwähnt ist, denn **§ 214 Abs. 1 S. 1 BauGB** enthält eine **abschließende Aufzählung beachtlicher Verletzungen von Form- und Verfahrensvorschriften**.[101] Danach sind z.B. Verletzungen der § 2 Abs. 1, § 3 Abs. 1 oder § 4 Abs. 1 BauGB unbeachtlich, weil diese Bestimmungen nicht ausdrücklich in § 214 Abs. 1 S. 1 BauGB erwähnt sind.

Kommen Sie in Ihrer Fallbearbeitung zum Ergebnis, dass eine unbeachtliche Verletzung einer Form- oder Verfahrensvorschrift vorliegt, ist Ihre Prüfung an dieser Stelle bereits beendet. Andernfalls setzen Sie Ihre Prüfung mit der Frage fort, ob die Verletzung der Form- oder Verfahrensvorschrift nach § 214 Abs. 1 S. 1 Nr. 1, Nr. 2 Hs. 1, Nr. 3 Hs. 1 oder Nr. 4 BauGB beachtlich ist.

2. Beachtliche Verletzung einer Form- oder Verfahrensvorschrift nach § 214 Abs. 1 S. 1 Nr. 1, Nr. 2 Hs. 1, Nr. 3 Hs. 1 oder Nr. 4 BauGB

a) Beachtliche Verletzung des § 2 Abs. 3 BauGB nach § 214 Abs. 1 S. 1 Nr. 1 BauGB

Bei § 214 Abs. 1 S. 1 Nr. 1 BauGB handelt es sich um eine besonders prüfungsrelevante Bestimmung, weshalb Sie sich mit dieser Bestimmung besonders intensiv auseinandersetzen sollten!

§ 214 Abs. 1 S. 1 Nr. 1 BauGB nimmt Bezug auf § 2 Abs. 3 BauGB. Wie oben (Rn. 78) bereits dargestellt, ist **§ 2 Abs. 3 BauGB** als „**Verfahrensgrundnorm**" durch das **EAG Bau 2004** neu in das BauGB eingefügt worden. Dies hat – wie das Bundesverwaltungsgericht in einer jüngeren Entscheidung bestätigt hat –[102] zu einem (nicht unbestrittenen) **Paradigmenwechsel** geführt, der **nachhaltige Auswirkungen auf die herkömmliche Abwägungsfehlerlehre** hat:[103]

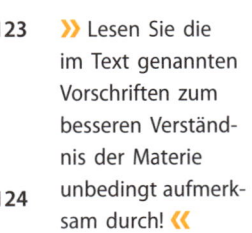

> **JURIQ-Klausurtipp**
>
> Bedenken Sie auch bei diesem Prüfungsschema, dass es lediglich Ihrer Orientierung dienen soll!

» Lesen Sie die im Text genannten Vorschriften zum besseren Verständnis der Materie unbedingt aufmerksam durch! «

---

101 Vgl. *Battis* in: Battis/Krautzberger/Löhr, BauGB § 214 Rn. 3 (§ 214 Abs. 1 BauGB insgesamt hat abschließenden Charakter).
102 BVerwGE 131, 100.
103 Vgl. zu den Änderungen z.B. *Kobor* JuS 2005, 1071; *Pieper* JURA 2006, 817.

128 Nach **herkömmlicher Abwägungsfehlerlehre** gehörten der **Abwägungsvorgang**, bestehend aus den Phasen der Ermittlung und der Bewertung des Abwägungsmaterials, und das **Abwägungsergebnis**, das durch die eigentliche Abwägung erzielt wird, zu den **materiell-rechtlichen Pflichten der Gemeinde** bei der Aufstellung eines Bebauungsplans. Auf der Grundlage dieser Abwägungsfehlerlehre konnte es der Gemeinde im Abwägungsvorgang passieren, dass sie überhaupt keine sachgerechte Abwägung durchführte (sog. **Abwägungsausfall**), dass sie nicht alle erheblichen Belange in die Abwägung einstellte (sog. **Abwägungsdefizit**), dass sie die Bedeutung einzelner Belange verkannte (sog. **Abwägungsfehleinschätzung**) oder dass sie den Ausgleich zwischen den planungsrelevanten Belangen so durchführte, dass er zu der objektiven Gewichtung einzelner Belange außer Verhältnis stand (sog. **Abwägungsdisproportionalität**).

Beispiel 1 Der Bauinvestor T hat ein großes Interesse daran, ein bisher für die Landwirtschaft genutztes Gebiet in der Gemeinde A mit Gewerbeeinheiten zu bebauen. Seit längerer Zeit steht er deshalb in intensivem Kontakt zu der Gemeinde A. Die Gemeinde A ist an sich noch nicht schlüssig, ob sie das betreffende Gebiet überhaupt, und wenn ja, wie sie es verplanen will. Eines Tages erlässt die Gemeinde A einen Bebauungsplan für das betreffende Gebiet mit den von T erstrebten Festsetzungen, weil sie sich rechtsirrtümlich für vertraglich verpflichtet hält, einen entsprechenden Bebauungsplan zu erlassen. – Hier hat die Gemeinde A überhaupt keine Abwägung der planungsrelevanten öffentlichen und privaten Belange durchgeführt, sondern sofort bestimmte Festsetzungen getroffen (sog. **Abwägungsausfall**). ■

Beispiel 2 Die Gemeinde D plant, eine bisher als Mischgebiet ausgewiesene Fläche in ihrer Gemeinde zukünftig als reines Wohngebiet auszuweisen. Bei ihren Planungen berücksichtigt sie neben den öffentlichen Interessen alle Interessen der gegenwärtigen und zukünftigen Wohnhausbesitzer. – Nicht berücksichtigt hat die Gemeinde D damit die Interessen der gegenwärtigen Gewerbetreibenden (sog. **Abwägungsdefizit**). ■

Beispiel 3 Wie Beispiel 2 mit der Abweichung, dass die Gemeinde D die Interessen der gegenwärtigen Gewerbetreibenden von vornherein für vernachlässigenswert hält. – Hier hat die Gemeinde D die Interessen der gegenwärtigen Gewerbetreibenden zwar erkannt, aber in ihrer Bedeutung verkannt (sog. **Abwägungsfehleinschätzung**). ■

Beispiel 4 Wie Beispiel 3 mit der Abweichung, dass die Gemeinde D bei der Abwägung der widerstreitenden Interessen der Wohnhausbesitzer und der Gewerbetreibenden zum Ergebnis gelangt, dass zum Schutze der Wohnbevölkerung alle Gewerbetriebe geschlossen werden müssen. – Hier hat die Gemeinde D zwar einen Ausgleich zwischen den widerstreitenden privaten Interessen hergestellt; dabei hat sie aber die Interessen der Wohnbevölkerung unangemessen weit berücksichtigt und die der Gewerbetreibenden, insbesondere die nicht störender Betriebe, unangemessen zurückgestellt (sog. **Abwägungsdisproportionalität**). ■

129 In allen genannten Fällen des **Abwägungsausfalls**, des **Abwägungsdefizits**, der **Abwägungsfehleinschätzung** und der **Abwägungsdisproportionalität** lagen **materiell-rechtliche Rechtsverletzungen** vor, deren Beachtlichkeit sich nach **§ 214 Abs. 3 BauGB a. F.** richtete.

130 Mit der Einfügung des **§ 2 Abs. 3 BauGB** als „**Verfahrensgrundnorm**" durch das **EAG Bau 2004** hat sich ein **Paradigmenwechsel** insofern vollzogen, als die bislang als materiell-rechtliche Pflichten der Gemeinde anerkannte Ermittlung und Bewertung des Abwägungsmaterials, also der **Abwägungsvorgang**, nunmehr als **verfahrensrechtliche Pflichten** darstellen mit der Folge, dass Verletzungen in diesen beiden Phasen der Abwägung **Verfahrensfehler**

Bei Vorliegen einer Verletzung von Verfahrens- und Formvorschriften des BauGB 3 D II

darstellen, deren Beachtlichkeit sich nach **§ 214 Abs. 1 S. 1 Nr. 1 BauGB** richtet.[104] Dementsprechend sieht § 214 Abs. 3 S. 2 Hs. 1 BauGB vor, dass Verletzungen, die Gegenstand der Regelung des Absatzes 1 Nr. 1 sind, nicht als Mängel der eigentlichen Abwägung geltend gemacht werden können.

Für die *Beispiele 1 bis 3* oben (Rn. 128) bedeutet dies, dass die herkömmlich als materiell-rechtliche Verletzungen relevanten Mängel im Abwägungsvorgang nunmehr als Verletzungen des Verfahrensrechts anzusehen sind, deren Beachtlichkeit in § 214 Abs. 1 S. 1 Nr. 1 BauGB geregelt ist. In *Beispiel 1* liegt demnach ein sog. **Ermittlungsausfall** und zugleich ein sog. **Bewertungsausfall**, in *Beispiel 2* ein sog. **Ermittlungsdefizit** und in *Beispiel 3* eine sog. **Bewertungsfehleinschätzung** vor. In *Beispiel 4* bleibt demgegenüber alles beim Alten, denn die ordnungsgemäße Durchführung der eigentlichen Abwägung, d.h. die Phase des Abwägungsergebnisses gehört weiterhin unstreitig zu den materiell-rechtlichen Pflichten der Gemeinde. Verletzungen des Abwägungsergebnisses sind – wie sich aus dem Umkehrschluss aus § 214 Abs. 3 BauGB ergibt – immer beachtlich (s.u. Rn. 156).[105]

131

U.a. unter Berufung auf § 214 Abs. 3 S. 2 Hs. 2 BauGB, nach dem „im Übrigen" Rechtsverletzungen „im Abwägungsvorgang" nur unter bestimmten Voraussetzungen erheblich sind, wird dem entgegengehalten, dass mit der Existenz des § 214 Abs. 3 S. 2 Hs. 2 BauGB anerkannt werde, dass es über die in § 214 Abs. 1 S. 1 Nr. 1, Abs. 3 S. 2 Hs. 1 BauGB geregelten Verletzungen des § 2 Abs. 3 BauGB hinaus weiterhin Rechtsverletzungen im Abwägungsvorgang gebe, die unter den in § 214 Abs. 3 S. 2 Hs. 2 BauGB genannten Voraussetzungen beachtlich seien.[106] Dabei ist allerdings zu beachten, dass § 214 Abs. 3 S. 2 Hs. 2 BauGB nachträglich auf Initiative des Bundesrates eingefügt wurde. Mit § 214 Abs. 3 S. 2 Hs. 2 BauGB sollten theoretisch für denkbar gehaltene Fälle von Verletzungen verbleibender materiell-rechtlicher Pflichten im Abwägungsvorgang abgedeckt werden.[107]

132

Außerdem wird gegen den Paradigmenwechsel vorgebracht, bei der in § 2 Abs. 3 BauGB als verfahrensrechtliche Pflichten ausgestalteten Ermittlung und Bewertung des Abwägungsmaterials handele es sich lediglich um Vor-Ermittlungen und Vor-Bewertungen, während die eigentliche Abwägung weiterhin eine materiell-rechtliche Pflicht der Gemeinde darstelle.[108]

133

> **JURIQ-Klausurtipp**
>
> Sie sehen: An dieser Stelle wird der oben (Rn. 78, 127 ff.) angedeutete Meinungsstreit in der Literatur über die zutreffende Einordnung der gemeindlichen Pflichten im Abwägungsvorgang nach Einfügung des § 2 Abs. 3 BauGB relevant. Welcher Ansicht Sie folgen, entscheiden Sie selbst. Nachdem das Bundesverwaltungsgericht den Paradigmenwechsel bestätigt und damit allen Versuchen an einem Festhalten an der bisher geltenden Fehlerfolgenlehre eine klare Absage erteilt hat, müssen Sie allerdings gute Argumente liefern, wenn Sie sich über die höchstrichterliche Rechtsprechung hinwegsetzen wollen. Wichtig ist, dass Sie den Meinungsstreit kennen, auf Ihren Fall bezogen darstellen und sich mit plausiblen Gründen einer Meinung anschließen.

---

[104] Vgl. *BVerwGE* 131, 100. Instruktiv hierzu *Mager* JA 2009, 398.
[105] Vgl. zum Ganzen allgemein *Mager* JA 2009, 398.
[106] Vgl. *Hellermann* in: Dietlein/Burgi/Hellermann, Öffentliches Recht in Nordrhein-Westfalen, § 4 Rn. 85 (ohne Auseinandersetzung mit *BVerwGE* 131, 100).
[107] Vgl. BT-Drucks. 15/2550, S. 87 f. und 95 f.; BT-Drucks. 15/2996, S. 105.
[108] *Erbguth* in: Tettinger/Erbguth/Mann, Besonderes Verwaltungsrecht Rn. 1003 (ohne Auseinandersetzung mit *BVerwGE* 131, 100).

134 Ob eine Verletzung bei der Ermittlung und der Bewertung des Abwägungsmaterials i.S.d. § 2 Abs. 3 BauGB beachtlich i.S.d. § 214 Abs. 1 S. 1 Nr. 1 BauGB ist, prüfen Sie in drei Schritten (vgl. Wortlaut „…und … und …"):

aa) Bekannte oder fahrlässig unbekannte, von der Planung berührte Belange in wesentlichen Punkten nicht zutreffend ermittelt oder bewertet

135 Im ersten Schritt gehen Sie zunächst der Frage nach, ob die Gemeinde **positive Kenntnis** (vgl. Wortlaut „bekannt waren") oder **fahrlässige Unkenntnis** (vgl. Wortlaut „hätten bekannt sein müssen") **von Belangen** hat, **die von der gemeindlichen Planung berührt werden**.

> **JURIQ-Klausurtipp**
>
> Insoweit wird Ihnen der Sachverhalt ggf. entsprechende Hinweise geben!

136 Bejahen Sie diese Frage, untersuchen Sie anschließend, ob die Gemeinde diese Belange in wesentlichen Punkten nicht zutreffend ermittelt oder bewertet hat. **Wesentlich i.S.d. § 214 Abs. 1 S. 1 Nr. 1 BauGB** sind **alle Belange, die zum notwendigen Abwägungsmaterial gehören**.[109] Das Tatbestandsmerkmal „in wesentlichen Punkten" dient der Einschränkung der Anwendbarkeit der Beachtlichkeitsklausel des § 214 Abs. 1 S. 1 Nr. 1 BauGB.

137 Über den Wortlaut (vgl. „nicht zutreffend") hinaus erfasst § 214 Abs. 1 S. 1 Nr. 1 BauGB nicht nur die Fälle der unzutreffenden Ermittlung oder Bewertung, sondern **auch** die Fälle der **gänzlich unterbliebenen Ermittlung oder Bewertung** der betreffenden Belange.[110]

bb) Offensichtlichkeit des Verfahrensfehlers

138 Ergibt Ihre Prüfung oben (Rn. 135 ff.), dass ein insoweit beachtlicher Verfahrensfehler vorliegt, prüfen Sie im zweiten Schritt, ob der Verfahrensfehler **offensichtlich** ist. Dies ist der Fall, wenn der Verfahrensfehler auf **objektiv erfassbaren konkreten tatsächlichen Umständen** beruht, die **positiv und klar auf einen Mangel hindeuten** und damit zur sog. „**äußeren Seite" des Abwägungsvorgangs** gehören. Unterliegen einzelne Ratsmitglieder z.B. einem Irrtum im Laufe der kommunalen Planung, gehört dieser Umstand zur sog. „**inneren Seite" des Abwägungsvorgangs** und bedingt **keine Offensichtlichkeit** des Verfahrensfehlers.[111]

cc) Einfluss des offensichtlichen Verfahrensfehlers auf das Ergebnis des Verfahrens

139 Liegt ein offensichtlicher beachtlicher Verfahrensfehler vor untersuchen Sie im dritten Schritt, ob der offensichtliche beachtliche Verfahrensfehler das Ergebnis des Verfahrens, d.h. das Abwägungsergebnis beeinflusst hat. Dies ist der Fall, wenn nach den Umständen des Einzelfalls die **konkrete Möglichkeit** besteht, dass die **Gemeinde ohne den Fehler anders geplant** hätte. Eine solche konkrete Möglichkeit liegt vor, wenn es anhand der Planunterlagen oder sonst erkennbarer oder naheliegender Umstände möglich erscheint, dass der Verfahrensfehler das Abwägungsergebnis beeinflusst haben kann.[112]

---

[109] *BVerwG* NVwZ 2008, 899.
[110] *Battis* in: Battis/Krautzberger/Löhr, BauGB § 214 Rn. 4.
[111] Zum Ganzen *Stollmann* Öffentliches Baurecht § 8 Rn. 9.
[112] Vgl. *Stollmann* Öffentliches Baurecht § 8 Rn. 10 m.w.N.

b) Beachtliche Verletzung einer Form- oder Verfahrensvorschrift nach § 214 Abs. 1 S. 1 Nr. 2 Hs. 1 BauGB

Gemäß § 214 Abs. 1 S. 1 Nr. 2 Hs. 1 BauGB sind Verletzungen der dort **abschließend** aufgezählten Vorschriften über die Öffentlichkeits- und Behördenbeteiligung beachtlich.

140

》 Lesen Sie § 214 Abs. 1 S. 1 Nr. 2 Hs. 1 BauGB! 《

c) Beachtliche Verletzung einer Form- oder Verfahrensvorschrift nach § 214 Abs. 1 S. 1 Nr. 3 Hs. 1 BauGB

Nach § 214 Abs. 1 S. 1 Nr. 3 Hs. 1 BauGB sind Verletzungen der dort **abschließend** genannten Vorschriften über die Begründung u.a. eines Bebauungsplans und seiner Entwürfe beachtlich. Berücksichtigen Sie in diesem Zusammenhang ggf. § 214 Abs. 1 S. 2 BauGB!

141

> **JURIQ-Klausurtipp**
>
> In der Fallbearbeitung müssen Sie § 214 Abs. 1 S. 1 Nr. 2 und Nr. 3 BauGB aufmerksam durchlesen und prüfen, ob einer der dort abschließend genannten Vorschriften in Ihrem Fall einschlägig ist und verletzt sein könnte.

d) Beachtliche Verletzung einer Form- oder Verfahrensvorschrift nach § 214 Abs. 1 S. 1 Nr. 4 BauGB

Gemäß **§ 214 Abs. 1 S. 1 Nr. 4 BauGB** sind folgende Verletzungen beim Aufstellen eines Bebauungsplans beachtlich: Die Gemeinde hat keinen Beschluss i.S.d. § 10 BauGB über den Bebauungsplan gefasst; eine ausnahmsweise erforderliche Genehmigung wurde nicht erteilt; der mit der Bekanntmachung der Satzung verfolgte Hinweiszweck ist nicht erreicht worden.

142

3. Interne Unbeachtlichkeitsvorschrift des § 214 Abs. 1 S. 1 Nr. 2 Hs. 2 oder Nr. 3 Hs. 2 oder Hs. 3 BauGB

Ergibt Ihre Prüfung, dass ein beachtlicher Form- oder Verfahrensfehler nach § 214 Abs. 1 S. 1 Nr. 1 oder Nr. 4 BauGB vorliegt, ist Ihre Prüfung des § 214 BauGB abgeschlossen, denn Verletzungen nach Nr. 1 und Nr. 4 sind immer beachtlich.

143

Etwas anderes gilt demgegenüber für beachtliche Verletzungen nach § 214 Abs. 1 S. 1 Nr. 2 Hs. 1 oder Nr. 3 Hs. 1 BauGB. Systematisch übereinstimmend, enthalten die jeweiligen Halbsätze 2 sog. **interne Unbeachtlichkeitsvorschriften**. Dies bedeutet, dass nach Halbsatz 1 an sich beachtliche Verletzungen von Form- oder Verfahrensfehlern bei Erfüllung der in Halbsatz 2 genannten Voraussetzungen unbeachtlich sind.

144

> **Beispiel** Die Gemeinde S hat einen Bebauungsplan entworfen und will nun die Öffentlichkeit förmlich beteiligen. Hierfür gibt die Gemeinde S den Betroffenen Gelegenheit, innerhalb von drei Wochen Stellung zum Entwurf zu nehmen. – Die Gemeinde S hat hier nicht das an sich erforderliche förmliche Beteiligungsverfahren nach § 3 Abs. 2 BauGB durchgeführt, sondern nur die Beteiligung nach dem vereinfachten Verfahren gemäß § 13 Abs. 2 S. 1 Nr. 2 BauGB. Nach Ansicht des Bundesverwaltungsgerichts[113] ist die Wahl des falschen Beteiligungsverfahrens unschädlich, solange die Beteiligung der Öffentlichkeit nicht gänzlich unterblieben ist. ∎

---

[113] Nach *BVerwG* DVBl. 2009, 1379.

145 In § 214 Abs. 1 S. 1 Nr. 3 BauGB existiert darüber hinausgehend eine **weitere interne Einschränkung**. Gemäß **Halbsatz 3** ist – abweichend von Halbsatz 2 – eine Verletzung von Vorschriften in Bezug auf den Umweltbericht unbeachtlich, wenn die **Begründung** hierzu **nur in unwesentlichen Punkten unvollständig** ist. Im Gegensatz zu Halbsatz 2 beschränkt Halbsatz 3 die Unbeachtlichkeit somit auf „unwesentliche Punkte".

4. Behebung der beachtlichen Verletzung von Verfahrens- oder Formvorschriften durch ein ergänzendes Verfahren nach § 214 Abs. 4 BauGB

146 § 214 BauGB räumt der Gemeinde die Möglichkeit ein, nach § 214 Abs. 1 BauGB beachtliche Verletzungen im einem sog. **ergänzenden Verfahren** zu beheben. Voraussetzung für die Behebung solcher Verletzungen ist jedoch, dass die zu behebende Verletzung nicht von solcher Art und Schwere ist, dass sie die gemeindliche Planung als Ganzes in Frage stellt oder die Grundzüge der Planung berührt.[114]

147 Die Behebung der beachtlichen Verletzung einer Verfahrens- oder Formvorschrift erfolgt durch **Nachholung der verletzten Verfahrenshandlung oder der formgerechten Handlung**. Bis zur Behebung der Verletzung in einem ergänzenden Verfahren ist der Bebauungsplan schwebend unwirksam (vgl. Umkehrschluss aus § 214 Abs. 4 BauGB). Er kann jedoch gemäß § 214 Abs. 4 BauGB rückwirkend in Kraft gesetzt werden.

> **Beispiel** Die Gemeinde K arbeitet in einem ordnungsgemäß durchgeführten Aufstellungsverfahren einen Bebauungsplan aus und verkündet die Festsetzungen schließlich im örtlichen Amtsblatt, ohne dass zuvor der Gemeinderat den Bebauungsplan als Satzung beschlossen hat. Diese Unterlassung beruht auf einem reinen Versehen. – Indem die Gemeinde K den Bebauungsplan nicht durch ihren Rat als Satzung beschlossen hat, hat sie einen beachtlichen Verfahrensfehler i.S.d. § 214 Abs. 1 Nr. 4 BauGB begangen. Da diese Rechtsverletzung nach den gegebenen Umständen aber nicht von einer Art und Schwere ist, die die Planung als Ganzes in Frage stellt oder die Grundzüge der Planung berührt, kann die Gemeinde K den zunächst unterbliebenen Satzungsbeschluss in einem ergänzenden Verfahren nachholen und den Bebauungsplan rückwirkend in Kraft setzen. ∎

5. Unbeachtlichwerden der nach § 214 Abs. 1 S. 1 Nr. 1–3 BauGB beachtlichen und nach § 214 Abs. 4 BauGB nicht behobenen Verletzung von Verfahrens- oder Formvorschriften gemäß § 215 Abs. 1 Nr. 1 BauGB

148 Ergibt Ihre bisherige Prüfung, dass eine beachtliche Verletzung einer Verfahrens- oder Formvorschrift nach § 214 Abs. 1 S. 1 Nr. 1–3 BauGB vorliegt und dass diese nicht in einem ergänzenden Verfahren nach § 214 Abs. 4 BauGB behoben wurde, prüfen Sie abschließend, ob diese Verletzung gemäß **§ 215 Abs. 1 S. 1 Nr. 1 BauGB** nachträglich unbeachtlich wird (vgl. Wortlaut des § 215 Abs. 1 S. 1 „werden"). Sofern der erforderliche Hinweis nach § 215 Abs. 2 BauGB durch die Gemeinde erfolgt ist, tritt die Unbeachtlichkeit nachträglich ein, wenn die betreffende Verletzung nicht innerhalb eines Jahres seit der Bekanntmachung des Bebauungsplans (s.o. Rn. 83) schriftlich gegenüber der Gemeinde unter Darlegung des die Verlet-

---

[114] BVerwGE 110, 193.

zung begründenden Sachverhalts geltend gemacht worden ist. Erfolgt demgegenüber eine entsprechende Geltendmachung, hat diese **inter-omnes-Wirkung**, d.h. sie wirkt für und gegen jedermann.[115] In diesem Falle bleibt die geltend gemachte Verletzung beachtlich.

III. Bei Vorliegen einer Verletzung des Entwicklungsgebots i.S.d. § 8 BauGB

Die Folgen einer Verletzung des Entwicklungsgebots i.S.d. § 8 BauGB prüfen Sie in drei Schritten:

1. Unbeachtliche Verletzung des Entwicklungsgebots nach § 214 Abs. 2 BauGB

Zunächst untersuchen Sie, ob es sich bei dem gemeindlichen Verstoß gegen das Entwicklungsgebot um eine unbeachtliche Verletzung nach § 214 Abs. 2 BauGB handelt. § 214 Abs. 2 BauGB benennt **unbeachtliche Verletzungen des Entwicklungsgebots**.

Ist in Ihrer Fallbearbeitung eine der in § 214 Abs. 2 BauGB genannten Konstellationen einschlägig, können Sie als Ergebnis festhalten, dass die Verletzung des Entwicklungsgebots unbeachtlich ist. Sofern in Ihrer Fallbearbeitung demgegenüber keine der in § 214 Abs. 2 BauGB erwähnten Konstellationen einschlägig ist, ist die Verletzung des Entwicklungsgebots auf der Grundlage des § 214 Abs. 2 BauGB beachtlich. In diesem Fall setzen Sie Ihre Prüfung mit der Frage fort, ob eine Behebung der beachtlichen Verletzung des Entwicklungsgebots in einem ergänzenden Verfahren in Betracht kommt.

2. Behebung der beachtlichen Verletzung des Entwicklungsgebots nach § 214 Abs. 4 BauGB

§ 214 Abs. 4 BauGB eröffnet der Gemeinde die Möglichkeit, beachtliche Verletzungen nach § 214 Abs. 2 BauGB im einem **ergänzenden Verfahren durch Nachholung des Versäumnisses** zu beheben. Bzgl. Einzelheiten kann auf die Darstellung oben (Rn. 146 f.), die hier entsprechend gilt, verwiesen werden.

3. Unbeachtlichwerden der nach § 214 Abs. 2 BauGB beachtlichen und nach § 214 Abs. 4 BauGB nicht behobenen Verletzung des Entwicklungsgebots

Ergibt Ihre Prüfung, dass eine beachtliche Verletzung des Entwicklungsgebots nach § 214 Abs. 2 BauGB vorliegt und diese nicht in einem ergänzenden Verfahren nach § 214 Abs. 4 BauGB behoben wurde, untersuchen Sie abschließend, ob diese Verletzung gemäß **§ 215 Abs. 1 S. 1 Nr. 2 BauGB** nachträglich unbeachtlich wird (vgl. Wortlaut des § 215 Abs. 1 S. 1 „werden"). Bzgl. weiterer Einzelheiten zu den Voraussetzungen des § 215 Abs. 1 BauGB für das Unbeachtlichwerden der Verletzung kann auf die Darstellung oben (Rn. 148), die hier entsprechend gilt, verwiesen werden.

---

115 Vgl. *Battis* in: Battis/Krautzberger/Löhr, BauGB § 215 Rn. 7.

IV. Bei Vorliegen einer Verletzung des Abwägungsgebots i.S.d. § 1 Abs. 7 BauGB

1. Überblick

154 Bei der Prüfung der Folgen einer Verletzung des Abwägungsgebots i.S.d. § 1 Abs. 7 BauGB ergeben sich infolge des durch das EAG Bau 2004 neu in das BauGB eingefügten § 2 Abs. 3 BauGB als „Verfahrensgrundnorm" Änderungen gegenüber den herkömmlichen Verletzungsfolgenregelungen: Galten die zum Abwägungsvorgang gehörenden Phasen der ordnungsgemäßen Ermittlung und der ordnungsgemäßen Bewertung des Abwägungsmaterials herkömmlich als materiell-rechtliche Pflichten der Gemeinde mit der Folge, dass sich die Erheblichkeit von Verletzungen im Abwägungsvorgang, nämlich der Abwägungsausfall, das Abwägungsdefizit und die Abwägungsfehleinschätzung, als materiell-rechtliche Verletzungen nach § 214 Abs. 3 BauGB richtete, stellen diese Pflichten der Gemeinde nunmehr verfahrensrechtliche Pflichten dar mit der Folge, dass sich die Beachtlichkeit etwaiger Verletzungen im Abwägungsvorgang nach § 214 Abs. 1 S. 1 Nr. 1 BauGB richtet (s.o. Rn. 130). Dementsprechend sieht **§ 214 Abs. 3 S. 2 Hs. 1 BauGB** vor, dass Mängel, die Gegenstand der Regelung in Absatz 1 Satz 1 Nr. 1 sind, nicht als Mängel der Abwägung geltend gemacht werden können. § 214 Abs. 3 BauGB ist demnach nur noch **für (nur theoretisch denkbare) sonstige Verletzungen im Abwägungsvorgang** (vgl. Satz 2 Hs. 2) und für **Verletzungen des Abwägungsgebots in seiner dritten Phase**, also der eigentlichen Abwägung (Abwägungsergebnis), relevant.

> **JURIQ-Klausurtipp**
>
> Sofern Sie in Ihrer Fallbearbeitung zuvor noch keine Gelegenheit hatten, auf den durch das EAG Bau 2004 bewirkten Paradigmenwechsel einzugehen, müssen Sie an dieser Stelle auf die folgenreiche Änderung der Rechtslage hinweisen und auf den insoweit bestehenden Meinungsstreit im Schrifttum eingehen.

155 Für diesen verbleibenden Anwendungsbereich prüfen Sie die Folgen einer Verletzung des Abwägungsgebots i.S.d. § 1 Abs. 7 BauGB in drei Schritten:

2. Erhebliche Verletzung nach § 214 Abs. 3 S. 2 Hs. 2 BauGB

» Lesen Sie § 214 Abs. 3 BauGB! «

156 Wie sich aus einem Gegenschluss zu § 214 Abs. 3 BauGB ergibt, sind **Verletzungen des Abwägungsgebots bei der eigentlichen Abwägung, dem Abwägungsergebnis immer erheblich.**

157 Verletzungen im Abwägungsvorgang *jenseits* der bereits von § 214 Abs. 1 S. 1 Nr. 1 BauGB erfassten Fälle werden nur für theoretisch denkbar gehalten (s.o. Rn. 154). Praktische Anwendungsfälle können daher nicht benannt werden.[116]

---

[116] *Pieper* JURA 2006, 817.

Überblick 3 E I

> **JURIQ-Klausurtipp**
>
> Dementsprechend gering dürfte die Prüfungsrelevanz dieser Konstellation sein. Sollten Sie dennoch einmal § 214 Abs. 3 S. 2 Hs. 2 BauGB zu prüfen haben, untersuchen Sie, ob die dort genannten Voraussetzungen vorliegen. Ein Vergleich der Regelungen des § 214 Abs. 1 S. 1 Nr. 1 BauGB und § 214 Abs. 3 S. 2 Hs. 2 BauGB zeigt, dass beide Vorschriften insoweit dieselben Voraussetzungen haben. Vgl. zu den Voraussetzungen des § 214 Abs. 1 S. 1 Nr. 1 BauGB oben (Rn. 138 f.).

Für die Beurteilung der Frage, ob eine erhebliche Verletzung des Abwägungsgebots gegeben ist, legt **§ 214 Abs. 3 S. 1 BauGB** als maßgeblichen Zeitpunkt die **Sach- und Rechtslage im Zeitpunkt der Beschlussfassung über den Bebauungsplan** fest. Nachträgliche tatsächliche oder rechtliche Veränderungen können daher nicht berücksichtigt werden. 158

3. Behebung der erheblichen Verletzung des Abwägungsgebots nach § 214 Abs. 4 BauGB

§ 214 Abs. 4 BauGB räumt der Gemeinde die Möglichkeit ein, beachtliche Verletzungen nach § 214 Abs. 3 BauGB im einem **ergänzenden Verfahren** durch **Nachholung des Versäumnisses** zu beheben. Bzgl. Einzelheiten kann auf die Darstellung oben (Rn. 146 f.) verwiesen werden. Die dortigen Ausführungen gelten hier entsprechend. 159

4. Unbeachtlichwerden der erheblichen Verletzung des Abwägungsgebots nach § 215 Abs. 1 S. 1 Nr. 3 BauGB

Kommen Sie bei Ihrer Prüfung zum Ergebnis, dass eine erhebliche Verletzung des Abwägungsgebots nach § 214 Abs. 3 BauGB vorliegt, die nicht gemäß § 214 Abs. 4 BauGB behoben wurde, untersuchen Sie abschließend, ob die erhebliche Verletzung nach § 215 Abs. 1 S. 1 Nr. 3 BauGB gemäß § 215 Abs. 1 S. 1 Nr. 3 BauGB unbeachtlich wird (vgl. Wortlaut „werden"). Sofern der Hinweis gemäß § 215 Abs. 2 BauGB erfolgt ist, können Verletzungen im Abwägungsvorgang unbeachtlich werden. Nach dem eindeutigen Wortlaut des **§ 215 Abs. 1 S. 1 Nr. 3 BauGB** (vgl. „Abwägungsvorgang") bleiben **Verletzungen im Abwägungsergebnis** dagegen **immer beachtlich** (s.o. Rn. 156). 160

E. Sicherung der kommunalen Bauleitplanung

I. Überblick

Gemäß § 1 Abs. 1 BauGB ist es Aufgabe der Bauleitplanung, die bauliche und sonstige Nutzung der Grundstücke in der Gemeinde nach Maßgabe des BauGB vorzubereiten und zu leiten. Wie Sie in Kapitel C dieses Teils exemplarisch anhand der Aufstellung eines Bebauungsplans gesehen haben, nehmen die Verfahren der kommunalen Bauleitplanung einige Zeit in Anspruch. In dieser Zeit besteht die Gefahr, dass die Planungsabsichten der Gemeinde durch die Realisierung baulicher Vorhaben, die zwar gegenwärtig bauplanungsrechtlich zulässig sind, aber den zukünftigen Festsetzungen des Bebauungsplans widersprechen, unterlaufen werden. 161

3 E Sicherung der kommunalen Bauleitplanung

›› Vgl. auch Überschrift des Zweiten Teils des BauGB „Sicherung der Bauleitplanung"! ‹‹

Um dies zu verhindern und die Gemeinde in ihrem Planungsprozess zu schützen, hält das BauGB in seinen §§ 14 bis 28 BauGB verschiedene Instrumente zur Sicherung der kommunalen Bauleitplanung bereit: die **Veränderungssperre** (§ 14, 16 ff. BauGB), die **Zurückstellung von Baugesuchen** (§ 15 BauGB), die **Grundstücksteilung** (§ 19 BauGB) und das **gemeindliche Vorkaufsrecht** (§§ 24 ff. BauGB). Im Folgenden werden wir uns näher mit den vorrangig klausurrelevanten Instrumenten zur Sicherung der Bauleitplanung, nämlich der Veränderungssperre und der Zurückstellung von Baugesuchen, befassen.[117]

II. Veränderungssperre

1. Überblick

›› Lesen Sie § 14 BauGB! ‹‹

162 Gemäß § 14 Abs. 1 BauGB kann eine Gemeinde nach ihrem Beschluss, einen Bebauungsplan aufzustellen, zur Sicherung ihrer Planung für den künftigen Planbereich eine Veränderungssperre mit dem Inhalt beschließen, dass Vorhaben i.S.d. § 29 BauGB nicht durchgeführt oder bauliche Anlagen nicht beseitigt werden dürfen (Nr. 1) oder erhebliche oder wesentlich wertsteigernde Veränderungen von Grundstücken und baulichen Anlagen, deren Veränderungen nicht genehmigungs-, zustimmungs- oder anzeigepflichtig sind, nicht vorgenommen werden dürfen (Nr. 2).

163 Die Rechtmäßigkeit einer Veränderungssperre prüfen Sie wie folgt:

> **PRÜFUNGSSCHEMA**
>
> **Rechtmäßigkeit einer Veränderungssperre**
>
> I. Ermächtigungsgrundlage
>
> II. Formelle Rechtmäßigkeit
>   1. Zuständigkeit
>   2. Verfahren
>   3. Form
>   4. Bekanntgabe
>
> III. Materielle Rechtmäßigkeit
>   1. Wirksamer Beschluss, einen Bebauungsplan aufzustellen
>   ▸ Zeitliche Reihenfolge von Aufstellungsbeschluss und Beschluss über die Veränderungssperre   Rn. 172 f.
>   2. Erforderlichkeit der Veränderungssperre zur Sicherung der Planung
>   ▸ Veränderungssperre für einen Teil eines Bauplanungsgebietes   Rn. 176
>
> IV. Ermessen

> **JURIQ-Klausurtipp**
>
> Denken Sie wieder daran: Prüfungsschemata dienen Ihnen lediglich als Orientierungshilfe bei Ihrer Fallbearbeitung!

---

117 Vgl. kurz zur Grundstücksteilung und zum gemeindlichen Vorkaufsrechts *Hellermann* in: Dietlein/Burgi/Hellermann, Öffentliches Recht in Nordrhein-Westfalen § 4 Rn. 218 f.; ausführlicher *Bönker* in: Hoppe/Bönker/Grotefels, Öffentliches Baurecht § 10 Rn. 45 ff. und Rn. 61 ff.

2. Ermächtigungsgrundlage

Ihre Rechtmäßigkeitsprüfung beginnen Sie mit der Frage nach dem Vorliegen einer tauglichen Ermächtigungsgrundlage, denn nach dem rechtsstaatlichen Vorbehalt des Gesetzes bedarf die Gemeinde für den Erlass einer Veränderungssperre einer formell-gesetzlichen Ermächtigungsgrundlage. Als solche dient **§ 14 Abs. 1 BauGB**.

164

3. Formelle Rechtmäßigkeit

Die formelle Rechtmäßigkeit einer Veränderungssperre prüfen Sie in vier Schritten:

165

a) Zuständigkeit

Bei der Zuständigkeit sind die Verbands- und die Organzuständigkeit zu unterscheiden (vgl. hierzu oben Rn. 45 ff.). Die **Verbandszuständigkeit** für den Beschluss der Veränderungssperre liegt gemäß **§§ 14 Abs. 1, 16 Abs. 1 BauGB** bei der **Gemeinde**, die nach ihrem Beschluss, einen Bebauungsplan aufzustellen, ihre Planung sichern will. Die **Organzuständigkeit** für den Beschluss einer Veränderungssperre liegt gemäß **§§ 41 Abs. 1 S. 1, S. 2 lit. f) GO NRW** beim **Gemeinderat** (s.o. Rn. 47).

166

b) Verfahren

Hinsichtlich des beim Beschluss der Veränderungssperre einzuhaltenden Verfahrens sehen die §§ 14, 16 ff. BauGB keine besonderen Voraussetzungen vor. Die Gemeinde bzw. der Gemeinderat müssen jedoch **die nach der GO NRW einzuhaltenden Verfahrensbestimmungen** beachten.[118]

167

c) Form

Die Veränderungssperre wird gemäß **§ 16 Abs. 1 BauGB** von der Gemeinde als **Satzung** beschlossen.

168

> **Hinweis**
>
> Daher können die §§ 214 f. BauGB auf die Veränderungssperre anwendbar sein.

d) Bekanntgabe

§ 16 Abs. 2 S. 1 BauGB sieht vor, dass die Gemeinde die Veränderungssperre **ortsüblich bekannt zu machen** hat (s. hierzu oben Rn. 83). **Alternativ** kann die Gemeinde auch nach § 16 Abs. 2 S. 2 BauGB vorgehen.

169 »Lesen Sie § 16 Abs. 2 BauGB!«

4. Materielle Rechtmäßigkeit

§ 14 Abs. 1 BauGB normiert **zwei materiell-rechtliche Voraussetzungen** für eine Veränderungssperre. Dementsprechend prüfen Sie die materielle Rechtmäßigkeit einer Veränderungssperre in zwei Schritten:

170

---

118 Vgl. näher *Burgi* in: Dietlein/Burgi/Hellermann, Öffentliches Recht in Nordrhein-Westfalen § 2 Rn. 221 ff.

a) Wirksamer Beschluss, einen Bebauungsplan aufzustellen

171 Zunächst untersuchen Sie, ob die Gemeinde die Aufstellung eines Bebauungsplans wirksam beschlossen hat. Zu den diesbzgl. Anforderungen s.o. (Rn. 50 ff.).

172 Fraglich ist, ob die Gemeinde den Beschluss, einen Bebauungsplan aufzustellen, gefasst haben muss, *bevor* sie eine Veränderungssperre beschließt.

> **Beispiel** Der Rat der Gemeinde J beschließt in seiner Sitzung am 15.5.2010, einen Bebauungsplan für ein bisher unbeplantes Gebiet seiner Gemeinde aufzustellen. In derselben Sitzung beschließt der Rat für diese Gebiete eine Veränderungssperre. ■

173 Nach dem Wortlaut des § 14 Abs. 1 BauGB („Ist ein Beschluss über die Aufstellung eines Bebauungsplans gefasst, …") scheinen Zweifel angebracht, ob der Rat der Gemeinde J die Veränderungssperre in derselben Sitzung, in der er auch den Beschluss über die Aufstellung eines Bebauungsplans gefasst hat, erlassen konnte. Denn zu den Wirksamkeitsvoraussetzungen des Aufstellungsbeschlusses gehört u.a., dass dieser ortsüblich zu bekannt zu machen ist (vgl. § 2 Abs. 1 S. 2 BauGB). Dies ist in unserem *Beispiel* noch nicht geschehen. Dessen ungeachtet hat es das Bundesverwaltungsgericht aber gebilligt, dass der Aufstellungsbeschluss und die Veränderungssperre in derselben Gemeinderatssitzung ergehen.[119]

> **Hinweis**
>
> Im Übrigen bestehen der Bebauungsplan und die Veränderungssperre rechtlich grundsätzlich unabhängig nebeneinander, d.h. die Rechtmäßigkeit der Veränderungssperre wird nicht durch Zweifel an der Rechtmäßigkeit des Bebauungsplans berührt. Etwas anderes gilt allerdings dann, wenn die kommunale Planung im Bebauungsplan offensichtlich rechtswidrig ist. In diesem Falle ist auch die Veränderungssperre unwirksam.[120]

b) Erforderlichkeit der Veränderungssperre zur Sicherung der Planung

174 Neben einem wirksamen Beschluss der Gemeinde über die Aufstellung eines Bebauungsplans verlangt **§ 14 Abs. 1 BauGB**, dass die Veränderungssperre **zur Sicherung der Planung erforderlich** ist. Dies setzt voraus, dass **nach dem gegenwärtigen Stand der Planung** ein **Mindestmaß an zukünftigem Planungsinhalt absehbar** sein muss.[121]

> **Beispiel** Die Gemeinde A beabsichtigt, in ihrem Gemeindegebiet eine Windenergieanlage zu errichten. Um sich Zeit für die Entwicklung des Planungskonzepts zu verschaffen, beschließt der Rat eine Veränderungssperre. – Im Zeitpunkt des Beschlusses der Veränderungssperre hat die Planung der Gemeinde A noch nicht einen Stand erreicht, nach dem ein Mindestmaß an zukünftigem Planungsinhalt absehbar ist. Deshalb fehlt ein beachtliches Sicherungsbedürfnis. Der Beschluss einer Veränderungssperre ist damit nicht erforderlich i.S.d. § 14 Abs. 1 BauGB.[122] ■

---

119 *BVerwG* BRS 49 Nr. 21.
120 Vgl. *OVG NRW* NVwZ 1997, 598.
121 *BVerwGE* 51, 121; jüngst *BVerwG* NVwZ 2010, 42.
122 Vgl. *BVerwGE* 120, 138.

Das Mindestmaß an Vorstellungen muss geeignet sein, die Entscheidung der Baugenehmigungsbehörde zu steuern, wenn sie über die Vereinbarkeit des Vorhabens mit der beabsichtigten Planung zu entscheiden hat. Diese Vorstellungen können sich nicht nur aus Niederschriften über die Gemeinderatssitzung, sondern auch aus allen anderen erkennbaren Unterlagen und Umständen ergeben.[123]

175

Fraglich ist, ob die Gemeinde die Veränderungssperre auch für einen Teil des Gebietes, für den sie einen Bebauungsplan aufstellen will, beschließen kann. Zweifel könnten sich aufgrund des Wortlauts des § 14 Abs. 1 BauGB („…, zur Sicherung der Planung für den künftigen Planbereich …") ergeben, der vermuten lassen könnte, dass die Veränderungssperre das gesamte Plangebiet erfassen muss.

176

Beispiel Der Rat der Gemeinde M beschließt, für ein bisher unbeplantes Gebiet im Gemeindegebiet einen Bebauungsplan aufzustellen. In einem bestimmten Teil des Plangebietes soll eine öffentliche Fläche für eine Freizeitanlage errichtet werden. Zum Schutz dieser Planungsabsicht beschließt der Rat auf einer seiner nächsten Sitzungen eine entsprechende Veränderungssperre. – Das Bundesverwaltungsgericht hat es ausreichen lassen, dass die Gemeinde die Veränderungssperre nur für einen Teil des Planungsgebietes („Individualsperre") beschließt, und seine Entscheidung u.a. wie folgt begründet: Eine „Individualsperre" sei nicht oder nicht um ihrer selbst willen bedenklich. Wörtlich führt das Gericht weiter aus: „Die ‚Folgerichtigkeit formaler Gleichbehandlung', die als tragender Gesichtspunkt hinter dem Gebot steht, daß Gesetze grundsätzlich ‚allgemein und nicht nur für den Einzelfall gelten' müssen (vgl. Art. 19 Abs. 1 S. 1 GG), ist für Bauleitplanungen ganz allgemein nicht kennzeichnend. In Bauleitplänen waltet ‚eine andere, auf das Planungsziel ausgerichtete und zu ungleicher Auswirkung auf die Betroffenen führende, zweckrationale Folgerichtigkeit räumlich-geometrischer Ordnung', die – unter entsprechenden Umständen – ‚Individualregelungen' nicht nur gestatten, sondern sogar erforderlich machen kann. Aufgrund dieser Einsicht hat der erkennende Senat bereits in seinem Beschluß vom 6. November 1968 – BVerwG IV B 47.68 – (Buchholz 406.11 § 8 BBauG Nr. 1 S. 1 f.) ausgesprochen, daß Bebauungspläne nicht schon deshalb Bedenken unterliegen, weil ihr Geltungsbereich wenige Grundstücke oder gar nur ein einziges Grundstück umfaßt. Für Veränderungssperren kann nichts anderes gelten. Es wäre offensichtlich ungereimt, daß ein Bebauungsplan für nur ein Grundstück sollte erlassen, seine Erarbeitung aber entgegen dem Wortlaut des § 14 Abs. 1 BBauG nicht durch eine Veränderungssperre sollte gesichert werden können. Für die Zulässigkeit ‚individueller' Veränderungssperren spricht außerdem § 17 Abs. 4 BBauG. Diese Vorschrift ordnet an, daß Veränderungssperren gegebenenfalls ‚teilweise', also jeweils insoweit außer Kraft gesetzt werden müssen, wie die Voraussetzungen für ihren Erlaß nachträglich fortfallen. Eine solche Verringerung des Sperrbereiches kann (und wird nicht selten) dazu führen, daß die verbleibende Sperre den Charakter einer Individualsperre annimmt. Es ist nichts dafür zu erkennen, daß der Gesetzgeber das hat für schädlich erklären, also für diesen Fall entgegen dem Wortlaut des § 17 Abs. 4 BBauG hat bestimmen wollen; die Veränderungssperre dürfe nicht nur zum Teil, sondern müsse im vollen Umfange aufgehoben werden. Zuzugeben ist bei alledem selbstverständlich, daß eine ‚individuelle' Veränderungssperre ebenso wie ein ‚individueller' Bebauungsplan zu mißbilligen sein kann. Diese Möglichkeit ist jedoch keine unmittelbare Folge ihrer nur ‚individuellen' Geltung, sondern sie ent-

---

[123] *BVerwG* NVwZ 2010, 42.

spricht dem, was generell für Veränderungssperren und Bebauungspläne gilt. Die Tatsache, daß es sich um lediglich eine ‚individuelle' Regelung handelt, kann bei Bebauungsplänen ein Anzeichen dafür sein, daß das Abwägungsgebot des § 1 Abs. 4 Satz 2 BBauG verletzt ist. Aus ihr kann sich dementsprechend bei Veränderungssperren ergeben, daß ihnen eine beachtliche Planung nicht zugrunde liegt. Diese Mängel gehen jedoch nicht auf eine Art Verbot ‚individueller' Regelung, sondern darauf zurück, daß unter den im Einzelfall gegebenen Umständen den für alle Bebauungspläne und alle Veränderungssperren geltenden Anforderungen nicht genügt ist".[124] ∎

5. Ermessen

177 Nach dem Wortlaut des **§ 14 Abs. 1 BauGB** steht der Beschluss der Veränderungssperre durch die Gemeinde in ihrem Ermessen (vgl. Wortlaut „kann"). Bei dem Ermessen handelt es sich sowohl um ein **Entschließungsermessen** („ob") als auch um ein **Auswahlermessen** („wie"), das die Gemeinde nach Maßgabe des § 40 VwVfG NRW auszuüben hat und das in den Grenzen des § 114 VwGO gerichtlich überprüfbar ist.

6. Wirkungen der Veränderungssperre

178 Die Veränderungssperre bezweckt, die Realisierung von baulichen Vorhaben, die der beabsichtigten zukünftigen kommunalen Bauleitplanung widersprechen, zu verhindern. Hinsichtlich der **Wirkungen einer Veränderungssperre** im Einzelnen ist zu differenzieren:[125]

179 In ihrem Geltungsbereich führt die Veränderungssperre gemäß **§ 14 Abs. 1 BauGB** zu einem **generellen, materiell-rechtlichen Verbot von Vorhaben i.S.d. § 29 BauGB und von baulichen Anlagen (vgl. Nr. 1)** sowie **von weiteren Maßnahmen (vgl. Nr. 2)**. Nach **§ 14 Abs. 2 BauGB** kann die zuständige Baugenehmigungsbehörde im Einvernehmen mit der Gemeinde eine **Ausnahme** von der Veränderungssperre zulassen, **wenn überwiegende öffentliche Belange nicht entgegenstehen**. Dies ist regelmäßig dann der Fall, wenn das Vorhaben die **künftige Bauleitplanung nicht beeinträchtigt**. Hiervon ist vor allem dann auszugehen, wenn das Vorhaben im Hinblick auf den künftigen Bebauungsplan nach **§ 33 BauGB** genehmigungsfähig ist. Wenn das Vorhaben die künftige Bauleitplanung der Gemeinde nicht beeinträchtigt, besteht nach Ansicht des Bundesverwaltungsgerichts infolge Ermessensreduzierung auf Null sogar ein **Anspruch auf Erteilung einer Ausnahme** nach § 14 Abs. 2 BauGB.[126]

» Lesen Sie § 14 Abs. 3 BauGB! «

180 Gemäß **§ 14 Abs. 3 BauGB** bleiben bestimmte Vorhaben trotz einer beschlossenen Veränderungssperre zulässig. Damit werden diese Vorhaben in ihrem **Bestand geschützt**.

> **Hinweis**
>
> Denken Sie in diesem Zusammenhang wieder an Art. 14 GG!

---

124 *BVerwGE* 51, 121.
125 Vgl. zum Ganzen *Hellermann* in: Dietlein/Burgi/Hellermann, Öffentliches Recht in Nordrhein-Westfalen § 4 Rn. 215.
126 Vgl. *BVerwG* NVwZ 1993, 65.

Eine Veränderungssperre gilt zeitlich **befristet**. Die Frist beträgt gemäß **§ 17 Abs. 1 S. 1 BauGB grundsätzlich längstens zwei Jahre**. Sie kann aber nach § 17 Abs. 1 S. 3 BauGB um ein Jahr verlängert werden und, wenn besondere Umstände es erfordern, um ein weiteres Jahr (vgl. § 17 Abs. 2 BauGB). Sobald und soweit die Bauleitplanung abgeschlossen ist, tritt die Veränderungssperre gemäß § 17 Abs. 5 BauGB in jedem Falle außer Kraft. Bzgl. weiterer Einzelheiten wird auf den Normtext des § 17 BauGB verwiesen.

181 ≫ Lesen Sie § 17 BauGB! ≪

> **Hinweis**
>
> Dauert die Veränderungssperre länger als vier Jahre, sieht § 18 BauGB eine Entschädigungspflicht der Gemeinde wegen der eingeschränkter baulicher Nutzbarkeit des Grundeigentums (Art. 14 GG) vor.

III. Zurückstellung von Baugesuchen

Wird eine Veränderungssperre nach § 14 BauGB nicht beschlossen, obwohl die Voraussetzungen dafür vorliegen oder ist eine beschlossene Veränderungssperre noch nicht in Kraft getreten, kann die Gemeinde bei der Baugenehmigungsbehörde beantragen, dass die Entscheidung über die Zulässigkeit von Vorhaben im Einzelfall für einen Zeitraum von bis zu zwölf Monaten ausgesetzt wird, wenn zu befürchten ist, dass die Durchführung der Planung durch das Vorhaben unmöglich gemacht oder wesentlich erschwert werden würde (vgl. § 15 Abs. 1 S. 1 BauGB). Im Gegensatz zu der als Satzung beschlossenen Veränderungssperre stellt die Zurückstellung eines Vorhabens i.S.d. § 29 BauGB durch die Baugenehmigungsbehörde einen **Verwaltungsakt mit verfahrensrechtlicher Wirkung** dar.[127] Die Zurückstellung bezieht sich lediglich auf ein **einzelnes Vorhaben**.

182 ≫ Lesen Sie § 15 BauGB! ≪

Wenn für das einzelne Vorhaben die Durchführung eines Baugenehmigungsverfahrens notwendig ist, bewirkt die Zurückstellung, dass die Entscheidung über die Zulässigkeit des Vorhabens ausgesetzt wird (vgl. § 15 Abs. 1 S. 1 BauGB). Wenn für das einzelne Vorhaben kein Baugenehmigungsverfahren durchzuführen ist, tritt an die Stelle der Zurückstellung eine ihr gleichgestellte vorläufige Untersagung (vgl. § 15 Abs. 1 S. 2 und 3 BauGB).

183

> **Hinweis**
>
> Beachten Sie im Zusammenhang mit einem Flächennutzungsplan § 15 Abs. 3 BauGB, der durch das EAG Bau 2004 eingeführt wurde.

---

127 *Hellermann* in: Dietlein/Burgi/Hellermann, Öffentliches Baurecht in Nordrhein-Westfalen § 4 Rn. 217.

F. Rechtsschutz gegen einen Bebauungsplan

I. Überblick

> Lesen Sie § 47 Abs. 1 Nr. 1 VwGO! «

184 Die gerichtliche Überprüfung eines Bebauungsplans nach § 47 Abs. 1 Nr. 1 VwGO bildet einen beliebten Gegenstand von Fallbearbeitungen im öffentlichen Baurecht. Nicht nur aus diesem Grunde, sondern auch, weil das Normenkontrollverfahren in der Praxis große Bedeutung hat (Bebauungspläne bilden den Hauptanwendungsfall dieses Normenkontrollverfahrens),[128] sollten Sie diesen Abschnitt besonders aufmerksam durcharbeiten!

> **Hinweis**
>
> Wegen der Prüfungsrelevanz der Konstellation „Aufstellung eines Bebauungsplans" beschränkt sich die folgende Darstellung auf diese Fallkonstellation. Für andere Konstellationen gilt die folgende Darstellung grundsätzlich aber entsprechend.

> Die Unterscheidung zwischen prinzipaler (abstrakter) und inzidenter (konkreter) Normenkontrolle ist auch im Verfassungsprozessrecht relevant (s. dazu das Skript „Staatsorganisationsrecht")! «

185 Die prinzipale Überprüfung eines Bebauungsplans mittels Normenkontrolle nach § 47 Abs. 1 Nr. 1 VwGO stellt indes nicht die einzige Möglichkeit dar, die Rechtmäßigkeit eines Bebauungsplans einer (endgültigen) gerichtlichen Kontrolle zu unterziehen. Daneben besteht vor allem die Möglichkeit einer inzidenten verwaltungsgerichtlichen Kontrolle im Rahmen von Klagen, die Einzelmaßnahmen zum Gegenstand haben und bei denen die Frage der Rechtmäßigkeit des Bebauungsplans eine Vorfrage für die eigentliche Entscheidung bildet. So kann es zu einer inzidenten Überprüfung eines Bebauungsplans kommen, wenn ein Bauherr auf Erteilung einer Baugenehmigung klagt, die ihm unter Hinweis darauf versagt wurde, dass der Erteilung der Baugenehmigung Festsetzungen des Bebauungsplans entgegenstehen. Die Rechtmäßigkeit des Bebauungsplans bildet hier eine Vorfrage für den streitgegenständlichen Anspruch auf Erteilung einer Baugenehmigung.[129]

186 Wenn Festsetzungen eines Bebauungsplans unmittelbar den rechtlichen Status eines Grundstücks berühren, kommt auch eine Überprüfung des Bebauungsplans im Wege der Verfassungsbeschwerde nach Art. 93 Abs. 1 Nr. 4a GG, §§ 13 Nr. 8a, 90 ff. BVerfGG in Betracht.[130] Allerdings ist eine Verfassungsbeschwerde gemäß § 90 Abs. 2 S. 1 BVerfGG nur zulässig, wenn zuvor der Rechtsweg erschöpft wurde (s. Skript „Grundrechte" Rn. 725 ff.). Dies ist im hier interessierenden Zusammenhang nur der Fall, wenn der Beschwerdeführer vor Erhebung der Verfassungsbeschwerde erfolglos ein Normenkontrollverfahren nach § 47 Abs. 1 Nr. 1 VwGO durchgeführt hat.

> **Hinweis**
>
> Als Verfahren des vorläufigen Rechtsschutzes gegen einen Bebauungsplan kommen § 47 Abs. 6 VwGO und § 32 BVerfGG in Betracht.

---

128 *Kienemund* in: Brandt/Sachs (Hrsg.), Handbuch Verwaltungsverfahren und Verwaltungsprozess M Rn. 134.
129 Vgl. zur generellen Unterscheidung zwischen prinzipaler und inzidenter Normenkontrolle *Schenke* Verwaltungsprozessrecht Rn. 873; im hier interessierenden Zusammenhang *Kienemund* in: Brandt/Sachs (Hrsg.), Handbuch Verwaltungsverfahren und Verwaltungsprozess M Rn. 134.
130 Vgl. *BVerfGE* 79, 174.

Überblick

187 Das Normenkontrollverfahren nach § 47 VwGO stellt sowohl ein **objektives Rechtsbeanstandungsverfahren** als auch ein **subjektives Rechtsschutzverfahren** dar:[131] Ein objektives Rechtsbeanstandungsverfahren ist es insoweit, als über die Wirksamkeit einer Regelung mit allgemein verbindlicher Wirkung entschieden wird (vgl. § 47 Abs. 5 S. 2 VwGO).[132] Dem subjektiven Rechtsschutz des Einzelnen dient das Verfahren insoweit, als es auf Antrag durchgeführt wird und nur zulässig ist, wenn eine mögliche Rechtsverletzung geltend gemacht werden kann.[133]

188 Die Normenkontrolle eines Bebauungsplans nach § 47 Abs. 1 Nr. 1 VwGO prüfen Sie wie folgt:

Normenkontrolle eines Bebauungsplans nach § 47 Abs. 1 Nr. 1 VwGO

I. Zulässigkeit des Normenkontrollantrags
1. „Im Rahmen seiner Gerichtsbarkeit"
2. Statthafte Verfahrensart
   - Bebauungsplan i.S.d. § 33 BauGB   Rn. 195
3. Antragsberechtigung
4. Antragsbefugnis
   - weites Verständnis der Antragsbefugnis   Rn. 205
5. Richtiger Antragsgegner
6. Antragsfrist
7. Präklusion
8. Ordnungsgemäßer Antrag
9. Zuständiges Gericht
10. Rechtsschutzbedürfnis

II. Begründetheit des Normenkontrollantrags
- § 47 Abs. 3 VwGO als Zulässigkeits- oder Begründetheitsvoraussetzung   Rn. 217
- § 47 Abs. 3 VwGO: konkrete oder abstrakte Betrachtungsweise   Rn. 218
- Europäisches Gemeinschaftsrecht als Prüfungsmaßstab i.R.d. § 47 VwGO   Rn. 219

Zum Prüfungsschema „Rechtmäßigkeit eines Bebauungsplans" s.o. Rn. 40 ff.

PRÜFUNGSSCHEMA

JURIQ-Klausurtipp

Auch hier gilt wieder: Prüfungsschemata sollen Ihnen lediglich eine Orientierung für Ihre Fallbearbeitung geben. Wenden Sie das Schema keinesfalls starr an. Erörtern Sie insbesondere nur die nach dem Sachverhalt wirklich problematischen Punkte. Unproblematische Punkte sind kurz – dann auch ruhig im Urteilsstil – abzuhandeln.

189 Den richtigen Einstieg in die Fallbearbeitung schaffen Sie mit Hilfe eines möglichst präzise formulierten **Obersatzes**. Wie bei allen verwaltungsrechtlichen Fallbearbeitungen gilt prinzipiell auch bei der Normenkontrolle nach § 47 VwGO, dass diese Erfolg hat, wenn sie zulässig

---

131 Vgl. *BVerwG* NVwZ 2008, 899.
132 *BVerwGE* 65, 131.
133 *BVerwGE* 110, 203.

und begründet ist. Generell formuliert, könnte der Obersatz wie folgt lauten: „Die abstrakte Normenkontrolle des/der … (hier Antragsteller nennen) nach § 47 Abs. 1 Nr. 1 VwGO hat Erfolg, wenn sie zulässig und begründet ist."

> **JURIQ-Klausurtipp**
>
> Achten Sie auf die richtige Formulierung: Ein zulässiger und begründeter Rechtsbehelf hat Erfolg (nicht nur Aussicht auf Erfolg)!

II. Zulässigkeit des Normenkontrollantrags

190 Die Zulässigkeit des Normenkontrollantrags prüfen Sie in zehn Schritten:

1. „Im Rahmen seiner Gerichtsbarkeit"

191 Ihre Untersuchung beginnen Sie mit der Frage, ob die Gerichtsbarkeit des zur Entscheidung berufenen Oberverwaltungsgerichts gegeben ist. **Der Sache nach** prüfen Sie, ob der **Verwaltungsrechtsweg nach § 40 Abs. 1 VwGO eröffnet** ist (s. dazu näher Skript „Verwaltungsprozessrecht" Rn. 72 ff.).[134]

> **JURIQ-Klausurtipp**
>
> Auch wenn in der Sache kein Unterschied besteht, sollten Sie sich in der Fallbearbeitung am Wortlaut des § 47 Abs. 1 VwGO orientieren, der „im Rahmen seiner Gerichtsbarkeit" lautet. Dadurch zeigen Sie, dass Sie den kleinen Unterschied zur üblichen Vorgehensweise über § 40 Abs. 1 VwGO erkannt haben.

192 Die Gerichtsbarkeit des Oberverwaltungsgerichts ist bei der Überprüfung eines Bebauungsplans ohne Weiteres gegeben. Denn mit einem **Bebauungsplan** wird eine **Rechtsvorschrift** zur Überprüfung gestellt, **zu dessen Vollzug im Verwaltungsrechtsweg anfechtbare oder mit der Verpflichtungsklage erzwingbare Verwaltungsakte ergehen können.**[135]

> **JURIQ-Klausurtipp**
>
> Merken Sie sich diese Formulierung für Ihre Fallbearbeitung!

2. Statthafte Verfahrensart

>> Wiederholen Sie an dieser Stelle kurz den Streitgegenstandsbegriff im Skript „Verwaltungsprozessrecht"! <<

193 Der Normenkontrollantrag ist gemäß § 47 Abs. 1 Nr. 1 VwGO statthaft, wenn die Gültigkeit u.a. von Satzungen, die nach den Vorschriften des BauGB erlassen worden sind, Streitgegenstand des Verfahrens ist. Dazu gehört der **als Satzung nach § 10 BauGB beschlossene Bebauungsplan.**[136]

---

134 Vgl. *Kopp/Schenke* VwGO § 47 Rn. 17.
135 Vgl. in Anlehnung an die allgemeine Formulierung bei *Kopp/Schenke* VwGO § 47 Rn. 17.
136 *Schenke* Verwaltungsprozessrecht Rn. 878.

Zulässigkeit des Normenkontrollantrags 3 F II

> **Hinweis**
>
> Im Gegensatz zu einem Bebauungsplan stellt der Flächennutzungsplan nach h.M. keine Satzung dar, so dass § 47 Abs. 1 Nr. 1 VwGO nicht einschlägig ist. Seine Festsetzungen enthalten grundsätzlich auch keine Rechtsvorschriften i.S.d. § 47 Abs. 1 Nr. 2 VwGO. Daher kann ein Flächennutzungsplan grundsätzlich nicht tauglicher Gegenstand einer Normenkontrolle nach § 47 VwGO sein.[137]

194 Wie sich aus dem Wortlaut des § 47 Abs. 1 Nr. 1 VwGO ergibt, ist der Antrag auf Normenkontrolle statthaft, wenn der Bebauungsplan **erlassen**, d.h. verkündet worden ist (zu den diesbzgl. Anforderungen oben Rn. 83). In diesem Zeitpunkt steht der Inhalt des Bebauungsplans endgültig fest. **Ob** die Verkündung *rechtmäßig* erfolgt ist, ist für die Frage der Statthaftigkeit des Antrags auf Normenkontrolle **unerheblich**.[138] **Nicht notwendig** ist, dass der Bebauungsplan **bereits in Kraft getreten** ist.[139]

195 Fraglich ist, ob Bebauungspläne i.S.d. § 33 BauGB Gegenstand eines Normenkontrollverfahrens nach § 47 Abs. 1 Nr. 1 BauGB sein können. Für deren Überprüfbarkeit in einem Normenkontrollverfahren könnte zwar sprechen, dass diese Bebauungspläne bereits „planreif" sind; aber sie sind eben noch nicht beschlossen, wie es § 47 Abs. 1 Nr. 1 BauGB verlangt. Hinzu kommt, dass es nicht ausgeschlossen ist, dass auch ein „planreifer" Bebauungsplan im laufenden Planungsverfahren noch geändert wird. Daher kann ein **„planreifer" Bebauungsplan i.S.d. § 33 BauGB** nicht tauglicher Gegenstand eines Antrags auf Normenkontrolle nach § 47 Abs. 1 Nr. 1 BauGB sein.[140]

196 Schließlich setzt ein statthafter Antrag auf Normenkontrolle ungeschrieben **grundsätzlich** voraus, dass der zur Überprüfung gestellte Bebauungsplan **noch in Kraft** sein muss. Sofern der Bebauungsplan im Zeitpunkt der Antragstellung auf Normenkontrolle bereits außer Kraft getreten ist, ist ein Normenkontrollverfahren nur **ausnahmsweise** statthaft, und zwar dann, wenn der Bebauungsplan **trotz seines Außer-Kraft-Tretens noch fortwirkt**. Dies ist der Fall, wenn in der Vergangenheit liegende Sachverhalte noch nach dem Bebauungsplan zu entscheiden sind.[141]

Beispiel Eine Veränderungssperre, die im Zeitpunkt der Stellung des Antrags auf Normenkontrolle bereits nach § 17 Abs. 1 und Abs. 2 BauGB außer Kraft getreten ist, wirkt nicht mehr fort. Sie hat für Entscheidungen über die Zulässigkeit oder die Unzulässigkeit baulicher Vorhaben keine Bedeutung mehr. Selbst wenn die Gemeinde gemäß § 17 Abs. 3 BauGB eine außer Kraft getretene Veränderungssperre ganz oder teilweise neu beschließt, bildet allein die neu beschlossene Veränderungssperre die Grundlage für Entscheidungen über die Zulässigkeit von baulichen Vorhaben.[142]

---

137 Vgl. dazu näher *Hellermann* in: Dietlein/Burgi/Hellermann, Öffentliches Recht in Nordrhein-Westfalen § 4 Rn. 109 f.
138 *Kopp/Schenke* VwGO § 47 Rn. 15 Fn. 44.
139 *Kopp/Schenke* VwGO § 47 Rn. 15.
140 Dazu *Kopp/Schenke* VwGO § 47 Rn. 22 m.w.N.
141 Vgl. *Württemberger* Verwaltungsprozessrecht Rn. 449.
142 Vgl. BVerwGE 68, 12.

> **JURIQ-Klausurtipp**
>
> Merken Sie sich daher: Um tauglicher Gegenstand eines Normenkontrollverfahrens zu sein, braucht der Bebauungsplan einerseits noch nicht *in Kraft* getreten zu sein; er darf aber andererseits grundsätzlich noch nicht *außer Kraft* getreten sein.

197 Sofern der Bebauungsplan erst **nach Erhebung des Normenkontrollantrags außer Kraft** tritt, **bleibt** das Normenkontrollverfahren **statthaft** (vgl. Wortlaut des § 47 Abs. 2 S. 1 VwGO „durch die Rechtsvorschrift oder deren Anwendung … verletzt zu sein …").

3. Antragsberechtigung

» Lesen Sie § 47 Abs. 2 S. 1 VwGO! «

198 Gemäß § 47 Abs. 2 S. 1 VwGO können **natürliche Personen**, **juristische Personen** und **jede Behörde i.S.d. § 1 Abs. 2 VwVfG NRW** den Antrag auf Normenkontrolle stellen.

> **JURIQ-Klausurtipp**
>
> Achten Sie auf die korrekte Terminologie: Im Verfahren nach § 47 VwGO gibt es Antragsteller (nicht Kläger)!

» Wiederholen Sie ggf. das Rechtsträger- und Behördenprinzip im Rahmen des § 61 VwGO im Skript „Verwaltungsprozessrecht"! «

199 Indem § 47 Abs. 2 S. 1 VwGO ausdrücklich von „Behörde" spricht, hat der Gesetzgeber für das Verfahren der Normenkontrolle nach § 47 VwGO generell das sog. **Behördenprinzip** festgelegt, das – als Gegenstück zum sog. Rechtsträgerprinzip – ansonsten nur gilt, wenn ein Land von der Ermächtigung des § 61 Nr. 3 VwGO Gebrauch gemacht hat (so z.B. grundsätzlich NRW: § 5 Abs. 2 S. 1 AG VwGO[143]; s. dazu auch das Skript „Verwaltungsprozessrecht" Rn. 169). Damit verdrängt § 47 Abs. 2 S. 1 VwGO als speziellere Norm § 61 VwGO.[144]

4. Antragsbefugnis

200 Eng verbunden mit der Frage des richtigen Antragstellers ist die Frage der Antragsbefugnis in einem Normenkontrollverfahren nach § 47 VwGO. Das Normenkontrollverfahren nach § 47 VwGO stellt ein objektives Verfahren dar, das auch dem Schutz subjektiver Rechte dient (s.o. Rn. 187). Für die Begründetheit des Antrags auf Normenkontrolle kommt es jedoch nicht darauf an, dass der Antragsteller durch die Unwirksamkeit des Bebauungsplans in seinen Rechten verletzt ist.

> **Hinweis**
>
> Dadurch unterscheidet sich die Normenkontrolle nach § 47 VwGO z.B. von der Anfechtungsklage nach § 42 Abs. 1 Alt. 1 VwGO, die nur begründet ist, wenn der Kläger durch die Rechtswidrigkeit des angegriffenen Verwaltungsakts in seinen Rechten verletzt ist (vgl. § 113 Abs. 1 S. 1 VwGO).

---

143 Ausführungsgesetz zur VwGO (*von Hippel/Rehborn* Nr. 252).
144 Vgl. dazu *Kopp/Schenke* VwGO § 47 Rn. 38.

Zulässigkeit des Normenkontrollantrags 3 F II

§ 47 VwGO enthält folgende **geschriebene und ungeschriebene Regelungen für die Antragsbefugnis**, die insbesondere zwecks Vermeidung von Popularanträgen den Kreis der Antragsberechtigten einschränken: **201**

In gewisser Anlehnung an § 42 Abs. 2 VwGO müssen **natürliche oder juristische Personen gemäß § 47 Abs. 2 S. 1 VwGO** die **Möglichkeit einer Verletzung in subjektiv-öffentlichen Rechten geltend machen** (vgl. Wortlaut „in ihren Rechten verletzt zu sein oder in absehbarer Zeit verletzt zu werden"). Zu diesen Rechten gehört zunächst das Grundrecht aus **Art. 14 GG**. Nutzungsmöglichkeiten des Grundstücks, die von Art. 14 Abs. 1 GG gewährleistet werden, dürfen nur durch einen wirksamen Bebauungsplan eingeschränkt werden. Neben Art. 14 GG ist als subjektiv-öffentliches Recht das sog. **Recht auf gerechte Abwägung aus § 1 Abs. 7 BauGB** anerkannt.[145] Dieses beinhaltet ein Recht auf fehlerfreie Abwägung eines eigenen privaten Belangs, das in der konkreten Planungssituation städtebaulich relevant ist.[146] Daher ist antragsbefugt, wer hinreichend substantiiert die Möglichkeit darlegt, dass ein entsprechender Belang fehlerhaft abgewogen wurde.[147] **202**

Unstreitig antragsbefugt ist immer ein **Grundstückseigentümer**, wenn er sich gegen Festsetzungen des Bebauungsplans wendet, die unmittelbar sein Grundstück betreffen,[148] wie z.B. Änderungen des Gebietscharakters oder Änderungen der Art und des Maßes der baulichen Nutzung des Grundstücks. Er kann eine mögliche Verletzung seines Grundrechts aus Art. 14 Abs. 1 GG oder die Beeinträchtigung privater Belange bei der Abwägungsentscheidung geltend machen. **203**

Mieter oder Pächter, also (nur) **obligatorisch Berechtigte eines Grundstücks**, **können** bei einer möglichen Verletzung des Gebots gerechter Abwägung nach § 1 Abs. 7 BauGB **antragsbefugt** sein. Dies ist z.B. der Fall, wenn der Mieter oder Pächter durch den Vollzug des Bebauungsplans in seinem durch Art. 14 Abs. 1 GG geschützten eingerichteten und ausgeübten Gewerbebetrieb[149] oder durch eine erhebliche Zunahme von Verkehrslärm in seiner Gesundheit (Art. 2 Abs. 2 S. 1 GG) beeinträchtigt wird.[150] **204**

Durch die Anerkennung des Rechts auf gerechte Abwägung ist der Kreis der Antragsbefugten innerhalb der natürlichen und juristischen Personen doch wieder recht **weit**. Dies steht **im Widerspruch zum Willen des Gesetzgebers**, der mit der Einführung des Erfordernisses einer möglichen Verletzung in subjektiv-öffentlichen Rechten (§ 47 Abs. 2 S. 1 VwGO) mit Wirkung zum 1.1.1997 die Anforderungen an die Antragsbefugnis von natürlichen oder juristischen Personen erhöhen wollte. **Bis zu dieser Änderung** setzte die Antragsbefugnis lediglich voraus, dass der Antragsteller einen **möglichen Nachteil** erleidet. Die **beabsichtigte Verschärfung der Anforderungen** an die Antragsbefugnis privater oder juristischer Personen ist damit **weitestgehend ausgeblieben**.[151] Das Bundesverwaltungsgericht hat das Problem zwar erkannt, aber zugleich beiseite geschoben.[147] **205**

Im Gegensatz zur Antragsbefugnis natürlicher oder juristischer Personen sieht § 47 Abs. 2 S. 1 VwGO für antragstellende Behörden keine entsprechende ausdrückliche Einschränkung vor. **206**

---

145 BVerwGE 107, 215.
146 Vgl. *Kopp/Schenke* VwGO § 47 Rn. 71 ff.
147 Vgl. BVerwGE 107, 215.
148 Vgl. BVerwGE 116, 144.
149 Vgl. BVerwGE 110, 36.
150 Vgl. BVerwG NVwZ 2000, 807.
151 Vgl. *Hellermann* in: Dietlein/Burgi/Hellermann, Öffentliches Recht in Nordrhein-Westfalen § 4 Rn. 112.

Als **ungeschriebene Einschränkung** verlangt die h.M. jedoch, dass die antragstellende Behörde den zur Überprüfung gestellten Bebauungsplan bei der Wahrnehmung ihrer Aufgaben zu beachten hat (sog. **objektives Kontrollinteresse**). Dies ist z.B. dann der Fall, wenn die Behörde mit dem Vollzug des Bebauungsplans befasst ist oder bei der Erfüllung ihrer Aufgaben durch den Bebauungsplan betroffen wird.[152]

5. Richtiger Antragsgegner

» Lesen Sie § 47 Abs. 2 S. 2 VwGO! «

207 Der Antrag auf Normenkontrolle ist gegen die Gemeinde zu richten, die den Bebauungsplan beschlossen hat (vgl. **§ 47 Abs. 2 S. 2 VwGO**).

6. Antragsfrist

208 Der Antrag auf Normenkontrolle ist nach **§ 47 Abs. 2 S. 1 VwGO** innerhalb eines Jahres nach Bekanntmachung des Bebauungsplans zu stellen. Bei dieser Frist handelt es sich um eine echte **Ausschlussfrist** mit der Folge, dass eine Wiedereinsetzung in den vorigen Stand nach § 60 VwGO ausgeschlossen ist.[153]

> **Hinweis**
>
> Die in § 47 Abs. 2 S. 1 VwGO normierte Jahresfrist hat keinen Einfluss auf die Möglichkeit einer inzidenten gerichtlichen Überprüfung des Bebauungsplans. Deshalb wird die Jahresfrist verschiedentlich für verfassungswidrig gehalten.[154]

7. Präklusion

» Lesen Sie § 47 Abs. 2a VwGO! «

209 Sofern ein entsprechender Hinweis gemäß **§ 47 Abs. 2a VwGO** erfolgt ist, ist der Antrag einer natürlichen oder juristischen Person auf Normenkontrolle unzulässig, wenn der Antragsteller Einwendungen geltend macht, die er im Rahmen der Öffentlichkeitsbeteiligung z.B. nach § 3 Abs. 2 BauGB hätte geltend machen können, dort aber nicht oder nur verspätet geltend gemacht hat.

8. Ordnungsgemäßer Antrag

210 Das Normenkontrollverfahren nach § 47 VwGO setzt voraus, dass es durch einen ordnungsgemäßen Antrag eingeleitet wird. Der Antrag muss **den für die Klageerhebung geltenden Vorschriften der §§ 81, 82 VwGO** entsprechen (s. zu den §§ 81, 82 VwGO näher das Skript „Verwaltungsprozessrecht" Rn. 55 ff.).[155]

9. Zuständiges Gericht

211 Zur Entscheidung über einen Normenkontrollantrag ist gemäß **§ 47 Abs. 1 VwGO** das Oberverwaltungsgericht (bzw. der Verwaltungsgerichtshof) eines Landes berufen, in Nordrhein-Westfalen demnach das **Oberverwaltungsgericht NRW** (vgl. § 1 Abs. 1 AG VwGO NRW).

---

152 Vgl. zum Ganzen *Kopp/Schenke* VwGO § 47 Rn. 82 und Rn. 94.
153 *Kopp/Schenke* VwGO § 47 Rn. 83.
154 Z.B. *Kopp/Schenke* VwGO § 47 Rn. 84.
155 Vgl. *Kopp/Schenke* VwGO § 47 Rn. 36.

10. Rechtsschutzbedürfnis

Abschließend prüfen Sie, ob für den Antrag auf Normenkontrolle ein besonderes Rechtsschutzbedürfnis an der Feststellung der Unwirksamkeit des Bebauungsplans besteht.[156] Im Rahmen des Normenkontrollverfahrens nach § 47 VwGO werden die – hier aus Gründen des näheren sachlichen Zusammenhangs bereits oben (Rn. 206 und Rn. 185) erwähnten – Prüfungspunkte eines objektiven Kontrollinteresses der Behörde und der Möglichkeit, eine inzidente Normenkontrolle unabhängig von dem Verfahren nach § 47 VwGO zu veranlassen, als Aspekte des Rechtsschutzbedürfnisses behandelt. Das erforderliche Rechtsschutzbedürfnis liegt außerdem nur vor, wenn durch die angestrebte Nichtigerklärung des Bebauungsplans die Rechtsstellung des Antragstellers verbessert werden kann.[157] Dies ist dann der Fall, wenn die mögliche Verletzung in einem subjektiv-öffentlichen Recht noch verhindert bzw. beseitigt oder zumindest gemindert werden kann.

Beispiel Für ein Normenkontrollverfahren gegen Festsetzungen eines Bebauungsplans, zu deren Verwirklichung bereits eine unanfechtbare Baugenehmigung erteilt worden ist, fehlt das Rechtsschutzbedürfnis, wenn der Antragsteller dadurch, dass der Bebauungsplan für nichtig erklärt wird, derzeit seine Rechtsstellung nicht verbessern kann.[158]

III. Begründetheit des Normenkontrollantrags

Ergibt Ihre Prüfung, dass der Normenkontrollantrag unzulässig ist, halten Sie dies als Ergebnis Ihres Hauptgutachtens fest. Sind Sie nach dem Bearbeitervermerk aufgefordert, die Begründetheit eines unzulässigen Normenkontrollantrags in einem Hilfsgutachten zu untersuchen, leiten Sie in diesem Falle den Obersatz Ihrer hilfsweisen Begründetheitsprüfung z.B. wie folgt ein: „Unterstellt, der Antrag des/der … (hier Antragsteller benennen) auf Normenkontrolle nach § 47 VwGO ist zulässig, dann ist der Antrag auf Normenkontrolle begründet, wenn … (s. dazu unten Rn. 214)."

Ergibt Ihre Prüfung dagegen, dass der Antrag auf Normenkontrolle zulässig ist, setzen Sie Ihre Untersuchung im Hauptgutachten mit der Begründetheit des Normenkontrollantrags fort. Die Prüfung der Begründetheit leiten Sie mit einem möglichst präzise formulierten Obersatz ein, der wie folgt aussehen könnte: „Der Antrags des/der … (hier Antragsteller benennen) auf Normenkontrolle nach § 47 VwGO ist begründet, wenn der angegriffene Bebauungsplan wegen Verstoßes gegen höherrangiges Recht unwirksam ist (vgl. § 47 Abs. 5 S. 2 Hs. 1 VwGO)."

Bei dem Verfahren nach § 47 VwGO handelt es sich um ein objektives Verfahren, das auch subjektiv ausgestaltet ist, und zwar insoweit, als der Antragsteller für seine Antragsbefugnis eine mögliche Rechtsverletzung geltend machen muss (s.o. Rn. 187 und Rn. 202 ff.). Für den **Prüfungsmaßstab im Rahmen der Begründetheit des Normenkontrollantrags** hat die so verstandene Rechtsnatur des Normenkontrollverfahrens zur Folge, dass der zulässigerweise zur gerichtlichen Kontrolle gestellte Bebauungsplan nicht nur beschränkt auf die als möglicherweise verletzt gerügten subjektiv-öffentlichen Rechte des Antragstellers, sondern **insgesamt auf seine Rechtmäßigkeit hin überprüft** wird.[159] Das Oberverwaltungsgericht

---

156 *Würtenberger* Verwaltungsprozessrecht Rn. 461.
157 *BVerwG* NVwZ-RR 1996, 478.
158 Vgl. *BVerwGE* 78, 85.
159 Vgl. *BVerwG* NVwZ 2008, 899.

untersucht die Rechtmäßigkeit des Bebauungsplans daher **grundsätzlich** am Maßstab des **gesamten höherrangigen Bundesrechts (Grundgesetz, Gesetze und Rechtsverordnungen des Bundes) und des gesamten höherrangigen Landesrechts (Landesverfassung, Landesgesetze und Landesrechtsverordnungen)**.[160]

> » Lesen Sie § 47 Abs. 3 VwGO! «

216 Etwas anderes kann sich jedoch aus der sog. **Vorbehaltsklausel des § 47 Abs. 3 VwGO** ergeben, nach der das Oberverwaltungsgericht die Vereinbarkeit der Rechtsvorschrift mit Landesrecht nicht prüft, soweit gesetzlich vorgesehen ist, dass die betreffende Rechtsvorschrift ausschließlich durch das Verfassungsgericht eines Landes nachprüfbar ist. Während früher umstritten war, ob § 47 Abs. 3 VwGO überhaupt auf § 47 Abs. 1 Nr. 1 VwGO anwendbar ist,[161] ist **inzwischen anerkannt**, dass **§ 47 Abs. 3 VwGO auch für § 47 Abs. 1 Nr. 1 VwGO gilt**. Hierfür sprechen der Wortlaut, die systematische Stellung und die Entstehungsgeschichte des § 47 Abs. 3 VwGO.[162]

217 **Umstritten** ist jedoch, ob es sich bei **§ 47 Abs. 3 VwGO** um eine **Zulässigkeitsvoraussetzung** oder (nur) um eine **Begründetheitsvoraussetzung des Normenkontrollantrags** handelt.

Im Ansatz übereinstimmend wird unter Hinweis auf den Wortlaut des § 47 Abs. 3 VwGO (vgl. „prüft die Vereinbarkeit der Rechtsvorschrift mit Landesrecht nicht") zunächst angenommen, dass § 47 Abs. 3 VwGO ausschließlich die Frage betrifft, welchen Prüfungsmaßstab das Oberverwaltungsgericht bei seiner Normenkontrollentscheidung anlegt. Streitig ist jedoch die sich daran anschließende Frage, ob sich eine etwaige ausschließliche Prüfungskompetenz eines Landesverfassungsgerichts dahin auswirkt, dass das Oberverwaltungsgericht von vornherein nicht für eine Normenkontrolle zuständig ist oder dass dem Oberverwaltungsgericht lediglich ein eingeschränkter Prüfungsmaßstab zur Verfügung steht, der nur so weit geht, wie der Vorbehalt des § 47 Abs. 3 VwGO reicht. Eine Ansicht in der Literatur nimmt an, dass § 47 Abs. 3 VwGO eine Zulässigkeitsvoraussetzung darstellt. Zur Begründung ihres Standpunktes verweist diese Ansicht auf die Funktion des § 47 Abs. 3 VwGO. § 47 Abs. 3 VwGO stelle einen kompetenziellen Vorbehalt zu Gunsten der Landesgesetzgebung dar. Sehe der Landesgesetzgeber vor, dass eine Rechtsvorschrift ausschließlich durch das Verfassungsgericht eines Landes nachprüfbar sei, komme insoweit eine Normenkontrolle durch das Oberverwaltungsgericht von vornherein nicht in Betracht. Das wegen § 47 Abs. 3 VwGO vorenthaltene Maßstabsrecht stehe dem Oberverwaltungsgericht überhaupt nicht zur Verfügung. Dieser Umstand sei bereits als Sachentscheidungsvoraussetzung im Rahmen der Zulässigkeit eines Normenkontrollantrags zu berücksichtigen.[163] – Die Gegenansicht in der Literatur geht davon aus, dass § 47 Abs. 3 VwGO eine Begründetheitsvoraussetzung darstellt. Diese Auffassung beruft sich auf den dies indizierenden Wortlaut des § 47 Abs. 3 VwGO und auf den Umstand, dass eine Normenkontrolle nach § 47 VwGO die Feststellung der Unwirksamkeit einer Regelung zum Gegenstand habe. Woraus sich die Unwirksamkeit ergebe, sei für einen Antragsteller unerheblich. Der Zulässigkeit eines Normenkontrollantrags stehe daher nicht entgegen, wenn ein Antragsteller die Unwirksamkeit einer Regelung auch auf die Verletzung solcher Normen stütze, die dem Oberverwaltungsgericht als Prüfungsmaßstab nach § 47 Abs. 3 VwGO nicht zur Verfügung stehen.[164]

---

160 Vgl. *Würtenberger* Verwaltungsprozessrecht Rn. 467.
161 Vgl. dazu *Kopp/Schenke* VwGO § 47 Rn. 95.
162 *Schenke* Verwaltungsprozessrecht Rn. 918.
163 Vgl. zum Ganzen *Ziekow* in: Sodan/Ziekow, VwGO § 47 Rn. 332.
164 Vgl. zum Ganzen *Kopp/Schenke* VwGO § 47 Rn. 101.

Begründetheit des Normenkontrollantrags 3 F III

> **JURIQ-Klausurtipp**
>
> Mit Ausnahme von Bayern (Art. 98 S. 4 Verf. Bayern) und Hessen (Art. 132 Verf. Hessen) kennt kein Land derzeit eine für § 47 Abs. 3 VwGO relevante ausschließliche Zuständigkeit des Landesverfassungsgerichts. In Nordrhein-Westfalen ist dieser Streit demnach rein theoretischer Natur. Dies sollten Sie bei Ihrer Fallbearbeitung bedenken, wenngleich es nicht schadet, den Streit als solchen zu kennen! Wegen der fehlenden Relevanz für die Falllösung sollte es genügen, dass Sie die Existenz des Meinungsstreits erwähnen und unter Hinweis auf die fehlende Relevanz für die Lösung Ihres Falles auf sich beruhen lassen.

Dementsprechend theoretisch erweist sich für NRW der **weitere Streitpunkt** im Rahmen des § 47 Abs. 3 VwGO. Denn umstritten ist auch, ob § 47 Abs. 3 VwGO schon dann anzuwenden ist, wenn das Landesrecht eine verfassungsrechtliche Überprüfung der betreffenden Regelung abstrakt vorsieht, d.h. unabhängig davon, ob der Antragsteller ein solches Verfahren selbst einleiten könnte (sog. **abstrakte Betrachtungsweise**), oder ob § 47 Abs. 3 VwGO erst dann anzuwenden ist, wenn der Antragsteller selbst eine solche Normenkontrolle vor dem Landesverfassungsgericht anstrengen könnte (sog. **konkrete Betrachtungsweise**). Als § 47 VwGO im Jahre 1976 novelliert wurde, wollte der Gesetzgeber den Meinungsstreit zwischen der abstrakten und der konkreten Betrachtungsweise „im Sinne der konkreten Betrachtungsweise" entscheiden.[165] Allerdings hat diese gesetzgeberische Absicht im Wortlaut des § 47 Abs. 3 VwGO keinen Niederschlag gefunden. Wohl weit überwiegend wird daher angenommen, dass allein entscheidend sei, ob eine ausschließliche Nachprüfung der Regelung durch das Landesverfassungsrecht vorgesehen sei. Unerheblich sei, ob der Antragsteller diese Nachprüfung selbst anstrengen könne.[166]

218

Von auch praktischer Bedeutung ist allerdings für NRW die Frage, ob auch **europäisches Gemeinschaftsrecht Prüfungsmaßstab des Normenkontrollverfahrens** nach § 47 VwGO sein kann.

219

Beispiel Beim Aufstellen eines Bebauungsplans verkennt die Gemeinde A die Tragweite einer europäischen Verordnung. Ansonsten beachtet die Gemeinde alle formell- und materiell-rechtlichen Rechtmäßigkeitsanforderungen. Die vom Bebauungsplan unmittelbar betroffenen Grundstückseigentümer beauftragen einen Rechtsanwalt mit der Prüfung der Erfolgsaussichten eines Normenkontrollantrags. ■

Die Antwort auf diese Frage ist umstritten: Eine Ansicht in der Literatur geht davon aus, europäisches Gemeinschaftsrecht könne nicht Prüfungsmaßstab sein, weil die im Wege der Normenkontrolle angegriffene Regelung bei einem Verstoß gegen europäisches Gemeinschaftsrecht nur unanwendbar, nicht aber unwirksam sei.[167] Nach dieser Ansicht hätte der Normenkontrollantrag der Grundstückseigentümer keinen Erfolg, weil der einzige Gesichtspunkt, der die Rechtswidrigkeit des Bebauungsplans begründen könnte, nämlich die rechtswidrige Anwendung der Gemeinschaftsrechtsverordnung, als Prüfungsmaßstab nicht in Betracht kommt und somit irrelevant ist.

---

165 BT-Drucks. 7/4324, S. 9.
166 Vgl. zum Ganzen *Schenke* Verwaltungsprozessrecht Rn. 919; *Kopp/ders.* VwGO § 47 Rn. 103.
167 Vgl. etwa *Ehlers* JURA 2005, 171.

Die Gegenansicht, zu der auch das Bundesverwaltungsgericht gehört,[168] vertritt dagegen den Standpunkt, dass dieser Umstand gerade nicht zu einer Einschränkung des Prüfungsmaßstabs führen könne, zumal dadurch die Effektivität des Normenkontrollverfahrens geschmälert würde. Diese Ansicht nimmt an, dass das Oberverwaltungsgericht bei einer gemeinschaftsrechtswidrigen Regelung seine Entscheidung auf die Feststellung der Unanwendbarkeit dieser Regelung beschränken könne.[169] Nach dieser Ansicht kann das zuständige Oberverwaltungsgericht die Gemeinschaftsrechtsverordnung als Prüfungsmaßstab heranziehen und zu der Erkenntnis gelangen, dass der Bebauungsplan wegen der rechtswidrigen Anwendung der Gemeinschaftsrechtsverordnung rechtswidrig ist. In diesem Falle erklärt das Oberverwaltungsgericht den Bebauungsplan entgegen § 47 Abs. 5 S. 2 Hs. 1 VwGO nicht für nichtig, sondern für unanwendbar.

220 Nach der Formulierung des Obersatzes für die Begründetheit des Normenkontrollantrags und der Klärung des Prüfungsmaßstabs prüfen Sie die Rechtmäßigkeit des Bebauungsplans nach dem oben (Rn. 40 ff.) näher besprochenen Schema.

IV. Inhalt der gerichtlichen Entscheidung

» Lesen Sie § 47 Abs. 5 S. 2 VwGO! «

221 Erweist sich die zur Überprüfung gestellte Regelung als rechtwidrig, stellt das Oberverwaltungsgericht die **Unwirksamkeit** (§ 47 Abs. 5 S. 2 Hs. 1 VwGO selbst spricht von „Ungültigkeit") der Regelung fest (zum Sonderfall einer gemeinschaftsrechtswidrigen Regelung s.o. Rn. 219). Soweit ein Bebauungsplan teilbar ist, kommt auch eine **teilweise Unwirksamerklärung** in Betracht.[170] **Maßgeblicher Zeitpunkt** für die Frage der Rechtswidrigkeit und damit der Unwirksamkeit des Bebauungsplans ist **grundsätzlich** der **Zeitpunkt der letzten mündlichen Verhandlung vor dem Oberverwaltungsgericht**.[171]

V. Entscheidungsfolgen

222 In Bezug auf die Entscheidungsfolgen sieht § 47 Abs. 5 S. 2 VwGO vor, dass die **Unwirksamerklärung allgemein verbindlich** und die **Entscheidungsformel vom Antragsgegner** ebenso **zu veröffentlichen** wie die Rechtsvorschrift bekannt zu machen wäre (s. zu den diesbzgl. Anforderungen bei einem Bebauungsplan oben Rn. 83). Gemäß **§ 47 Abs. 5 S. 3 i.V.m. § 183 VwGO** bleiben **erteilte Baugenehmigungen von der Unwirksamkeitserklärung eines Bebauungsplans unberührt**. Dies schließt indes nicht aus, dass die zuständige Baubehörde die erteilten Baugenehmigungen nach Maßgabe des § 48 VwVfG NRW[172] zurücknimmt.

> **Online-Wissens-Check**
>
> **Wie lautet das Stufenverhältnis zwischen Flächennutzungs- und Bebauungsplan?**
> Überprüfen Sie jetzt online Ihr Wissen zu den in diesem Abschnitt erarbeiteten Themen. Unter www.juracademy.de/skripte/login steht Ihnen ein Online-Wissens-Check speziell zu diesem Skript zur Verfügung, den Sie mit dem Zugangscode auf der letzten Seite kostenlos nutzen können.

---

168 Allgemein *BVerwG* NVwZ-RR 1995, 358.
169 Vgl. zum Ganzen *Schenke* Verwaltungsprozessrecht Rn. 917. Für eine jedenfalls analoge Anwendung des § 47 VwGO *Würtenberger* Verwaltungsprozessrecht Rn. 467a.
170 Vgl. dazu *Würtenberger* Verwaltungsprozessrecht Rn. 468.
171 *Schenke* Verwaltungsprozessrecht Rn. 913.
172 Bzw. der inhaltsgleichen Vorschriften in den anderen Ländern.

G. Übungsfall Nr. 1

„Bebauungsplan ‚Großer Höhenweg'"[173]

223

Im Februar 2007 beschloss der Rat der nordrhein-westfälischen Gemeinde B den Bebauungsplan „Großer Höhenweg" als Satzung. Der Name „Großer Höhenweg" bezieht sich auf einen Straßennamen in der Gemeinde B. Der Beschluss des Gemeinderates wurde Ende Februar 2007 in den Gemeindenachrichten bekannt gemacht. Dem Beschluss war eine Planskizze mit den Grenzen des Plangebiets beigefügt.

Nach dem Bebauungsplan „Großer Höhenweg" soll ein bisher unbebautes Hanggelände in der Gemeinde B als allgemeines Wohngebiet genutzt werden; vorgesehen sind insgesamt ca. 270 Wohneinheiten für etwa 730 Bewohner. Die für die Bauplanung zuständige Gemeinde B begründet den Bebauungsplan u.a. damit, dass sie der andernorts in der Gemeinde nicht mehr abzudeckenden Nachfrage an Wohnbaufläche Rechnung tragen und die Abwanderung Bauwilliger in Nachbargemeinden verhindern wolle. Die zugelassene Bebauung soll mit den angrenzenden Wohngebieten in eine korrespondierende Ordnung gebracht und die topographischen Gegebenheiten des Hanggeländes sollen berücksichtigt werden.

Der Bebauungsplan enthält u.a. Festsetzungen zum Schutz gegen Immissionen, die die Gemeinde B nach umfangreichen Untersuchungen für notwendig hielt, weil das in Hanglage geplante allgemeine Wohngebiet z.T. an ein Gewerbe- und an ein Industriegebiet angrenzt. Da das in Hanglage geplante allgemeine Wohngebiet höher liegen wird als das Gewerbe- und das Industriegebiet, legte die Gemeinde B im Bebauungsplan fest, dass wegen dieser besonderen topographischen Gegebenheiten an dem Rand des Plangebiets, an dem das allgemeine Wohngebiet an das Gewerbe- und das Industriegebiet angrenzt, eine sog. Wall-Wand-Konstruktion errichtet wird. Diese Wall-Wand-Konstruktion besteht aus einer Geländeaufschüttung („Wall") und einer aufgesetzten Lärmschutzwand, die ca. 4 m hoch ist. Der Verlauf der Wallwand und die Mindesthöhe der Lärmschutzwand sind im Einzelnen im Bebauungsplan festgelegt; außerdem schreibt der Bebauungsplan bauliche Mindestanforderungen an die Schalldämmung und an die Schallabsorption vor.

Als passiver Schallschutz sieht der Bebauungsplan vor, dass an bestimmten, dem Gewerbe- und dem Industriegebiet zugewandten Gebäudeseiten im Dachgeschoss keine Fenster zur Belüftung von Aufenthaltsräumen vorhanden sein dürfen. Zusätzlich weist der Bebauungsplan darauf hin, dass es auf bestimmten, im Einzelnen gekennzeichneten Gebäudeseiten im Dachgeschoss zu einer Überschreitung der Richtwerte für ein Wohngebiet um bis zu 2 dB(A) im Nachzeitraum kommen kann. Für den Zeitraum der „Aufsiedlung", d.h. den Zeitraum bis zur vollständigen Gebietsbebauung nimmt die Gemeinde B außerdem an, dass im ungünstigsten Falle auch an weiter zurückliegenden Häusern der nächtliche Immissionsrichtwert um maximal 2 dB(A) überschritten werden kann. Für ihre Erkenntnisse hat die Gemeinde B umfassende gutachterliche Schalltechnikuntersuchungen durchführen lassen.

Den aus einem Flächennutzungsplan entwickelten Entwurf eines Bebauungsplans „Großer Höhenweg" hatte die Gemeinde B ordnungsgemäß aufgestellt. Auch hatte sie die Behörden und sonstigen Träger öffentlicher Belange sowie die Öffentlichkeit ordnungsgemäß frühzeitig beteiligt. Die förmliche Beteiligung führte die Gemeinde B in der Weise durch, dass sie den Entwurf des Bebauungsplans „Großer Höhenweg" vom 29.12.2006 bis einschließlich 19.2.2007 beim Bürgermeisteramt während der Sprechzeiten auslegte. Diese Auslegung hatte die Gemeinde B am 22.12.2006 in den Gemeindenachrichten bekannt gemacht. Die Bekanntmachung enthielt einen ordnungsgemäßen Hinweis auf die zeitlich befristete Möglichkeit der Stellungnahme zu den geplanten

---

[173] In Anlehnung an *VGH BW* NK-Urt. v. 9.6.2009 – 3 S 1108/07 (juris).

Festsetzungen. Welchen räumlichen Geltungsbereich der Bebauungsplan haben soll, beschreibt die Gemeinde B in ihrem Planentwurf nicht.

M, der einen Gewerbebetrieb in dem Gewerbegebiet, das an das allgemeine Wohngebiet angrenzt, besitzt, hatte im Planungsverfahren zwar keine das Planverfahren betreffende Rügen, wohl aber rechtzeitig mehrere Einwände gegen einzelne Festsetzungen erhoben, die er in den beschlossenen Festsetzungen nicht berücksichtigt sieht und deshalb in dem von ihm nun fristgemäß und ordnungsgemäß eingeleiteten Normenkontrollverfahren vor dem OVG NRW wiederholt: Der Bebauungsplan sei bereits nicht erforderlich. Konkreter Bedarf an zusätzlichen Baugrundstücken bei tendenziell schrumpfender Bevölkerung werde von der Gemeinde B nicht dargelegt.

Der Bebauungsplan verstoße gegen das Abwägungsverbot. Der maßgebliche Sachverhalt sei z.T. unzutreffend ermittelt und bewertet worden. Auf eine räumliche Trennung unverträglicher Nutzungen (§ 50 BImSchG) werde aus wirtschaftlichen Gründen und wegen hoher Erschließungskosten verzichtet. Die Gemeinde B wolle möglichst viele Baugrundstücke und dabei auch solche, die lärmbelastet seien, an Bauwillige verkaufen. Dass im Gemeindegebiet keine sonstigen, weniger schallbelasteten Grundstücke als Bauland ausgewiesen werden könnten, habe die Gemeinde nicht nachvollziehbar dargelegt.

Die Gemeinde habe den Gewerbebetrieben und den Industrieanlagen Emissionskontingente zugewiesen, die unter den festgelegten Richtwerten liegen, so dass sie ihre Verpflichtung verletze, die tatsächlich bestehende Immissionssituation der Bauplanung zugrunde zu legen. Es bestehe die Gefahr von Abwehransprüchen der künftigen Bewohner des allgemeinen Wohngebiets gegen den bestehenden Betriebslärm und Ablehnungen künftiger Betriebsänderungen/-erweiterungen.

Die massive Wall-Wand-Konstruktion wirke erdrückend und einmauernd.

Im Ergebnis – meint M – sei das (angebliche) öffentliche Interesse an einem neuen Wohngebiet ohne konkreten Bedarf zu Unrecht höher gewichtet worden als das Interesse des M an der Gewährleistung eines leistungsfähigen Produktionsstandorts und am Erhalt von Arbeitsplätzen.

Die Gemeinde B hält dem Vorbringen des M entgegen, der Bebauungsplan sei – was zutrifft – gerade unter Schallschutzgesichtspunkten äußerst umfassend erstellt und die Belange seien ungewöhnlich sorgfältig abgewogen worden. Die behaupteten Abwägungsfehler lägen nicht vor: Mit alternativen Baulandgebieten habe man sich im Bauplanungsverfahren befasst; ein Plangebiet der erforderlichen Größe sei aber – was zutrifft – an keiner Stelle im Gemeindegebiet vorhanden gewesen.

Emissionskontingente würden nicht festgelegt; es handele sich vielmehr um Emissionsprognosen unter Berücksichtigung der Wall-Wand-Konstruktion sowie eine daraus folgende Immissionsprognose für das Plangebiet. Die Berechnungen seien – was zutrifft – großzügig und zukunftsorientiert erfolgt.

Die Bebauung der vorderen Reihe im Plangebiet habe keine Rolle als Abschirmung im Schallschutzkonzept gespielt. Dass es bei teilweiser Bebauung geringfügige Mehrbelastungen in anderen Plangebietsteilen geben könne, habe der Gemeinderat gesehen und hingenommen.

Die Lärmschutzfestsetzungen für die Wall-Wand-Konstruktion seien umfassend. Eine erdrückende Wirkung habe diese Konstruktion – was zutrifft – nicht.

Hat der Antrag des M auf Normenkontrolle Aussicht auf Erfolg?

Lösung

Der Antrag des M auf Normenkontrolle nach § 47 Abs. 1 VwGO hat Erfolg, wenn er zulässig und begründet ist.

1. Zulässigkeit des Antrags

> **JURIQ-Klausurtipp**
>
> Zeigen Sie, dass Sie Schwerpunkte in Ihrem Gutachten setzen können! Erörtern Sie daher nur die Zulässigkeitsvoraussetzungen näher, die problematisch erscheinen. Die übrigen handeln Sie kurz – ruhig auch im Urteilsstil – ab.

a) „Im Rahmen seiner Gerichtsbarkeit"

Nach § 47 Abs. 1 VwGO müsste die Gerichtsbarkeit des zur Entscheidung berufenen OVG NRW gegeben, d.h. der Sache nach der Verwaltungsrechtsweg nach § 40 Abs. 1 VwGO eröffnet sein.

Da mit dem Bebauungsplan „Großer Höhenweg" eine Rechtsvorschrift zur Überprüfung gestellt wird, zu dessen Vollzug im Verwaltungsrechtsweg anfechtbare oder mit der Verpflichtungsklage erzwingbare Verwaltungsakte ergehen können, ist die Gerichtsbarkeit des OVG NRW ohne Weiteres gegeben.

b) Statthafte Verfahrensart

Der Normenkontrollantrag müsste als Verfahrensart statthaft sein. Das Normenkontrollverfahren ist statthaft, weil es sich bei dem Bebauungsplan „Großer Höhenweg" um eine Satzung i.S.d. § 10 BauGB handelt (vgl. § 47 Abs. 1 Nr. 1 VwGO).

c) Antragsberechtigung

M ist als natürliche Person nach § 47 Abs. 2 S. 1 VwGO antragsberechtigt.

d) Antragsbefugnis

M müsste gemäß § 47 Abs. 2 S. 1 VwGO antragsbefugt sein. Dies ist dann der Fall, wenn M geltend machen kann, durch den Bebauungsplan oder dessen Anwendung in seinen Rechten verletzt zu sein oder in absehbarer Zeit zu werden. In Anlehnung an § 42 Abs. 2 VwGO genügt dabei die Möglichkeit, in subjektiv-öffentlichen Rechten verletzt zu sein.

Gegen die Antragsbefugnis des M könnte sprechen, dass sein Betriebsgrundstück außerhalb des Plangebiets liegt. M kann aber geltend machen, durch den Bebauungsplan oder dessen Anwendung in abwägungsrelevanten Belangen, nämlich dem Recht auf angemessenen Schutz vor der heranrückenden Wohnbebauung (planungsrechtliches Gebot der Rücksichtnahme, Trennungsgebot) nachteilig betroffen zu sein. Diese wirtschaftlichen Interessen des M sind auch schutzwürdig, haben ein mehr als nur geringfügiges Gewicht, sind im Planungsverfahren geltend gemacht und vom Gemeinderat in die Abwägung eingestellt worden. M ist somit antragsbefugt.

e) Richtiger Antragsgegner

Richtiger Antragsgegner ist gemäß § 47 Abs. 2 S. 2 VwGO die Gemeinde B, die den Bebauungsplan „Großer Höhenweg" erlassen hat.

f) Antragsfrist

Die in § 47 Abs. 2 S. 1 VwGO vorgesehene Antragsfrist hat M nach den Angaben im Sachverhalt eingehalten.

g) Präklusion

Nachdem M bereits im Planungsverfahren rechtzeitig seine Einwendungen gegen ihn betreffende Festsetzungen vorgebracht hat, ist er mit seinen Einwendungen im Normenkontrollverfahren nicht präkludiert (vgl. § 47 Abs. 2a VwGO).

h) Ordnungsgemäßer Antrag

Nach den Angaben im Sachverhalt hat M einen ordnungsgemäßen Antrag auf Normenkontrolle gestellt.

i) Zuständiges Gericht

Das OVG Münster ist gemäß § 47 Abs. 1 VwGO i.V.m. § 1 Abs. 1 AG VwGO NRW für die Entscheidung über den Normenkontrollantrag zuständig.

j) Rechtsschutzbedürfnis

An dem Vorliegen des Rechtsschutzbedürfnisses bestehen bei M keine Zweifel.

k) Ergebnis zu 1.

Der Antrag des M auf Normenkontrolle ist demnach zulässig.

2. Begründetheit des Antrags

Der Antrag des M auf Normenkontrolle ist begründet, wenn der als Satzung erlassene Bebauungsplan „Großer Höhenweg" rechtswidrig und daher unwirksam ist (vgl. § 47 Abs. 5 S. 2 Hs. 1 VwGO). Hinsichtlich des Prüfungsmaßstabs gilt es zu beachten, dass das OVG NRW die Rechtmäßigkeit des Bebauungsplans umfassend, d.h. vor allem ohne Beschränkung auf die von M geltend gemachten Einwendungen überprüft.

> **JURIQ-Klausurtipp**
>
> Jetzt prüfen Sie die Rechtmäßigkeit des Bebauungsplans anhand des oben (Rn. 40 ff.) besprochenen Prüfungsschemas und gehen auf die Punkte näher ein, die nach den Angaben im Sachverhalt als problematisch erscheinen.

a) Ermächtigungsgrundlage

Ermächtigungsgrundlage für den Bebauungsplan „Großer Höhenweg" sind die §§ 1 Abs. 3, 2 Abs. 1 S. 1 BauGB.

b) Formelle Rechtmäßigkeit des Bebauungsplans

Zu prüfen ist, ob der Bebauungsplan formell rechtmäßig ist.

aa) Zuständigkeit der Gemeinde B für den Erlass des Bebauungsplans

An der Verbandskompetenz der Gemeinde B für den Erlass des ihr Gemeindegebiet betreffenden Bebauungsplans „Großer Höhenweg" und an der Organkompetenz des Gemeinderates, den Bebauungsplan als Satzung zu beschließen, bestehen bereits nach den Angaben im Sachverhalt keine Zweifel (vgl. § 2 Abs. 1 S. 1 BauGB; § 41 Abs. 1 S. 2 lit. f GO NRW).

bb) Verfahren

Die Gemeinde B müsste das Bauplanungsverfahren ordnungsgemäß durchgeführt haben. Zweifel an der ordnungsgemäßen Durchführung des Bauplanungsverfahrens könnten in folgenden Punkten bestehen:

(a) Förmliche Beteiligung

Gemäß § 3 Abs. 2 BauGB ist die Öffentlichkeit im Bauplanungsverfahren förmlich zu beteiligen. Zweifel daran, ob die Gemeinde B diese Voraussetzung ordnungsgemäß erfüllt hat, bestehen insoweit, als die von der Gemeinde B durchgeführte Beteiligung der Öffentlichkeit nicht die erforderliche Anstoßwirkung gehabt haben könnte. Durch die öffentliche Bekanntmachung der Auslegung der Entwürfe des Bebauungsplan sollen Bürger die Möglichkeit erhalten, sich ihres Interesses an dem Planentwurf bewusst zu werden, und dazu ermuntert werden, sich am Ort der Auslegung des Planentwurfs zu informieren und ggf. mit Anregungen und Bedenken zu einer optimalen Planung beizutragen. Hierfür ist es notwendig, dass die Bekanntmachung den Gegenstand der Planung, also das Planungsvorhaben der Gemeinde, erkennen lässt. Der Bürger muss das Planungsvorhaben der Gemeinde anhand der Bekanntmachung räumlich einordnen können. Daher muss der räumliche Geltungsbereich des Plangebiets durch die Umschreibung im Planentwurf hinreichend deutlich und verständlich gekennzeichnet sein. Außerdem soll das Plangebiet einen nachvollziehbaren Namen haben.

Die Gemeinde B hat sich hinsichtlich des räumlichen Geltungsbereichs des Planentwurfs auf die Nennung des Straßennamens „Großer Höhenweg" beschränkt. Welchen räumlichen Geltungsbereich der geplante Bebauungsplan haben soll, ist damit aus dem Planentwurf nicht ersichtlich. Diese Beschreibung wäre aber neben der schlagwortartigen Umschreibung des Planentwurfs mit dem Straßennamen „Großer Höhenweg" zusätzlich notwendig gewesen, um die Bürgern hinreichend verlässlich über die räumliche Ausdehnung des beabsichtigten Bebauungsplans zu informieren. Somit erfüllt die Bekanntmachung nicht die erforderliche

Anstoßfunktion mit der Folge, dass die Gemeinde B ihre Beteiligungspflicht nach § Abs. 2 BauGB verletzt hat.

Fraglich ist jedoch, ob diese Verfahrensverletzung i.S.d. § 214 Abs. 1 Nr. 2 BauGB der Gemeinde B noch entgegengehalten werden kann. Die nicht in einem Verfahren nach § 214 Abs. 4 BauGB behobene Verfahrensverletzung könnte der Gemeinde B nur dann noch entgegengehalten werden, wenn M sie innerhalb der in § 215 Abs. 1 BauGB genannten Frist geltend gemacht hätte. Da M nach den Angaben im Sachverhalt keine Einwände in Bezug auf das Planverfahren erhoben hat, ist die Verfahrensverletzung der Gemeinde B unbeachtlich geworden.

(b) Ermittlung und Bewertung abwägungsrelevanter Belange

Nach § 2 Abs. 3 BauGB ist die Gemeinde B verpflichtet gewesen, im Bauplanungsverfahren alle für die Abwägung nach § 1 Abs. 7 BauGB relevanten Belange zu ermitteln und zu bewerten. Seit dem EAG Bau 2004 ist § 2 Abs. 3 BauGB als sog. „Verfahrensgrundnorm" ausgestaltet mit der Folge, dass die beiden Abwägungsphasen „Ermittlung" und „Bewertung" abwägungsrelevanter Belange nunmehr verfahrensbezogene Pflichten darstellen.[174]

Die Gemeinde B müsste zunächst die im Planungsverfahren abwägungsrelevanten Belange ermittelt haben. Hierfür ist notwendig, dass alle Belange, die „nach der Lage der Dinge" in die spätere eigentliche Abwägung einzustellen sind, zusammengestellt werden. Die Gemeinde B könnte die Belange, die den Konflikt zwischen dem Lärm, der von den Gewerbebetrieben (und den Industrieanlagen) ausgeht, und der Wohnruhe der „heranrückenden" Wohnbevölkerung betreffen, nicht bzw. nicht ausreichend ermittelt haben. Die Gemeinde B hat den aktuellen Lärm, der von gewerblichen Betrieben (und Anlagen) ausgeht, und dessen Auswirkungen auf das Plangebiet aber umfassend gutachterlich prüfen lassen und somit die relevanten Belange umfassend ermittelt.

Fraglich ist, ob die Gemeinde B die ermittelten abwägungsrelevanten Belange sodann ordnungsgemäß bewertet hat. Dies ist dann der Fall, wenn sie den objektiven Inhalt jedes Belangs bestimmt und die einzelnen Belange gewichtet hätte. Davon ist nach den Angaben im Sachverhalt auszugehen. Die Gemeinde B hat sich im Planverfahren auf der Grundlage der gutachterlichen Untersuchungen und der Einwendungen gegen die geplanten Festsetzungen mit den einzelnen Belangen inhaltlich auseinandergesetzt und gewichtet.

Die Gemeinde B hat somit die abwägungsrelevanten Belange ordnungsgemäß ermittelt und bewertet und demnach keine Verfahrenspflicht i.S.d. § 2 Abs. 3 BauGB verletzt.

(c) Bekanntmachung des Bebauungsplans

Nach ihrem Satzungsbeschluss war die Gemeinde B verpflichtet, den so beschlossenen Bebauungsplan „Großer Höhenweg" nach Maßgabe des § 10 Abs. 3 BauGB bekannt zu machen. Der „Hinweiszweck" der Bekanntmachung nach § 10 Abs. 3 BauGB verlangt (ähnlich wie § 3 Abs. 2 BauGB), dass sich die Bekanntmachung auf einen bestimmten Bebauungsplan bezieht. Dies bedeutet, dass der Bebauungsplan hinreichend kenntlich zu machen ist. Dazu gehört insbesondere, dass sein räumlicher Geltungsbereich mittels einer schlagwortartigen Kennzeichnung umrissen wird, damit die Normadressaten erkennen können, in welchem Teil des Gemeindegebiets nunmehr neues Baurecht gilt.

Zu prüfen ist, ob die Gemeinde B bei der Bekanntmachung des Bebauungsplans „Großer Höhenweg" diesen Hinweiszweck des § 10 Abs. 3 BauGB erfüllt hat. Im Gegensatz zum Verfahrensstadium der förmlichen Beteiligung hat die Gemeinde B bei der Bekanntmachung des Bebauungsplans eine Planskizze beigefügt. Demnach können die Normadressaten den räumlichen Geltungsbereich des Bebauungsplans zur Kenntnis nehmen. Die Gemeinde B hat folglich keine Pflicht verletzt.

---

[174] Ausdrücklich dem *BVerwG* (NVwZ 2008, 899) folgend *VGH BW* NK-Urt. v. 9.6.2009 – 3 S 1108/07 (juris).

(d) Ergebnis zu bb)

Die Gemeinde B hat das Bauplanungsverfahren somit ordnungsgemäß durchgeführt.

cc) Ergebnis zu b)

Der Bebauungsplan „Großer Höhenweg" ist formell rechtmäßig.

c) Materielle Rechtmäßigkeit des Bebauungsplans

Zu prüfen ist, ob der Bebauungsplan „Großer Höhenweg" materiell rechtmäßig ist.

aa) Planrechtfertigung nach § 1 Abs. 3 BauGB

Der Bebauungsplan „Großer Höhenweg" müsste erforderlich i.S.d. § 1 Abs. 3 BauGB sein. Dies ist dann der Fall, wenn eine städtebauliche Planung der Gemeinde B unter Berücksichtigung ihrer planerischen Konzeption vernünftigerweise geboten erscheint.

Die Gemeinde B hat ihre städtebauliche Planung u.a. damit begründet, dass sie der andernorts in der Gemeinde nicht mehr abzudeckenden Nachfrage an Wohnbaufläche Rechnung tragen und die Abwanderung Bauwilliger in Nachbargemeinden verhindern will. Die zugelassene Bebauung solle mit den angrenzenden Wohngebieten in eine korrespondierende Ordnung gebracht werden; außerdem sollten die topographischen Gegebenheiten des Hanggeländes berücksichtigt werden. Die Gemeinde B berücksichtigt damit die Wohnbedürfnisse der Bevölkerung, deren soziale Bedürfnisse sowie die Eigentumsbildung weiter Kreise der Bevölkerung (vgl. § 1 Abs. 6 Nr. 2 und 3 BauGB). Durch die Festsetzung aktiver und passiver Schallschutzmaßnahmen (Wall-Wand-Konstruktion bzw. Festsetzungen zur Zulässigkeit von Fenstern im Dachgeschoss) will die Gemeinde B auf der einen Seite die Wohnruhe der Bewohner sicherstellen und auf der anderen Seite den gewerblichen Nutzungen Entwicklungspotenzial für die Zukunft einräumen. Nach den Vorstellungen der Gemeinde B strebt der Bebauungsplan damit eine angemessene Lösung der Nutzungskonflikte i.S.d. § 50 BImSchG an. Dabei soll sowohl den Anforderungen an gesunde Wohnverhältnisse der Bevölkerung als auch den Belangen der Wirtschaft Rechnung getragen werden (vgl. § 1 Abs. 6 Nr. 1 und Nr. 8a BauGB).

Die Erforderlichkeit i.S.d. § 1 Abs. 3 BauGB liegt somit vor, zumal auch nach der zutreffenden Einschätzung der Gemeinde B kein anderes Gebiet in ihrer Gemeinde für die beabsichtigte Bebauung in Betracht kommt.

bb) Vorgaben für Planinhalte

Aufgrund ihrer Planungshoheit entscheidet die Gemeinde B, wie sie ihr Gemeindegebiet städtebaulich verplant. § 9 BauGB gibt einer Gemeinde einen abschließenden Katalog möglicher Festsetzungen im Bebauungsplan aus städtebaulichen Gründen an die Hand.

Die Gemeinde B hat im Bebauungsplan „Großer Höhenweg" u.a. Festsetzungen zum aktiven und passiven Lärmschutz vorgesehen. Solche Festsetzungen konnte die Gemeinde B im Bebauungsplan auch tatsächlich regeln: Die Festsetzungen zum aktiven Lärmschutz haben ihre Rechtsgrundlage in § 9 Abs. 1 Nr. 24 BauGB: Nach dessen Variante 2 („Flächen für besondere Anlagen") können Flächen für Lärmschutzwälle und -wände festgesetzt werden. Die Wall-Wand-Konstruktion selbst hat ihre Rechtsgrundlage in § 9 Abs. 1 Nr. 24 Var. 4 BauGB („die zum Schutz vor solchen Einwirkungen oder zur Vermeidung oder Minderung solcher Einwirkungen zu treffenden baulichen und sonstigen technischen Anlagen").

Die Festsetzungen zum passiven Lärmschutz – nämlich die Lärmschutzmaßnahmen an bestimmten Wohngebäuden im Plangebiet – beruhen ebenfalls auf § 9 Abs. 1 Nr. 24 Var. 4 BauGB.

Die Festsetzungen im Bebauungsplan sind somit durch Rechtsgrundlagen gedeckt.

cc) Entwicklungsgebot

§ 8 Abs. 2 S. 1 BauGB setzt voraus, dass der Bebauungsplan aus einem Flächennutzungsplan entwickelt wurde. Dies ist nach den Angaben im Sachverhalt der Fall.

dd) Ordnungsgemäße Abwägung aller Belange

Schließlich müsste die Gemeinde B die relevanten privaten und öffentlichen Belange ordnungsgemäß nach § 1 Abs. 7 BauGB abgewogen haben.

Nach dem durch das EAG Bau 2004 bewirkten Paradigmenwechsel stellt die eigentliche Abwägung, die die dritte Phase des Abwägungsvorgangs bildet, als einzige Phase des Abwägungsvorgangs weiterhin eine materiell-rechtliche Pflicht der Gemeinde dar. Eine ordnungsgemäße Abwägung hat die Gemeinde B dann durchgeführt, wenn kein Fall der Abwägungsdisproportionalität vorliegt. Dies ist dann der Fall, wenn die Gemeinde B den Ausgleich zwischen den von der Bauplanung berührten öffentlichen und privaten Belangen in einer Weise durchgeführt hat, die zu ihrer objektiven Gewichtigkeit in einem angemessenen Verhältnis steht.

Mit den Festsetzungen zum aktiven und passiven Lärmschutz trägt der Bebauungsplan der Vorgabe des § 50 BImSchG Rechnung. Im geplanten allgemeinen Wohngebiet ist ein diesem Gebietstypen entsprechendes ungestörtes Wohnen (vgl. § 4 Abs. 1 BauNVO) noch möglich. Die zulässigen Richtwerte für Lärm können in dem geplanten Wohngebiet tagsüber ohne Weiteres und nachts – mit Ausnahme der Dachgeschosse in der vordersten Häuserreihe – eingehalten werden. Das Verbot, Fenster im Dachgeschoss betroffener Häuser zu öffnen, ist für die Eigentümer dieser Häuser zumutbar, weil sie Fenster, die sich öffnen lassen, an anderen Stellen im Dachgeschoss einbauen können.

Den Eigentums- und wirtschaftlichen Interessen des M wird ebenfalls angemessen Rechnung getragen. Seine gegenwärtige Betriebsausübung wird durch die Festsetzungen nicht berührt. Für zukünftige Änderungen seines Gewerbebetriebs (Betriebserweiterungen oder -änderungen) halten die Festsetzungen einen gewissen Spielraum für einen erhöhten Lärmschutz bereit, der nicht die privaten Interessen der Wohnbevölkerung beeinträchtigen würde.

Die Wall-Wand-Konstruktion hat bereits nach den Angaben im Sachverhalt keine erdrückende Wirkung.

Die Gemeinde B hat demnach die öffentlichen und privaten Belange ordnungsgemäß i.S.d. § 1 Abs. 7 BauGB abgewogen.

ee) Ergebnis zu c)

Der Bebauungsplan „Großer Höhenweg" ist materiell rechtmäßig.

d) Ergebnis zu 2.

Der Antrag des M auf Normenkontrolle ist unbegründet.

3. Ergebnis

Der Antrag des M auf Normenkontrolle hat keinen Erfolg.

4. Teil
Bauplanungsrechtliche Zulässigkeit von Vorhaben

A. Überblick

225 Nachdem Sie sich im dritten Teil dieses Skripts die kommunale Bauleitplanung durch Bebauungspläne erarbeitet haben, werden wir uns im vierten Teil dieses Skripts mit der Frage der **bauplanungsrechtlichen Zulässigkeit von Vorhaben** näher befassen. Diese Frage stellt sich im öffentlichen Baurecht regelmäßig in drei Fallkonstellationen: zunächst in der Fallkonstellation, dass ein Bauherr eine Baugenehmigung beantragt; ferner in der Fallkonstellation, dass einem Bauherrn die Baugenehmigung erteilt wurde; schließlich in der Fallkonstellation, dass gegenüber einem Bauherrn eine Bauordnungsverfügung ergeht. Alle drei Fallkonstellationen werden in diesem Skript näher behandelt. Wegen der Relevanz der bauplanungsrechtlichen Zulässigkeit von Vorhaben in verschiedenen Kontexten beginnen wir mit ihr sozusagen „vor die Klammer gezogen".

> » Verschaffen Sie sich zunächst einen Überblick über die §§ 29 bis 38 BauGB, damit Sie mit dem Gesetzestext vertraut werden! «

226 Der **Erste Abschnitt des Dritten Teils des BauGB** mit der Überschrift „Zulässigkeit von Vorhaben" enthält die Regelungen über die bauplanungsrechtliche Zulässigkeit von Vorhaben. **§ 29 BauGB** klärt u.a. den **Begriff des Vorhabens**. Die **§§ 30 bis 37 BauGB** stehen in einem sachlichen Zusammenhang dergestalt, dass sie die **bauplanungsrechtlichen Anforderungen an die bauliche oder sonstige Nutzung eines Grundstücks** im Einzelnen regeln. Das BauGB unterscheidet dabei grundlegend und abschließend zwischen **zwei verschiedenen bauplanungsrechtlichen Bereichen im Gemeindegebiet**:[1] Ein Grundstück befindet sich entweder in einem (ganz oder teilweise) beplanten Bereich oder in einem (gänzlich) unbeplanten Bereich:

Belegenheit eines Grundstücks	
im (ganz oder teilweise) beplanten Bereich	im (gänzlich) unbeplanten Bereich
Bereich eines • qualifizierten Bebauungsplans (§ 30 Abs. 1 BauGB) oder • vorhabenbezogenen Bebauungsplans (§ 30 Abs. 2 BauGB) oder • einfachen Bebauungsplans (§ 30 Abs. 3 BauGB) und im Übrigen §§ 34 oder 35 BauGB	• Innenbereich (§ 34 BauGB) • Außenbereich (§ 35 BauGB)

- Befindet es sich in einem **(ganz oder teilweise) beplanten Bereich**, kann das Grundstück im Bereich eines sog. **qualifizierten Bebauungsplans i.S.d. § 30 Abs. 1 BauGB**, im Bereich eines – in diesem Skript nicht näher behandelten – sog. **vorhabenbezogenen Bebauungsplans i.S.d. § 30 Abs. 2 BauGB** oder im Bereich eines sog. **einfachen Bebauungsplans i.S.d. § 30 Abs. 3 BauGB** belegen sein (s.o. Rn. 98). Letzterenfalls bestimmt sich die

---

[1] M.E. wird diese Aufteilung der Systematik der §§ 29 ff. BauGB besser gerecht als eine in der Literatur vorzufindende Aufteilung in drei Bereiche (§ 30 Abs. 1, Abs. 2 BauGB; §§ 30 Abs. 3, 34 BauGB; 30 Abs. 3, 35 BauGB).

Überblick 4 A

bauplanungsrechtliche Zulässigkeit eines Vorhabens – soweit vorhanden – nach den Festsetzungen des Bebauungsplans und im Übrigen danach, ob das Grundstück im sog. Innenbereich i.S.d. § 34 BauGB oder im sog. Außenbereich i.S.d. § 35 BauGB belegen ist (vgl. § 30 Abs. 3, 34, 35 BauGB).[2]

- Befindet sich das Grundstück in einem (**gänzlich**) **unbeplanten Bereich**, richtet sich die bauplanungsrechtliche Zulässigkeit eines Vorhabens (allein) nach **§ 34 BauGB** oder **§ 35 BauGB**.

In allen genannten Fällen kann das Grundstück in einem Gebiet belegen sein, für den ein (erstmaliger oder neuer) **Bebauungsplan in Vorbereitung** ist. Dann ist ergänzend **§ 33 BauGB** zu beachten. **§ 36 BauGB** regelt das **Einvernehmen der Gemeinde**; **§ 37 BauGB** enthält der Sache nach eine **Befreiungsregelung**, mit der wir uns nicht näher befassen werden.[3] 227

Die bauplanungsrechtliche Zulässigkeit eines Vorhabens (ohne § 30 Abs. 2 BauGB) prüfen Sie wie folgt: 228

Bauplanungsrechtliche Zulässigkeit eines Vorhabens (ohne § 30 Abs. 2 BauGB)

I. Anwendbarkeit der §§ 30 ff. BauGB
 1. Privilegierte Planfeststellung gemäß § 38 BauGB?
 2. Wenn Antwort zu 1. „nein": Vorhaben i.S.d. § 29 Abs. 1 BauGB?
    a) Bauliche Anlage
    b) Errichtung, Änderung oder Nutzungsänderung

II. Wenn Antwort zu I. 2. „ja": Zulässigkeit des Vorhabens nach §§ 30 ff. BauGB
 1. **Bauplanungsrechtliche Zulässigkeit** des Vorhabens nach §§ 30, 34, 35 BauGB
    a) **Bestimmung des maßgeblichen Bereichs**
       aa) (Ganz oder teilweise) beplanter Bereich
         (1) Qualifizierter Bebauungsplan
         (2) Einfacher Bebauungsplan
           (a) Innenbereich
           (b) Außenbereich
       bb) (Gänzlich) unbeplanter Bereich
    b) **Vereinbarkeit des Vorhabens mit §§ 30, 34, 35 BauGB**
       aa) Bei Vorhaben im Bereich eines qualifizierten Bebauungsplans: Vereinbarkeit des Vorhabens mit § 30 Abs. 1 BauGB
         (1) Vereinbarkeit mit den Festsetzungen des Bebauungsplans
         (2) Gebot der Gebietsverträglichkeit (betrifft die *Art* der baulichen Nutzung)
         (3) Gebot der Rücksichtnahme nach § 15 BauNVO (betrifft die *Art* der baulichen Nutzung)
         (4) Gesicherte Erschließung
         (5) Ausnahmen und Befreiungen
            Anspruch auf Erteilung   Rn. 265

PRÜFUNGSSCHEMA

---

[2] Vgl. *BVerwGE* 19, 164.
[3] S. dazu etwa *Bönker* in: Hoppe/Bönker/Grotefels, Öffentliches Baurecht § 8 Rn. 281 ff.

bb) Bei Vorhaben im Bereich eines einfachen Bebauungsplans im Innenbereich: Vereinbarkeit des Vorhabens mit §§ 30 Abs. 3, 34 BauGB
   (1) Einfügen des Vorhabens in die Eigenart der näheren Umgebung
       (a) Nähere Umgebung
       (b) Einfügen
   (2) Wahrung der Anforderungen an gesunde Wohn- und Arbeitsverhältnisse und keine Beeinträchtigung des Ortsbildes
       (a) Wahrung der Anforderungen an gesunde Wohn- und Arbeitsverhältnisse
       (b) Nichtbeeinträchtigung des Ortsbildes
   (3) Keine schädlichen Auswirkungen auf zentrale Versorgungsgebiete
   (4) Gesicherte Erschließung
cc) Bei Vorhaben im Bereich eines einfachen Bebauungsplans im Außenbereich: Vereinbarkeit des Vorhabens mit §§ 30 Abs. 3, 35 BauGB
   (1) Zulässigkeit eines privilegierten Vorhabens
       (a) Privilegiertes Vorhaben i.S.d. § 35 Abs. 1 Nr. 1 bis 7 BauGB
           § 35 Abs. 1 Nr. 3 BauGB: Zuordnung nicht ortsgebundener Betriebszweige Rn. 297
       (b) Kein Entgegenstehen öffentlicher Belange
       (c) Gesicherte Erschließung
       (d) Sog. Schonungsgebot und sog. Rückbauverbot
   (2) Zulässigkeit eines nicht privilegierten Vorhabens
       Ermessen der Behörde Rn. 310
       (a) Keine Beeinträchtigung öffentlicher Belange
       (b) Gesicherte Erschließung
       (c) Sog. Schonungsgebot und sog. Rückbauverpflichtung
dd) Bei Vorhaben im gänzlich unbeplanten Innen- oder Außenbereich: Vereinbarkeit des Vorhabens mit § 34 BauGB oder § 35 BauGB

2. Wenn Antwort zu 1. „nein" und Bebauungsplan in Vorbereitung: **Zulässigkeit des Vorhabens nach § 33 BauGB**
   a) Sog. formelle Planreife
   b) Sog. materielle Planreife
   c) Schriftliches Anerkenntnis der Festsetzungen durch den Antragsteller für sich und seine Rechtsnachfolger
   d) Gesicherte Erschließung

3. **Gemeindliches Einvernehmen**
   Erteilung des Einvernehmens bei Identität von Gemeinde und Bauaufsichtsbehörde Rn. 329
   Geltung des Einvernehmens, das für einen Bebauungsplan erteilt wurde, für die spätere Baugenehmigung Rn. 331
   Ersetzung des rechtswidrig versagten Einvernehmens als Ermessensentscheidung Rn. 340
   a) Formell-rechtliche Anforderungen an das gemeindliche Einvernehmen
   b) Materiell-rechtliche Anforderungen an das gemeindliche Einvernehmen

> **JURIQ-Klausurtipp**
>
> Wie bei jedem Prüfungsschema gilt auch hier, dass es Ihnen lediglich eine Orientierungshilfe an die Hand geben soll.

B. Anwendbarkeit der §§ 30 ff. BauGB

Um ein Vorhaben auf seine bauplanungsmäßige Zulässigkeit nach Maßgabe der §§ 30 ff. BauGB hin überprüfen zu können, müssen die **§§ 30 ff. BauGB überhaupt anwendbar** sein. Ob dies der Fall ist, prüfen Sie in zwei Schritten:

I. Privilegierte Planfeststellung gemäß § 38 BauGB?

Gemäß **§ 38 Abs. 1 S. 1 BauGB** sind die §§ 29 ff. BauGB nicht anwendbar, wenn bestimmte vorrangige Fachplanungen in Rede stehen. Um welche es sich handelt, ist in § 38 Abs. 1 S. 1 BauGB näher beschrieben: Planfeststellungsverfahren, sonstige Verfahren mit den Rechtswirkungen der Planfeststellung für Vorhaben von überörtlicher Bedeutung und die aufgrund des BImSchG für die Errichtung und den Betrieb öffentlich zugänglicher Abfallbeseitigungsanlagen geltenden Verfahren. Der Sache nach handelt es sich um **Verfahren von überörtlicher Bedeutung**. Als solche kommen z.B. Planfeststellungen für Bundesfernstraßen nach § 17 FStrG,[4] für Eisenbahnbetriebsanlagen nach § 18 AEG[5] oder für Straßenbahnbetriebsanlagen nach § 28 PBefG[6] in Betracht.

》》 Lesen Sie § 38 BauGB! 《《

Kommen Sie zum Zwischenergebnis, dass § 38 BauGB einschlägig ist, prüfen Sie die bauplanungsrechtliche Zulässigkeit des Vorhabens anhand des § 38 Abs. 1 S. 1 BauGB. Lautet Ihr Zwischenergebnis dagegen, dass § 38 BauGB nicht eingreift, prüfen Sie die bauplanungsrechtliche Zulässigkeit des Vorhabens nach den §§ 29 ff. BauGB.

> **JURIQ-Klausurtipp**
>
> § 38 BauGB ist sowohl in der Praxis als auch in der Fallbearbeitung in aller Regel nicht von Bedeutung. Das bedeutet: Sofern hier nicht ganz ausnahmsweise ein Problem liegt, brauchen Sie § 38 BauGB in der Falllösung nicht zu erörtern.

II. Vorhaben i.S.d. § 29 Abs. 1 BauGB?

Sofern die §§ 29 ff. BauGB anwendbar sind, untersuchen Sie, ob ein Vorhaben i.S.d. § 29 Abs. 1 BauGB vorliegt. Neben Aufschüttungen und Abgrabungen größeren Umfangs sowie Ausschachtungen und Ablagerungen einschließlich Lagerstätten erklärt § 29 Abs. 1 BauGB die §§ 30 ff. BauGB auch für die – in erster Linie prüfungsrelevanten und daher hier behandelten – Vorhaben, die die Errichtung, Änderung oder Nutzungsänderung von baulichen Anlagen zum Inhalt aben, für anwendbar. Ob die Voraussetzungen des § 29 Abs. 1 BauGB vorliegen, prüfen Sie in zwei Schritten:

》》 Lesen Sie § 29 Abs. 1 BauGB! 《《

> **JURIQ-Klausurtipp**
>
> Denken Sie in Ihrer Fallbearbeitung daran, dass Sie Ihre Prüfung *immer* mit § 29 Abs. 1 BauGB beginnen. Denn nur wenn die Voraussetzungen des § 29 Abs. 1 BauGB vorliegen, sind die §§ 30 ff. BauGB anwendbar (vgl. auch den Wortlaut des § 29 Abs. 1 BauGB).

---

[4] Bundesfernstraßengesetz (Sartorius I, Nr. 932).
[5] Allgemeines Eisenbahngesetz (Sartorius I, Nr. 962).
[6] Personenbeförderungsgesetz (Sartorius I, Nr. 950).

1. Bauliche Anlage

233 Ein Vorhaben i.S.d. § 29 Abs. 1 BauGB setzt das Vorliegen einer baulichen Anlage voraus. Im Gegensatz zu § 2 Abs. 1 BauO NRW, der eine Legaldefinition der baulichen Anlage enthält (s.u. Rn. 337), **definiert das BauGB den Begriff der baulichen Anlage nicht**. Auch wenn die Begriffe der baulichen Anlage im BauGB und in den Bauordnungen der Länder im Ergebnis weitgehend die gleiche Bedeutung haben, kann der in einer LBauO enthaltene Begriff der baulichen Anlage nicht auf das BauGB übertragen werden.[7] Der Grund hierfür ist, dass es sich bei dem Begriff der baulichen Anlage i.S.d. § 29 Abs. 1 BauGB um einen bundesrechtlichen Rechtsbegriff handelt, der vom Bundesgesetzgeber unter Berücksichtigung seiner grundgesetzlichen Gesetzgebungskompetenzen im öffentlichen Baurecht zu definieren ist.[8] Wie oben (Rn. 13) erwähnt, besitzt der Bund im öffentlichen Baurecht die Gesetzgebungskompetenz für bodenrechtliche Regelungen.

234 Unter Berücksichtigung dieses Umstandes wird die bauliche Anlage i.S.d. § 29 Abs. 1 BauGB wie folgt definiert:

> **Bauliche Anlage** ist eine auf Dauer mit dem Erdboden verbundene künstliche Anlage, die aus Baustoffen und Bauteilen hergestellt ist und planungs- bzw. bodenrechtliche Relevanz hat.

235 Für die Beurteilung der planungs- bzw. bodenrechtlichen Relevanz einer Anlage ist entscheidend, ob die Anlage Belange i.S.v. § 1 Abs. 5 und Abs. 6 BauGB in einer Weise berührt, dass das Bedürfnis nach planungsrechtlicher Regelung besteht.[7]

Beispiel Sofern ein Campingplatz eingefriedet ist und einen festen Bodenbelag oder feste Bauwerke (z.B. Toilettenanlage, Duschanlage, Kiosk) hat, handelt es sich bei ihm um eine Anlage i.S.d. § 29 Abs. 1 BauGB. ■

2. Errichtung, Änderung oder Nutzungsänderung

236 Das Vorliegen eines Vorhabens i.S.d. § 29 Abs. 1 BauGB verlangt ferner die Errichtung, die Änderung oder die Nutzungsänderung einer baulichen Anlage. Die Errichtung und die Änderung bereiten in diesem Zusammenhang keine Probleme. Anders kann dies bei einer Nutzungsänderung sein.

Beispiel 1 H besitzt einen Bauernhof. Eines Tages beschließt er, sein bisheriges Schlafzimmer als Arbeitszimmer zu nutzen. ■

Beispiel 2 Wie Beispiel 1 mit der Abweichung, dass H eines Tages beschließt, seinen Bauernhof als Wochenendhaus zu nutzen. ■

237 In beiden *Beispielen* (oben Rn. 236) hat H Nutzungsänderungen vorgenommen. Fraglich ist jedoch, ob beide Nutzungsänderungen auch für den Vorhabenbegriff in § 29 Abs. 1 BauGB beachtlich sind. Entscheidend ist auch hier wieder die bodenrechtliche Relevanz:

---

[7] BVerwGE 44, 59.
[8] Vgl. *Hellermann* in: Dietlein/Burgi/Hellermann, Öffentliches Recht in Nordrhein-Westfalen § 4 Rn. 127.

Eine **Nutzungsänderung** liegt vor, wenn die Funktion der Anlage in einer Weise geändert wird, die zu einer anderen planungsrechtlichen Beurteilung führt, so dass sich die Genehmigungsfrage neu stellt.

Für unser *Beispiel 1* (oben Rn. 236) bedeutet dies, dass eine Nutzungsänderung i.S.d. § 29 Abs. 1 BauGB nicht gegeben ist. Denn dadurch, dass H sein Schlafzimmer zukünftig als Arbeitszimmer nutzen will, ändert sich nicht die Funktion des Bauernhofs, so dass sich hier die Genehmigungsfrage nicht neu stellt. Anders liegt der Fall dagegen in unserem *Beispiel 2* (oben Rn. 236). Bei der Umnutzung eines Bauernhofs zu einem Wochenendhaus wird die Funktion der Anlage in einer Weise geändert, dass die bauplanungsrechtliche Zulässigkeit neu geprüft werden muss.[9]

238

Liegen die Voraussetzungen des § 29 Abs. 1 BauGB nicht vor, ist Ihre bauplanungsrechtliche Prüfung beendet, weil die §§ 30 ff. BauGB nicht anwendbar sind. Die Zulässigkeit eines Vorhabens bestimmt sich sodann allein nach dem Bauordnungsrecht und anderen öffentlich-rechtlichen Vorschriften (vgl. § 29 Abs. 2 BauGB). Existiert ein Bebauungsplan, können dessen Festsetzungen trotz Nichtanwendbarkeit der §§ 30 ff. BauGB beachtlich sein, und zwar als „sonstige öffentlich-rechtliche Vorschrift" i.S.d. § 75 Abs. 1 BauO NRW oder als „öffentlich-rechtliche Vorschrift" i.S.d. § 61 Abs. 1 S. 1 i.V.m. S. 2 BauO NRW (dazu unten Rn. 388 und Rn. 448 ff.). – Liegen die Voraussetzungen des § 29 Abs. 1 BauGB dagegen vor, können Sie als Zwischenergebnis festhalten, dass die §§ 30 ff. BauGB anwendbar sind und setzen Ihre bauplanungsrechtliche Prüfung fort.

239

C. Zulässigkeit des Vorhabens nach §§ 30 ff. BauGB

Die Zulässigkeit des Vorhabens nach den §§ 30 ff. BauGB prüfen Sie in zwei Schritten:

240

I. Zulässigkeit des Vorhabens nach §§ 30, 34, 35 BauGB

Zunächst untersuchen Sie, ob das Vorhaben nach §§ 30, 34, 35 BauGB zulässig ist. Dabei gehen Sie wiederum in zwei Schritten vor:

241

1. Bestimmung des maßgeblichen Bereichs

In einem ersten Schritt bestimmen Sie den für die bauplanungsrechtliche Zulässigkeit des Vorhabens maßgeblichen Bereich. Wie oben (Rn. 226) dargestellt, kennt das BauGB **zwei Bereiche**, in denen ein Grundstück, auf dem ein Vorhaben i.S.d. § 29 Abs. 1 BauGB realisiert werden soll bzw. worden ist, belegen sein kann: Zum einen kennt das BauGB den **(ganz oder teilweise) beplanten Bereich**. Insoweit differenziert das BauGB zwischen dem Bereich eines qualifizierten Bebauungsplans (§ 30 Abs. 1 BauGB), in dem sich die bauplanungsrechtliche Zulässigkeit des Vorhabens allein nach den Festsetzungen des Bebauungsplans richtet, und dem Bereich eines einfachen Bebauungsplans, in dem sich die bauplanungsrechtliche Zulässigkeit des Vorhabens – soweit vorhanden – nach den Festsetzungen des Bebauungs-

242

---
9 Vgl. *BVerwGE* 47, 185.

plans und im Übrigen, also soweit der Bebauungsplan keine bauplanungsrechtlichen Festsetzungen enthält, nach § 34 BauGB oder § 35 BauGB bestimmt. Zum anderen kennt das BauGB den **(gänzlich) unbeplanten Bereich**.[10]

> **JURIQ-Klausurtipp**
>
> Verinnerlichen Sie sich diese Systematik des BauGB! Sie ist grundlegend für Ihre Fallbearbeitung.

a) (Ganz oder teilweise) beplanter Bereich

243 Das BauGB differenziert im beplanten Bereich zwischen dem Bereich eines qualifizierten Bebauungsplans und dem Bereichs eines einfachen Bebauungsplans. Sollte es in Ihrer Fallbearbeitung also denkbar sein, dass sich das Grundstück, auf dem das von Ihnen zu prüfende Vorhaben realisiert werden soll bzw. worden ist, in den Bereich eines Bebauungsplans fällt, beginnen Sie Ihre Untersuchung mit § 30 BauGB und prüfen, ob das von Ihnen zu prüfende Vorhaben in den Bereich eines qualifizierten oder eines einfachen Bebauungsplans fällt. Andernfalls setzen Sie Ihre Prüfung sofort unten (Rn. 253, 318) fort.

> **JURIQ-Klausurtipp**
>
> Denken Sie hier und auch später daran: Sofern der Sachverhalt Anhaltspunkte dafür hergibt, müssen Sie ggf. die Rechtmäßigkeit des Bebauungsplans inzident prüfen.

aa) Qualifizierter Bebauungsplan

» Lesen Sie § 30 Abs. 1 BauGB! «

244 Ein qualifizierter Bebauungsplan zeichnet sich dadurch aus, dass er **zumindest die in § 30 Abs. 1 BauGB abschließend genannten Festsetzungen** hinsichtlich der Art der baulichen Nutzung (§ 9 Abs. 1 Nr. 1 BauGB i.V.m. §§ 2 ff. BauNVO), des Maßes der baulichen Nutzung (§ 9 Abs. 1 Nr. 1 BauGB i.V.m. §§ 16 ff. BauNVO), der überbaubaren Grundstücksflächen (§ 9 Abs. 1 Nr. 2 BauGB i.V.m. § 22 BauNVO) und der örtlichen Verkehrsflächen (§ 9 Abs. 1 Nr. 11 BauGB) enthält.

bb) Einfacher Bebauungsplan

245 Enthält ein Bebauungsplan **eine der in § 30 Abs. 1 BauGB genannten Festsetzungen nicht**, ist er kein qualifizierter Bebauungsplan i.S.d. § 30 Abs. 1 BauGB, sondern ein einfacher Bebauungsplan i.S.d. § 30 Abs. 3 BauGB. **Soweit** der einfache Bebauungsplan **Festsetzungen** enthält, sind **diese** für die bauplanungsrechtliche Zulässigkeit des Vorhabens **maßgeblich**.

» Werfen Sie einen Blick in §§ 34, 35 BauGB! «

Soweit der einfache Bebauungsplan **keine Festsetzungen** enthält, gilt **§ 34 BauGB** oder **§ 35 BauGB** (vgl. § 30 Abs. 3 BauGB), der jeweils die Funktion eines gesetzlichen **Planersatzes** hat:[11] Dabei regelt § 34 BauGB die Zulässigkeit von Vorhaben im sog. (unbeplanten) Innenbereich und § 35 BauGB die Zulässigkeit von Vorhaben im sog. (unbeplanten) Außenbereich.

---

10 Vgl. auch *BVerwGE* 19, 164.
11 Vgl. *BVerwGE* 62, 151.

Zulässigkeit des Vorhabens nach §§ 30, 34, 35 BauGB 4 C I

Werden die §§ 34, 35 BauGB in Ihrer Fallbearbeitung relevant, müssen Sie die beiden Vorschriften voneinander abgrenzen. Dies ist deshalb wichtig, weil der unbeplante Innenbereich grundsätzlich bebaut werden darf, während im unbeplanten Außenbereich für sog. nicht-privilegierte Vorhaben das Gegenteil der Fall ist (s.u. Rn. 285 f.). **Entscheidendes Kriterium für die Abgrenzung beider Vorschriften** ist das Tatbestandsmerkmal des „im Zusammenhang bebauten Ortsteils", in dem das Grundstück, auf dem das zu prüfende Vorhaben realisiert werden soll bzw. worden ist, belegen ist.[12]

246

(1) Innenbereich

Das Tatbestandsmerkmal des „im Zusammenhang bebauten Ortsteils" ist vor dem Hintergrund der planersetzenden Funktion des § 34 BauGB zu sehen. Da es keine planungsrechtlichen Festsetzungen gibt, soll die Struktur der vorhandenen Bebauung die fehlenden planungsrechtlichen Festsetzungen kompensieren. Deshalb muss es sich bei der vorhandenen Bebauung um eine Bebauung handeln, die nach der Zahl der vorhandenen Bauten ein **gewisses Gewicht** hat und **Ausdruck einer organischen Siedlungsstruktur** ist.[13] Die erforderliche Zahl vorhandener Bauten wird nicht abstrakt, sondern im Einzelfall festgelegt; als **Orientierung** dient **eine Zahl von zehn bis zwölf Gebäuden**. Die vorhandene Bebauung muss eine funktionsbedingte Siedlungsstruktur ergeben, die den Eindruck erweckt, **geschlossen** und **zusammengehörend** zu sein; sie darf keine Splittersiedlung i.S.d. § 35 Abs. 3 Nr. 7 BauGB darstellen.

247

Sofern der Eindruck der Geschlossenheit und Zusammengehörigkeit nach der Verkehrsauffassung nicht gestört wird, kann die Bebauung auch **einzelne Baulücken** haben.[14]

248

Beispiel Die Gemeinde B besteht aus insgesamt elf Gebäuden, die grundsätzlich nebeneinander an einer Hauptstraße entlang auf größeren Einzelgrundstücken stehen. Zwischen den Grundstücken der Familien C und F klafft jedoch eine Lücke mit zwei größeren unbebauten Grundstücken. – Die hier vorhandene Baulücke ist nach den gegebenen Umständen wohl noch nicht so groß, dass die vorhandene Bebauung keinen prägenden Einfluss mehr auf die Bebauung der unbebauten Grundstücke ausüben kann. Der Eindruck der Geschlossenheit und Zusammengehörigkeit des bebauten Ortsteils wird demnach nicht beeinträchtigt, so dass trotz Baulücke ein „im Zusammenhang bebauter Ortsteil" vorliegt. ■

> **Hinweis**
>
> Wäre die Baulücke demgegenüber so groß, dass die vorhandene Bebauung keinen prägenden Einfluss mehr auf die Bebauung der unbebauten Grundstücke ausüben könnte, würden diese unbebauten Grundstücke nicht mehr zum Innenbereich zählen. Wäre eine derart große Baulücke von Innenbereichsgrundstücken umgeben, läge ein sog. **Außenbereich im Innenbereich** vor.

Der „im Zusammenhang bebaute Ortsteil" endet grundsätzlich unmittelbar hinter dem letzten Haus des im Zusammenhang bebauten Ortsteils. Die äußere Grenze verläuft unabhängig

249

---

12 Vgl. hierzu und zum nachfolgenden Text unter Ziff. (1) und (2) *Hellermann* in: Dietlein/Burgi/Hellermann, Öffentliches Recht in Nordrhein-Westfalen § 4 Rn. 149.
13 *BVerwGE* 31, 22. Zum „gewissen Gewicht" auch *OVG NRW* Urt. v. 13.11.2009 – 7 A 1236/08 (juris).
14 Vgl. dazu *BVerwGE* 41, 227.

vom Verlauf der Grundstücksgrenzen, wobei die **äußerste Grenze** in jedem Falle aber die **Gebietsgrenze der Gemeinde** bildet.

Beispiel Wie Beispiel oben (Rn. 248). Das Grundstück der Familie O ist das letzte im Süden der Hauptstraße gelegene Grundstück. Daran schließt sich unmittelbar südlich eine unbebaute Fläche, auf der sich im Moment eine große Wiese befindet, an. Diese Wiese wird durch einen kleinen Bach von einem dann beginnenden Wald getrennt. – Da hier die beiden unbebauten Flächen, nämlich die Wiese und der Wald, durch einen Bach getrennt werden, erscheint die Wiese bei natürlicher Betrachtungsweise noch als Bestandteil des „im Zusammenhang bebauten Ortsteils". Der Innenbereich endet somit hier nicht schon hinter dem Haus der Familie O. ■

> **Hinweis**
>
> Gemäß § 34 Abs. 4 BauGB können die Gemeinden durch Satzung die Abgrenzung von Innen- und Außenbereich festlegen. Die Klarstellungssatzung nach § 34 Abs. 4 S. 1 Nr. 1 BauGB hat lediglich deklaratorische Bedeutung; die Entwicklungssatzung nach § 34 Abs. 4 S. 1 Nr. 2 BauGB und die Abrundungssatzung nach § 34 Abs. 4 S. 1 Nr. 3 BauGB wirken demgegenüber konstitutiv.[15] Zu den Voraussetzungen für die Aufstellung von Satzungen nach § 34 Abs. 4 S. 1 Nr. 2 und Nr. 3 BauGB s. § 35 Abs. 5 BauGB!

(2) Außenbereich

250 Ergibt Ihre Prüfung, dass das Grundstück, auf dem das zu prüfende Vorhaben realisiert werden soll bzw. realisiert worden ist, weder unter § 30 Abs. 1, Abs. 2 BauGB noch unter §§ 30 Abs. 3, 34 BauGB fällt, untersuchen Sie, ob es in den sog. Außenbereich fällt, für den **§ 35 BauGB planersetzende Regelungen** bereithält.

251 Der Begriff des Außenbereichs wird negativ definiert:

> **Außenbereich** ist derjenige Bereich, der nicht in den räumlichen Geltungsbereich eines wirksamen qualifizierten Bebauungsplans[16] fällt und nicht in einem im Zusammenhang bebauten Ortsteil i.S.d. § 34 Abs. 1 BauGB liegt.

252 Im Gegensatz zu § 34 BauGB enthält § 35 BauGB **normative Vorgaben** für die Bebauung und sonstige Nutzung von Grundstücken im Außenbereich. In § 35 BauGB hat sich der Gesetzgeber **grundsätzlich** dafür entschieden, den **Außenbereich unbebaut** zu lassen (s. näher unten Rn. 285 f.).

b) (Gänzlich) unbeplanter Bereich

253 Falls ein Grundstück, auf dem ein Vorhaben i.S.d. § 29 Abs. 1 BauGB realisiert werden soll bzw. realisiert worden ist, überhaupt nicht in einem beplanten Bereich liegt, richtet sich dessen bauplanungsrechtliche Zulässigkeit allein nach §§ 34 oder 35 BauGB. Insoweit kann auf die Ausführungen oben (Rn. 247 ff.), die hier entsprechend gelten, verwiesen werden.

---

15 *Krautzberger* in: Battis/Krautzberger/Löhr, BauGB § 34 Rn. 61.
16 Oder auch eines – in diesem Skript nicht näher behandelten – vorhabenbezogenen Bebauungsplans.

2. Vereinbarkeit des Bauvorhabens mit §§ 30, 34 oder 35 BauGB

Nachdem Sie nun den maßgeblichen Bereich für das Grundstück, auf dem das zu prüfende Vorhaben i.S.d. § 29 Abs. 1 BauGB realisiert werden soll bzw. realisiert worden ist, bestimmt haben, prüfen Sie nun die Zulässigkeit des Vorhabens im betreffenden Bereich.

254

> **JURIQ-Klausurtipp**
>
> Es versteht sich von selbst, dass Sie die Zulässigkeit des Vorhabens im Folgenden nur nach Maßgabe der bauplanungsrechtlichen Vorschriften prüfen, die für den von Ihnen oben bestimmten Bereich gelten.

a) Bei Vorhaben im Bereich eines qualifizierten Bebauungsplans: Vereinbarkeit des Vorhabens mit § 30 Abs. 1 BauGB

Die Vereinbarkeit eines Vorhabens mit § 30 Abs. 1 BauGB prüfen Sie in drei bzw. fünf Schritten:

255

aa) Vereinbarkeit mit den Festsetzungen des Bebauungsplans

Sofern Ihre Prüfung oben (Rn. 244) ergeben hat, dass das betreffende Grundstück in den Bereich eines **qualifizierten Bebauungsplans i.S.d. § 30 Abs. 1 BauGB** fällt, richtet sich die bauplanungsrechtliche Zulässigkeit des Vorhabens **allein** nach den **Festsetzungen des wirksamen Bebauungsplans** (zum möglichen Erfordernis einer inzidenten Rechtmäßigkeitsprüfung des Bebauungsplans s.o. Rn. 243). Das Vorhaben darf demnach nicht in Widerspruch zu den Festsetzungen des Bebauungsplans stehen (vgl. § 30 Abs. 1 BauGB). Hier prüfen Sie nun also die Vereinbarkeit des Vorhabens mit den Festsetzungen des Bebauungsplans ggf. i.V.m. den einschlägigen Bestimmungen der BauNVO (s. näher oben Rn. 96 ff.).

256

Bei der Prüfung der Vereinbarkeit des Vorhabens mit den Festsetzungen des Bebauungsplans in Bezug auf die *Art* der baulichen Nutzung fällt Ihre Prüfung umfangreicher aus: Zusätzlich prüfen Sie hier noch die Einhaltung des Gebots der Gebietsverträglichkeit und des Gebots der Rücksichtnahme (s.u. Rn. 259 und Rn. 260); die Prüfungspunkte „gesicherte Erschließung" (s.u. Rn. 261) und „Ausnahmen und Befreiungen" (Rn. 262 ff.) gelten dann wieder für alle Festsetzungen des Bebauungsplans.

257

Die Untersuchung der Vereinbarkeit des Vorhabens mit den Festsetzungen in Bezug auf die *Art* der baulichen Nutzung (§ 9 Abs. 1 Nr. 1 BauGB, §§ 2 ff. BauNVO) wird Ihnen dadurch erleichtert, dass §§ 2 bis 9 BauNVO systematisch gleich aufgebaut sind: Absatz 1 der jeweiligen Vorschrift enthält die allgemeine Beschreibung des Gebietscharakters; Absatz 2 normiert Vorgaben für die Regelbebauung, die genau dem Gebietscharakter entsprechen und daher grundsätzlich zugelassen werden müssen; Absatz 3 hält Vorgaben für eine Ausnahmebebauung bereit, die vom festgesetzten Gebietscharakter eigentlich abweicht und aus diesem Grunde nur ausnahmsweise im Wege der Befreiung nach § 31 Abs. 1 BauGB (s.u. Rn. 263) zugelassen werden kann.

258

» Werfen Sie einen Blick in die §§ 2 bis 9 BauNVO! «

Beispiel Reine Wohngebiete dienen gemäß § 3 Abs. 1 BauNVO dem Wohnen. Demgemäß sind nach § 3 Abs. 2 BauNVO dort Wohngebäude zulässig. Ausnahmsweise können gemäß § 3 Abs. 3 BauNVO z.B. Läden oder Anlagen für soziale Zwecke zugelassen werden. ∎

bb) Gebot der Gebietsverträglichkeit (betr. Art der baulichen Nutzung)

259 Bei näherer Betrachtung der §§ 2 bis 9 BauNVO werden Sie merken, dass diese Bestimmungen viele offene Rechtsbegriffe enthalten (z.B. „nicht störende Handwerksbetriebe" nach § 3 Abs. 3 Nr. 1 BauNVO oder „sonstige nicht störende Gewerbebetriebe" nach § 4 Abs. 3 Nr. 2 BauNVO). Wegen der begrifflichen Offenheit der jeweils vorgesehenen Regel- und Ausnahmebebauung kann nicht jedes Vorhaben, das – formal betrachtet – die Tatbestandsvoraussetzungen einer Regel- oder einer Ausnahmebebauung erfüllt, zulässig sein.[17] So eignen sich z.B. Krematorien für menschliche Leichen mit Pietätshalle, die auf Stille und Beschaulichkeit angelegt sind, nicht für ein Gewerbegebiet, das sich durch Geschäftigkeit auszeichnet.[18] Deshalb haben insbesondere die Rechtsprechung und auch die Literatur das ungeschriebene „**Gebot der Gebietsverträglichkeit**" entwickelt.[19] Unabhängig davon, ob es sich bei einem Vorhaben um eine Regel- oder eine Ausnahmebebauung handelt, hängt die Gebietsverträglichkeit dieses Vorhabens von dem betreffenden Gebietscharakter ab. Dieser richtet sich wiederum maßgeblich nach der Zweckbestimmung des jeweiligen Absatz 1 der in den §§ 2 bis 9 BauNVO aufgelisteten Gebietsarten.[17] **Maßstab für die Gebietsverträglichkeit** ist eine **typisierende Betrachtungsweise**. Sie müssen also fragen, ob ein – formal betrachtet – zulässiges Vorhaben dieser Art aufgrund seiner typischen Nutzungsweise generell geeignet ist, die jeweils vorherrschende Nutzungsart im betreffenden Gebietscharakter zu stören.[20] Bei der Beantwortung dieser Frage sind die **Auswirkungen, die typischerweise von einem Vorhaben dieser Art ausgehen**, zu beurteilen.

Beispiel[21] Dr. L will ein Dialysezentrum in einem als allgemeines Wohngebiet ausgewiesenen Bereich der Gemeinde W eröffnen. Das Dialysezentrum soll über 30 Behandlungsplätze haben und an sechs Tagen in der Woche von 6.00 bis 18.00 Uhr geöffnet sein. Ist dieses Vorhaben bauplanungsrechtlich zulässig? – Das Grundstück, auf dem Dr. L das Dialysezentrum eröffnen will, liegt nach den Festsetzungen des – hier unterstellten wirksamen – Bebauungsplans in einem allgemeinen Wohngebiet (§ 9 Abs. 1 Nr. 1 BauGB, § 4 BauNVO). § 4 Abs. 1 BauNVO umschreibt allgemeine Wohngebiete als Gebiete, die vorwiegend dem Wohnen dienen. § 4 Abs. 2 BauGB sieht demgemäß als Regelbebauung (nur) Wohngebäude (Nr. 1), der Versorgung des Gebiets dienende Läden, Schank- und Speisewirtschaften sowie nicht störende Handwerksbetriebe (Nr. 2) und Anlagen für kirchliche, kulturelle, soziale, gesundheitliche und sportliche Zwecke (Nr. 3) vor. Das Dialysezentrum stellt eine Anlage für gesundheitliche Zwecke dar und ist demnach als Regelbebauung gemäß § 4 Abs. 2 Nr. 3 BauNVO zulässig. Fraglich ist jedoch, ob das Dialysezentrum gebietsverträglich ist. Dies wäre zu verneinen, wenn ein Vorhaben dieser Art im allgemeinen Wohngebiet, das vorwiegend dem Wohnen dient, aufgrund seiner typischen Nutzung generell geeignet ist, die vorherrschende Nutzungsart zu stören. Um die Gebietsverträglichkeit zu beurteilen, sind die Auswirkungen, die typischerweise von einem Vorhaben dieser Art ausgehen, zu beurteilen. Ein Dialysezentrum der geplanten Art wird allein wegen seiner Größe und der damit verbundenen Patientenfrequenz einen erheblichen An- und Anfahrtsverkehr verursachen. Dadurch wird es zu einer erheblichen Unruhe im

---

17 Vgl. *Erbguth* in: Tettinger/Erbguth/Mann, Besonderes Verwaltungsrecht § 28 Rn. 1065.
18 *BVerwG* NVwZ 2006, 457.
19 Vgl. etwa *BVerwG* NVwZ 2008, 786; *Erbguth* in: Tettinger/Erbguth/Mann, Besonderes Verwaltungsrecht § 28 Rn. 1065.
20 Vgl. *BVerwG* NVwZ 2008, 786.
21 In Anlehnung an *BVerwG* NVwZ 2008, 786.

allgemeinen Wohngebiet kommen. Daher erweist sich das – formal betrachtet – gemäß § 4 Abs. 2 Nr. 3 BauNVO zulässige geplante Dialysezentrum als gebietsunverträglich und somit unzulässig. ■

> **Hinweis**
>
> Selbst wenn § 13 Alt. 1 BauNVO – was hier angesichts der „Anlage für gesundheitliche Zwecke" nicht der Fall ist – einschlägig wäre, würde dies nichts daran ändern, dass das geplante Dialysezentrum gebietsunverträglich ist.[22]

cc) Gebot der Rücksichtnahme nach § 15 BauNVO (betr. Art der baulichen Nutzung)

Erweist sich ein Vorhaben in Bezug auf die *Art* seiner baulichen Nutzung als nach den §§ 2 bis 14 BauNVO zulässig und zudem als gebietsverträglich, kann das Vorhaben gleichwohl im Einzelfall unzulässig sein.

260

§ 15 BauNVO hält ein einzelfallbezogenes Korrektiv zu den Gebietsfestlegungen bereit,[23] das nicht nur für durch einen Bebauungsplan festgesetzte Baugebiete, sondern auch für unbeplante Gebiete, deren Eigenart gemäß § 34 Abs. 2 BauGB einem Plangebiet der BauNVO entspricht, gilt.[24] § 15 BauNVO bringt das **Gebot der Rücksichtnahme** positivrechtlich zum Ausdruck. Die Unzulässigkeit des Vorhabens im Einzelfall setzt voraus, dass das Vorhaben nach Anzahl, Lage, Umfang oder Zweckbestimmung der Eigenart des Baugebiets widerspricht (vgl. § 15 Abs. 1 S. 1 BauNVO) bzw. dass von dem Vorhaben Belästigungen oder Störungen ausgehen können, die nach der Eigenart des Baugebiets im Baugebiet selbst oder in dessen Umgebung unzumutbar sind, oder wenn das Vorhaben solchen Belästigungen oder Störungen ausgesetzt wird (vgl. § 15 Abs. 1 S. 2 BauNVO).

» Lesen Sie § 15 BauNVO! «

Beispiel Wie das Beispiel oben (Rn. 259) mit der Abweichung, dass hier Gebietsverträglichkeit unterstellt wird. Dann wäre das Vorhaben des Dr. L jedoch aus den o.g. Gründen nach § 15 BauNVO unzulässig. ■

> **JURIQ-Klausurtipp**
>
> Merken Sie sich: § 15 BauNVO wird erst relevant, wenn das Vorhaben nach den §§ 2 bis 9 BauNVO zulässig und außerdem gebietsverträglich ist![25]

dd) Gesicherte Erschließung

§ 30 Abs. 1 BauGB setzt des Weiteren voraus, dass die Erschließung gesichert sein muss. Vorschriften über die Erschließung finden Sie in den **§§ 123 ff. BauGB**.

261

---

22 Näher dazu *BVerwG* NVwZ 2008, 786.
23 Vgl. *Erbguth* in: Tettinger/Erbguth/Mann, Besonderes Verwaltungsrecht § 28 Rn. 1065 m.N.
24 *VGH BW* NVwZ-RR 2010, 45.
25 Vgl. auch *BVerwG* NVwZ 2008, 786.

> **JURIQ-Klausurtipp**
>
> Diese Voraussetzung dürfte in aller Regel nicht klausurrelevant sein. Deshalb wird sie in diesem Skript nicht näher behandelt.[26]

ee) Ausnahmen und Befreiungen

» Lesen Sie § 31 BauGB! «

262 Zur Wahrung der Einzelfallgerechtigkeit und des rechtsstaatlichen Übermaßverbotes (s. dazu das Skript „Grundrechte" Rn. 142)[27] sieht § 31 BauGB die Möglichkeit vor, Ausnahmen bzw. Befreiungen von den Festsetzungen des Bebauungsplans zu erteilen: **§ 31 Abs. 1 BauGB** gestattet **Ausnahmen** von den Festsetzungen des Bebauungsplans, die im Bebauungsplan nach Art und Umfang ausdrücklich vorgesehen sind. Mit Blick auf die *Art* der baulichen Nutzung können Ausnahmen aufgrund des jeweiligen Absatz 3 der §§ 2 bis 9 BauNVO erteilt werden. Hinsichtlich anderer Festsetzungen kommen ebenfalls Ausnahmen in Betracht (z.B. § 16 Abs. 6, § 21a Abs. 1, Abs. 2, Abs. 5, § 23 Abs. 2 S. 3, Abs. 3 S. 3, Abs. 4 S. 1 BauNVO).

263 **§ 31 Abs. 2 BauGB** eröffnet unter drei Voraussetzungen, die eng auszulegen sind und kumulativ vorliegen müssen, die Möglichkeit, von den Festsetzungen des Bebauungsplans zu **befreien**:[28]
1. die Grundzüge der Planung werden nicht berührt,
2. Gründe des Wohls der Allgemeinheit erfordern die Befreiung (Nr. 1) oder die Abweichung ist städtebaulich vertretbar (Nr. 2) oder die Durchführung des Bebauungsplans würde zu einer offenbar nicht beabsichtigten Härte führen (Nr. 3),
3. die Abweichung ist auch unter Würdigung nachbarlicher Interessen mit den öffentlichen Belangen vereinbar.

264 Ausnahme i.S.d. § 31 Abs. 1 BauGB und Befreiung i.S.d. § 31 Abs. 2 BauGB unterscheiden sich dadurch, dass es sich bei der **Ausnahme** um ein **planimmanentes Institut im Bebauungsplan** handelt. Ausnahmen hat die Gemeinde bei ihrer Bauleitplanung bereits mitgedacht. Deshalb liegen hier die Anforderungen an die Erfüllung der Voraussetzungen für die Erteilung niedriger als bei der **Befreiung**, die ein **planexternes Institut** darstellt. Die Befreiung soll einer atypischen Sondersituation Rechnung tragen, die die Gemeinde bei ihrer Bauleitplanung nicht mitbedacht hat.[29]

265 Die Erteilung sowohl von Ausnahmen als auch von Befreiungen steht im **Ermessen** der zuständigen Behörde (vgl. Wortlaut des § 31 Abs. 1 und Abs. 2 BauGB „kann"),[30] das nach den allgemeinen Grundsätzen (§ 40 VwVfG NRW) ausgeübt werden muss. **Umstritten** ist jedoch, **ob der Bauherr prinzipiell einen Anspruch auf die Erteilung der Ausnahme bzw. der Befreiung infolge Ermessensreduzierung auf Null** hat, wenn die Voraussetzungen für die Erteilung einer Ausnahme bzw. einer Befreiung erfüllt sind:

---

26 Näher dazu etwa *Hellermann* in: Dietlein/Burgi/Hellermann, Öffentliches Baurecht in Nordrhein-Westfalen § 4 Rdn. 193 ff.
27 *Löhr* in: Battis/Krautzberger/Löhr, BauGB § 31 Rn. 1.
28 S. näher dazu etwa *Stollmann* Öffentliches Baurecht § 14 Rn. 37 ff.
29 Vgl. zum Ganzen *Löhr* in: Battis/Krautzberger/Löhr, BauGB § 31 Rn. 23 ff.
30 Vgl. *Löhr* in: Battis/Krautzberger/Löhr, BauGB § 31 Rn. 1.

- Hinsichtlich der Erteilung einer **Ausnahme** nimmt eine Ansicht, die vor allem in der obergerichtlichen Rechtsprechung verbreitet ist,[31] an, der Bauherr habe einen entsprechenden Anspruch, sofern dem Vorhaben keine städtebaulichen Gründe entgegenstehen. Diese Ansicht beruft sich darauf, die Erteilung der Ausnahme sei ausdrücklich in der BauNVO vorgesehen. Dadurch unterscheide sie sich von der Befreiung nach § 31 Abs. 2 BauGB. Demgegenüber steht eine andere Ansicht auf dem Standpunkt, der Antragsteller habe keinen prinzipiellen Anspruch auf die Erteilung der Ausnahme infolge Ermessensreduzierung auf Null. Diese Ansicht beruft sich auf den Wortlaut des § 31 Abs. 1 BauGB. Allerdings schließt diese Ansicht wohl nicht aus, dass im Einzelfall eine Ermessensreduzierung auf Null gegeben sein kann.[32]

- Hinsichtlich der Erteilung einer **Befreiung** geht eine Mindermeinung davon aus, der Bauherr habe keinen prinzipiellen Anspruch auf die Erteilung der Befreiung infolge Ermessensreduzierung auf Null. Nach dieser Auffassung soll nicht nur der Wortlaut des § 31 Abs. 2 BauGB gegen einen Anspruch infolge Ermessensreduzierung auf Null sprechen; diese Auffassung sieht das Regel-Ausnahmeverhältnis der §§ 30, 31 BauGB in das Gegenteil verkehrt, wenn faktisch eine gebundene Entscheidung angenommen würde.[33] Die h.M., zu der auch das Bundesverwaltungsgericht gehört,[34] bejaht demgegenüber einen prinzipiellen Anspruch des Bauherrn auf Erteilung einer Befreiung infolge Ermessensreduzierung auf Null mit der Begründung, dass die relevanten Interessen alle bereits auf der Tatbestandsseite des § 31 Abs. 2 BauGB berücksichtigt wurden und für eine Ermessensausübung damit kein Raum mehr verbleibt.

b) Bei Vorhaben im Bereich eines einfachen Bebauungsplans im Innenbereich: Vereinbarkeit des Vorhabens mit §§ 30 Abs. 3, 34 BauGB

Sofern Ihre Prüfung oben (Rn. 247 ff.) ergeben hat, dass das Grundstück, auf dem das zu prüfende Vorhaben realisiert werden soll bzw. worden ist, nicht in den Bereich eines qualifizierten, sondern in den Bereich eines einfachen Bebauungsplans im Innenbereich fällt, richtet sich die bauplanungsrechtliche Zulässigkeit des Vorhabens – soweit vorhanden und dann vorrangig – nach den Festsetzungen des Bebauungsplans und im Übrigen nach § 34 BauGB (vgl. § 30 Abs. 3 BauGB).

Die materiell-rechtlichen Voraussetzungen des § 34 BauGB für die bauplanungsrechtliche Zulässigkeit eines Vorhabens prüfen Sie in vier Schritten:

aa) Einfügen des Vorhabens in die Eigenart der näheren Umgebung

Die erste materiell-rechtliche Voraussetzung des § 34 BauGB, das Einfügen des Vorhabens in die Eigenart der näheren Umgebung, untersuchen Sie in zwei Schritten:

>> Lesen Sie § 34 Abs. 1 S. 1 BauGB! <<

(1) Nähere Umgebung eines Vorhabens

Nähere Umgebung eines Vorhabens meint den Bereich der Umgebung, auf den sich einerseits das Vorhaben auswirken kann und der andererseits selbst das Baugrundstück prägt.

---

31 Etwa *VGH Bayern* NVwZ-RR 2007, 736.
32 Vgl. *Erbguth* in: Tettinger/Erbguth/Mann, Besonderes Verwaltungsrecht § 28 Rn. 1072 und Rn. 1074.
33 Vgl. *Erbguth* in: Tettinger/Erbguth/Mann, Besonderes Verwaltungsrecht § 28 Rn. 1072 und Rn. 1081a.
34 BVerwGE 117, 50.

Wie Sie der Definition entnehmen können, wird die über die unmittelbare Nachbarschaft hinausgehende nähere Umgebung eines Vorhabens **für jedes Vorhaben jeweils individuell bestimmt**. Dies bedeutet, dass z.B. die Bestimmung der näheren Umgebung bei einem Wohnhaus anders ausfällt als bei einem Gewerbebetrieb oder einer kulturellen Einrichtung. Als **Maßstab** für die Bestimmung der näheren Umgebung eines Vorhabens dient nach dem Wortlaut des § 34 Abs. 1 S. 1 BauGB die „**Eigenart**" der näheren Umgebung des Vorhabens. Diese legen Sie in drei Schritten fest:

- In einem ersten Schritt arbeiten Sie die **tatsächlich vorhandene Bebauung in der näheren Umgebung** heraus.
- In einem zweiten Schritt **reduzieren** Sie die zuvor herausgearbeitete **tatsächlich vorhandene Bebauung auf das Wesentliche**, indem Sie nicht prägend auf die Umgebung wirkende, u.U. auch ganz singulär, als „Fremdkörper" erscheinende Bauten ausscheiden.
- In einem dritten Schritt **ergänzen** Sie u.U. die bisher herausgearbeitete Bebauung um **früher vorhandene bauliche Nutzungen**, sofern nach der Verkehrsauffassung weiterhin damit zu rechnen ist, dass diese Nutzungen **wiedererrichtet bzw. -aufgenommen** werden.

Beispiel Die Gemeinde A besteht aus einer im Zusammenhang bebauten Ortschaft. Familie G hat ein Grundstück mit einem alten Wohnhaus erworben, das abgerissen und durch ein neues modernes Wohnhaus ersetzt werden soll. In der näheren Umgebung des Grundstücks der Familie G stehen seit Jahrzehnten weit überwiegend zweigeschossige Wohngebäude mit Satteldach nebst einer Doppelgarage. Es finden sich auch zwei Bungalows, d.h. eingeschossige Wohnhäuser mit einem Flachdach nebst einer Doppelgarage. Familie G plant dagegen Großes: Sie will ein Mehr-Generationen-Haus errichten, wo neben der vierköpfigen Familie G auch die jeweiligen Eltern der Eheleute G einziehen sollen. Familie G benötigt daher ein Wohnhaus mit vier Geschossen und Flachdach nebst drei Doppelgaragen. – Die nähere Umgebung erarbeiten Sie sich nun wie folgt: Im ersten Schritt arbeiten Sie die tatsächlich vorhandene Bebauung heraus. Die nähere Umgebung ist mehrheitlich mit zweigeschossigen Wohnhäusern mit Satteldach nebst einer Doppelgarage bebaut. Es gibt auch zwei Bungalows mit Flachdach nebst Doppelgarage. Im zweiten Schritt reduzieren Sie die tatsächlich vorhandene Bebauung auf das Wesentliche. Als „Fremdkörper" können Sie daher hier die beiden Bungalows ausscheiden. Im dritten Schritt ergänzen Sie die tatsächlich vorhandene Bebauung um eventuelle frühere bauliche Nutzungen, sofern anzunehmen ist, dass diese Nutzungen wiedererrichtet bzw. wiederaufgenommen werden. Dies ist hier nicht der Fall. ■

(2) Einfügen

270 Nachdem Sie die Eigenart der näheren Umgebung bestimmt haben, untersuchen Sie nun, ob sich das Vorhaben in die oben herausgearbeitete Eigenart der näheren Umgebung einfügt. Nach **§ 34 Abs. 1 S. 1 BauGB** beschränkt sich das Erfordernis des Einfügens auf die **Art** und das **Maß** der baulichen Nutzung, die **Bauweise** und die **Grundstücksfläche**, die überbaut werden soll.

» Lesen Sie § 34 Abs. 2 BauGB! «

271 Falls die Eigenart der näheren Umgebung einem der Baugebiete der BauNVO entspricht, beurteilt sich die Zulässigkeit des Vorhabens nach seiner *Art* gemäß **§ 34 Abs. 2 Hs. 1 BauGB** allein danach, ob es nach den §§ 2 ff. BauNVO im Baugebiet allgemein zulässig wäre, wobei § 31 BauGB entsprechend anwendbar ist (vgl. **§ 34 Abs. 2 Hs. 2 BauGB**). In seinem Anwendungsbereich ist § 34 Abs. 2 BauGB bzgl. der Frage, ob sich das Vorhaben hinsichtlich der *Art*

seiner baulichen Nutzung in die Eigenart der näheren Umgebung einfügt, **lex specialis gegenüber § 34 Abs. 1 S. 1 BauGB**[35] und demnach vorrangig vor § 34 Abs. 1 S. 1 BauGB zu prüfen.

Beispiel Wie Beispiel oben (Rn. 269). Die tatsächlich vorhandene Bebauung der näheren Umgebung entspricht einem reinen Wohngebiet i.S.d. § 3 BauNVO. Reine Wohngebiete dienen gemäß § 3 Abs. 1 BauNVO dem Wohnen. Das Vorhaben der Familie G fügt sich demnach nach seiner Art der baulichen Nutzung in die nähere Umgebung ein.

> **JURIQ-Klausurtipp**
>
> In der Fallbearbeitung prüfen Sie die Vereinbarkeit des Vorhabens mit den §§ 2 ff. BauNVO also genauso wie im Rahmen des § 30 Abs. 1 BauGB. Gleiches gilt für § 31 BauGB (s.o. Rn. 262 ff.).

Sofern § 34 Abs. 2 BauGB einschlägig ist, folgt aus der Vorrangstellung des § 34 Abs. 2 BauGB, dass Sie die Frage des Einfügens des Vorhabens hinsichtlich der *Art* seiner baulichen Nutzung in die Eigenart der näheren Umgebung **nur** nach Maßgabe des **§ 34 Abs. 2 BauGB i.V.m. §§ 2 ff. BauNVO** prüfen. Denn für diesen Fall hat der Gesetzgeber die Antwort auf diese Frage durch die Regelung in § 34 Abs. 2 BauGB vorweggenommen. 272

Die Vorrangstellung gilt aber ggf. **nur** für das Kriterium der *Art* der baulichen Nutzung. Für die anderen in § 34 Abs. 1 S. 1 BauGB genannten Kriterien, also das **Maß der baulichen Nutzung**, die **Bauweise** und die **Grundstücksfläche, die überbaut werden soll**, gilt von vornherein allein **§ 34 Abs. 1 S. 1 BauGB**. Im Rahmen des § 34 Abs. 1 S. 1 BauGB prüfen Sie, ob sich das Vorhaben nach der Art seiner baulichen Nutzung (falls § 34 Abs. 2 BauGB nicht einschlägig sein sollte), nach seinem Maß der baulichen Nutzung, seiner Bauweise und seiner Grundstücksfläche, die überbaut werden soll, in die Eigenart der näheren Umgebung einfügt. Für die Beurteilung, ob dies der Fall ist, bildet die oben (Rn. 269) herausgearbeitete **Eigenart der näheren Umgebung des Vorhabens** den **Rahmen**. Grundsätzlich fügt sich ein Vorhaben in die Eigenart der näheren Umgebung ein, wenn es sich in diesem Rahmen hält, ihn also in den genannten Merkmalen weder über- noch unterschreitet.[36] Ausnahmsweise kann ein Vorhaben auch dann zulässig sein, wenn es diesen Rahmen überschreitet, vorausgesetzt, die „**städtebauliche Harmonie**" wird nicht geschmälert. Umgekehrt kann ein Vorhaben, das sich eigentlich im vorgegebenen Rahmen hält, gleichwohl unzulässig sein, wenn es einen sog. „**Unruhestifter**" darstellt, indem es belastend, störend oder verschlechternd auf die vorhandene Bebauung einwirkt. Gleiches gilt auch für den Fall, dass ein Vorhaben, das sich eigentlich im vorgegebenen Rahmen hält, „**negative Vorbildwirkung**" hat. Dieser Ausnahmefall kommt in Betracht, wenn die Gefahr besteht, dass das an sich zulässige Vorhaben andere gleichartige Vorhaben nach sich zieht und die Situation daher umzukippen droht.[37] 273

Beispiel Hinsichtlich des Maßes der baulichen Nutzung weicht das Vorhaben der Familie G von der tatsächlich vorhandenen Bebauung der näheren Umgebung ab. Familie G will ein Wohnhaus mit vier Geschossen und Flachdach nebst drei Doppelgaragen errichten. Vorhanden sind Wohnhäuser mit zwei Geschossen und Satteldach nebst einer Doppelgarage.

---

35 Vgl. *Krautzberger* in: Battis/Krautzberger/Löhr, BauGB § 34 Rn. 46.
36 Vgl. *BVerwGE* 55, 369.
37 Vgl. *BVerwGE* 44, 302.

Das Vorhaben der Familie G überschreitet damit den vorhandenen Rahmen der Bebauung. Dies wäre jedoch unschädlich, wenn durch das Vorhaben der Familie G die städtebauliche Harmonie der Umgebung nicht geschmälert würde. Hiervon kann nicht ausgegangen werden, weil die vergleichsweise massive Bebauung auf die Umgebung störend und belastend wirken wird. Außerdem ist zu befürchten, dass das Vorhaben der Familie G eine negative Vorbildfunktion haben könnte. Somit fügt sich das Vorhaben der Familie G nach dem Maß seiner baulichen Nutzung nicht in die Eigenart der näheren Umgebung ein. ■

274 Bei der Prüfung des § 34 Abs. 1 S. 1 BauGB spielt das Gebot der Rücksichtnahme, das nach Ansicht des Bundesverwaltungsgerichts in § 34 Abs. 1 S. 1 BauGB gesetzlich verankert ist,[38] eine wesentliche Rolle. Sie müssen Sie daher die schutzwürdigen Interessen der einzelnen baulichen Nutzungen in der näheren Umgebung jeweils wechselseitig berücksichtigen und einer allseitigen interessengerechten Beurteilung zuführen.

» Lesen Sie § 34 Abs. 3a BauGB! «

Hinweis

§ 34 Abs. 3a BauGB enthält eine Sonderregelung für bestimmte Vorhaben, die sich nicht einfügen i.S.d. § 34 Abs. 1 S. 1 BauGB.[39]

bb) Wahrung der Anforderungen an gesunde Wohn- und Arbeitsverhältnisse und keine Beeinträchtigung des Ortsbildes

» Lesen Sie § 34 Abs. 1 S. 2 BauGB! «

275 Das Vorliegen der Voraussetzungen des § 34 Abs. 1 S. 2 BauGB prüfen Sie in zwei Schritten:

JURIQ-Klausurtipp

Dieser Prüfungspunkt ist in der Fallbearbeitung regelmäßig wenig relevant.

(1) Wahrung der Anforderungen an gesunde Wohn- und Arbeitsverhältnisse

276 **§ 34 Abs. 1 S. 2 BauGB** setzt in seinem **Halbsatz 1** voraus, dass die Anforderungen an gesunde Wohn- und Arbeitsverhältnisse gewahrt bleiben müssen. Bei dieser Voraussetzung handelt es sich jedoch **nur um eine äußerste Grenze der Zulässigkeit einer Bebauung**,[40] weil – wie sich einer Zusammenschau der §§ 34, 35 BauGB ergibt – der Innenbereich grundsätzlich bebaubar sein soll. **Anhaltspunkte für die notwendigen Anforderungen** ergeben sich aus **§ 136 Abs. 3 Nr. 1 BauGB** (z.B. die Belichtung, die Besonnung und die Belüftung der Wohnungen und Arbeitsstätten nach lit. a oder die Auswirkungen einer vorhandenen Mischung von Wohn- und Arbeitsstätten nach lit. d).[41]

JURIQ-Klausurtipp

Wenn sich das Vorhaben in die Eigenart der näheren Umgebung einfügt, sind regelmäßig gesunde Wohn- und Arbeitsverhältnisse i.S.d. § 34 Abs. 1 S. 2 Hs. 1 BauGB gegeben.[42]

---

[38] *BVerwG* NVwZ 1999, 523.
[39] Vgl. z.B. *Stollmann* Öffentliches Baurecht § 16 Rn. 38 f.
[40] *BVerwG* NVwZ 1991, 879.
[41] Vgl. *Hellermann* in: Dietlein/Burgi/Hellermann, Öffentliches Recht in Nordrhein-Westfalen § 4 Rn. 158.
[42] Vgl. *Brenner* Öffentliches Baurecht Rn. 564.

(2) Nichtbeeinträchtigung des Ortsbildes

In seinem **Halbsatz 2** setzt § 34 Abs. 1 S. 2 BauGB voraus, dass das Vorhaben das Ortsbild nicht beeinträchtigen darf. Ein Vorhaben, das das Ortsbild beeinträchtigt, ist unzulässig, auch wenn es sich nach § 34 Abs. 1 S. 1 BauGB in die Eigenart der näheren Umgebung einfügt. § 34 Abs. 1 S. 2 Hs. 2 BauGB hat demnach insoweit **eigenständige Bedeutung neben § 34 Abs. 1 S. 1 BauGB**.[43]

277

Für die Beurteilung der Frage, ob ein Vorhaben das Ortsbild beeinträchtigt, kommt es auf das ästhetische Empfinden eines Beobachters, der für Fragen der Ortsbildgestaltung aufgeschlossen ist, an. Wann ein Vorhaben das Ortsbild beeinträchtigt, hängt von den **Umständen des Einzelfalls**, vor allem auch von der Schutzwürdigkeit des Ortsbildes, ab.[44] Mit dem Kriterium des „**Ortsbildes**" erfasst § 34 Abs. 1 S. 2 Hs. 2 BauGB einen **größeren Bereich** als § 34 Abs. 1 S. 1 BauGB mit seinem Kriterium der „näheren Umgebung".[45] Zudem kann das Ortsbild durch § 34 BauGB nur in dem Umfang vor Beeinträchtigungen geschützt werden, wie dies im Geltungsbereich eines Bebauungsplans durch Festsetzungen nach § 9 Abs. 1 BauGB und der BauNVO möglich wäre.[46] Einschränkend gilt allerdings, dass Beeinträchtigungen des Ortsbildes **städtebauliche Qualität** haben müssen; dies folgt aus der Zugehörigkeit des § 34 BauGB zum Bauplanungsrecht.[47] Daher kann z.B. einem Vorhaben, das hinsichtlich seiner Gestaltung der Dachform als störend anzusehen sein mag, nicht entgegengehalten werden, dass es wegen dieser Gestaltung das Ortsbild beeinträchtigt, weil die Gestaltung der Dachform zwar bauordnungsrechtlich, nicht jedoch durch Festsetzungen nach § 9 Abs. 1 BauGB oder der BauNVO festgelegt werden kann.[45]

278

cc) Keine schädlichen Auswirkungen auf zentrale Versorgungsgebiete

Im Rahmen des § 34 Abs. 1 S. 1 BauGB bildet die nähere Umgebung des Vorhabens den Beurteilungsmaßstab (s.o. Rn. 269). Dieser Maßstab kann für bestimmte Vorhaben genügen, für andere Vorhaben aber unzureichend sein. Letzteres ist insbesondere dann der Fall, wenn ein Vorhaben Fernwirkungen hat.

279

Beispiel Die Gemeinden E, F und G liegen in unmittelbarer Nachbarschaft. Übereinstimmend haben die drei Gemeinden in ihren Innenstädten Grundversorgungszentren. Eines Tages plant die Gemeinde F, in ihrem Gemeindegebiet einen Gewerbepark zu eröffnen.

Der Gefahr, dass großflächige Einzelhandelsbetriebe, in der Praxis wohl insbesondere sog. Factory-Outlet-Center,[48] schädliche Einwirkungen auf zentrale Versorgungsbereiche haben, soll nach dem Willen des Gesetzgebers der durch das EAG Bau 2004 neu eingefügte **§ 34 Abs. 3 BauGB** begegnen.[49] § 34 Abs. 3 BauGB setzt voraus, dass von dem Vorhaben nach § 34 Abs. 1 oder Abs. 2 BauGB keine schädlichen Auswirkungen auf zentrale Versorgungsbereiche in der Gemeinde oder in anderen Gemeinden zu erwarten sein dürfen.

280

---

43 Vgl. zum Ganzen *BVerwG* NVwZ-RR 1991, 59.
44 *BVerwGE* 67, 23.
45 Vgl. *BVerwG* NVwZ 2000, 1169.
46 *BVerwG* NVwZ 2000, 1169.
47 *Brenner* Öffentliches Baurecht Rn. 565.
48 Dazu *Brenner* Öffentliches Baurecht Rn. 567.
49 Vgl. auch BT-Drucks. 15/2250, S. 54.

281 Den **Begriff der zentralen Versorgungsbereiche** finden Sie im BauGB an verschiedenen Stellen (neben § 34 Abs. 1 S. 2 Hs. 1 BauGB auch z.B. in § 1 Abs. 6 Nr. 4 oder § 9 Abs. 2a S. 2 und S. 3 BauGB). Das Bundesverwaltungsgericht definiert zentrale Versorgungsbereich wie folgt:[50]

> **Zentrale Versorgungsbereiche** sind Bereiche in einer Gemeinde, die aufgrund tatsächlicher Verhältnisse oder auch planerischer Festlegungen räumlich abgrenzbar sind und denen aufgrund vorhandener Einzelhandelsnutzungen eine Versorgungsfunktion über den unmittelbaren Nahbereich hinaus zukommt.

In unserem *Beispiel* oben (Rn. 279) liegen in den Gemeinden E, F und G zentrale Versorgungszentren i.d.S. vor, denn zu den Versorgungszentren gehören – neben Nahversorgungszentren – auch Grundversorgungszentren.[51]

282 Für die Beantwortung der Frage, ob von einem Vorhaben nach § 34 Abs. 1 oder Abs. 2 BauGB schädliche Auswirkungen auf zentrale Versorgungsbereiche ausgehen, müssen Sie eine **Prognose hinsichtlich zu erwartender schädlicher Auswirkungen von dem betreffenden Vorhaben** anstellen, die **alle Umstände des Einzelfalls** berücksichtigt.[52] Dabei ist zu beachten, dass § 34 Abs. 3 BauGB allein darauf abzielt, alle städtebaulich nachhaltigen Auswirkungen auf zentrale Versorgungsbereiche zu vermeiden.[53] In unserem *Beispiel* oben (Rn. 279, 281) ist anzunehmen, dass die Realisierung des von der Gemeinde F geplanten Gewerbeparks zur Folge haben würde, dass die auf eine Grundversorgung der Bevölkerung gerichteten Einzelhandelskonzeptionen in den jeweiligen Innenstädten der Nachbargemeinden E und G beeinträchtigt werden. Vor allem besteht die Gefahr, dass die Kaufkraft aus den Innenstädten dieser Gemeinden in Richtung des geplanten Gewerbegebiets in der Gemeinde F abfließt. Demnach ist anzunehmen, dass der geplante Gewerbepark schädliche Auswirkungen auf die zentralen Versorgungsbereiche in den Gemeinden E und G haben wird.

» Lesen Sie § 9 Abs. 2a BauGB! «

> **Hinweis**
>
> § 9 Abs. 2a BauGB erweitert die bauplanungsrechtlichen Möglichkeiten einer Gemeinde für den Innenbereich in Bezug auf die Erhaltung oder die Entwicklung zentraler Versorgungseinrichtungen. Im Gegensatz zu § 34 Abs. 3 BauGB, der eine Einzelfallprüfung bedingt, kann die Gemeinde über § 9 Abs. 2a BauGB bauplanerische Festsetzungen treffen.

dd) Gesicherte Erschließung

283 Schließlich setzt die bauplanungsrechtliche Zulässigkeit eines Vorhabens nach §§ 30 Abs. 3, 34 BauGB voraus, dass die Erschließung des Vorhabens gesichert ist (vgl. **§ 34 Abs. 1 S. 1 BauGB**) (s.o. Rn. 261).

---

50 *BVerwGE* 129, 307.
51 Vgl. allgemein *OVG NRW* BauR 2008, 2025.
52 Vgl. *BVerwG* NVwZ 2009, 779.
53 Vgl. *OVG NRW* NVwZ 2007, 735.

c) Bei Vorhaben im Bereich eines einfachen Bebauungsplans im Außenbereich: Vereinbarkeit des Vorhabens mit §§ 30 Abs. 3, 35 BauGB

Falls Ihre Prüfung oben (Rn. 250 ff.) ergeben hat, dass das Grundstück, auf dem das zu prüfende Vorhaben realisiert werden soll bzw. worden ist, in den Bereich eines einfachen Bebauungsplans im Außenbereich fällt, richtet sich die bauplanungsrechtliche Zulässigkeit des Vorhabens – soweit vorhanden und dann vorrangig – nach den Festsetzungen des Bebauungsplans und im Übrigen nach § 35 BauGB (vgl. § 30 Abs. 3 BauGB).

284

》 Lesen Sie zum besseren Verständnis § 35 BauGB ruhig einmal komplett durch! 《

Im Gegensatz zum Innenbereich, der nach dem Willen des Gesetzgebers grundsätzlich bebaubar ist, handelt es sich bei dem **Außenbereich** um den Bereich in einem Gemeindegebiet, im nach dem Willen des Gesetzgebers **grundsätzlich nicht gebaut** werden soll. Etwas **anderes** gilt nur für bestimmte sog. **privilegierte Vorhaben**, die **abschließend in § 35 Abs. 1 Nr. 1 bis 7 BauGB** aufgezählt sind.[54]

285

> **JURIQ-Klausurtipp**
>
> Merken Sie sich dieses gesetzgeberische Grundanliegen, denn es erleichtert Ihnen das Verständnis des § 35 BauGB in seiner Zusammenschau mit den § 30 und 34 BauGB!

Sog. **nicht-privilegierte Vorhaben**, d.h. alle Vorhaben, die nicht in § 35 Abs. 1 BauGB erwähnt sind, sind gemäß **§ 35 Abs. 2 BauGB** nur **im Einzelfall zulässig**. Dementsprechend ist bei der Prüfung, ob die materiell-rechtlichen Voraussetzungen des § 35 BauGB für die bauplanungsrechtliche Zulässigkeit eines Vorhabens erfüllt sind, zu unterscheiden:

286

> **JURIQ-Klausurtipp**
>
> In der Fallbearbeitung beginnen Sie stets mit § 35 Abs. 1 BauGB!

aa) Zulässigkeit eines privilegierten Vorhabens

Die materiell-rechtlichen Voraussetzungen des § 35 Abs. 1 BauGB für die bauplanungsrechtliche Zulässigkeit eines privilegierten Vorhabens prüfen Sie in fünf Schritten:

287

(1) Privilegiertes Vorhaben i.S.d. § 35 Abs. 1 Nr. 1 bis 7 BauGB

Zunächst untersuchen Sie, ob das Vorhaben unter einen der Privilegierungstatbestände des § 35 Abs. 1 Nr. 1 bis 7 BauGB subsumiert werden kann. Unter Berücksichtigung des gesetzgeberischen Willens, die bauliche oder sonstige Nutzung von Grundstücken im Außenbereich nur ausnahmsweise zuzulassen, müssen die Tatbestände der Nr. 1 bis 7 grundsätzlich **restriktiv** ausgelegt werden.[55] Im Folgenden werden wir die wohl klausurrelevantesten Tatbestände näher behandeln:[56]

288

(a) § 35 Abs. 1 Nr. 1 BauGB: Gemäß § 35 Abs. 1 Nr. 1 BauGB ist ein Vorhaben privilegiert, das einem land- und forstwirtschaftlichen Betrieb dient und nur einen untergeordneten Teil der Betriebsfläche einnimmt.

289

---

54 *Krautzberger* in: Battis/Krautzberger/Löhr, BauGB § 35 Rn. 1.
55 *Hellermann* in: Dietlein/Burgi/Hellermann, Öffentliches Recht in Nordrhein-Westfalen § 4 Rn. 166.
56 Vgl. näher zu allen Tatbeständen *Brenner* Öffentliches Baurecht Rn. 576 ff.

» Lesen Sie
§ 201 BauGB! «

Der **Begriff der Landwirtschaft** im bauplanungsrechtlichen Sinne wird in § 201 BauGB offen definiert. Ob ein landwirtschaftlicher Betrieb vorliegt, richtet sich danach maßgeblich nach der unmittelbaren Bodenertragsnutzung, bei der der Boden zwecks Nutzung seines Ertrages planmäßig und eigenverantwortlich bewirtschaftet wird.[57]

Beispiel Ein Schweinemastbetrieb stellt einen landwirtschaftlichen Betrieb dar, wenn der Betrieb das Futter für die Schweine überwiegend selbst erzeugt. ■

290 **Forstwirtschaft** meint die planmäßige Bewirtschaftung von Wald zwecks Holzgewinnung, wobei die Bewirtschaftung des Waldes den Anbau, die Pflege und den Abschlag umfasst.

291 Ein **Betrieb** ist jedes ernsthafte, auf Dauer angelegte und damit nachhaltige land- oder forstwirtschaftliche Unternehmen, das die Erzeugung land- oder forstwirtschaftlicher Produkte in nicht unerheblichem Umfang zum Ziel hat.

Der Betrieb muss dazu bestimmt sein, einen nicht ganz unwesentlichen Beitrag zum Lebensunterhalt des Betreibers zu leisten. Nicht ausreichend ist z.B. das Halten von zwei Schweinen. Aber es genügt, wenn es sich bei dem Betrieb um einen Nebenverdienstbetrieb handelt.[58]

292 Nach der Rechtsprechung bestimmt sich das Vorliegen eines „Betriebes" i.S.d. § 35 Abs. 1 Nr. 1 BauGB u.a. nach dem Umfang der landwirtschaftlichen Betätigung, nach der Verkehrsüblichkeit der Betriebsform, nach der Ernsthaftigkeit des Vorhabens und der Sicherung seiner Beständigkeit im Hinblick auf die persönliche Eignung des Betriebsführers und seine wirtschaftlichen Verhältnisse; von erheblicher Bedeutung ist außerdem, ob das dem Betrieb zugeordnete Gebäude nach Größe, Lage und Einrichtung zum Umfang und zur Betriebsart der landwirtschaftlichen Betätigung in einem angemessenen Verhältnis steht.[59]

293 Das Vorhaben muss gemäß § 35 Abs. 1 Nr. 1 BauGB einem land- oder forstwirtschaftlichen Betrieb dienen.

Dienen meint die – auch äußerlich erkennbare – objektive und funktionale Zu- und Unterordnung des Vorhabens zum Betrieb nach dem Verwendungszweck, der Größe, der Gestaltung, der Ausstattung und sonstiger Beschaffenheit.

Beispiel Vorhaben, die einem land- oder forstwirtschaftlichen Betrieb dienen, sind z.B. Ställe, Scheunen, Silos und Wohngebäude für den Land- oder Forstwirt. ■

294 **(b) § 35 Abs. 1 Nr. 3 BauGB:** Nach § 35 Abs. 1 Nr. 3 BauGB ist ein Vorhaben privilegiert, das der öffentlichen Versorgung mit Elektrizität, Gas, Telekommunikationsdienstleistungen, Wärme und Wasser, der Abwasserwirtschaft oder einem ortsgebundenen gewerblichen Betrieb dient.

---

57 *BVerwG* NJW 1981, 139.
58 Vgl. *BVerwGE* 122, 308.
59 *BVerwGE* 26, 121.

Zulässigkeit des Vorhabens nach §§ 30, 34, 35 BauGB

> Ein Vorhaben **dient der öffentlichen Versorgung**, wenn es ohne Rücksicht auf die Rechtsform und die Eigentumsverhältnisse zur Versorgung der Allgemeinheit bestimmt ist.

295

Dazu gehören z.B. Wasserwerke, Abwasseranlagen, Kläranlagen, Hochspannungsmasten, Rundfunk- und Fernsehtürme, Masten, die als Sende- und Empfangsanlagen für Mobilfunk dienen.[60]

> **Ortsgebunden** ist ein Betrieb, wenn er nach seinem Gegenstand und seinem Wesen nur an dem konkreten Standort betrieben werden kann.

296

Ortsgebundene Betriebe sind daher z.B. Steinbrüche, Kiesgruben, Kohlezechen, wasserbetriebene Sägewerke.

Fraglich ist, ob auch nicht ortsgebundene Betriebszweige, die die abgebauten Rohstoffe verarbeiten, zu den privilegierten Vorhaben i.S.d. § 35 Abs. 1 Nr. 3 BauGB zählen.

297

Beispiel L besitzt ein Kiesbauunternehmen im Außenbereich der Gemeinde R. Nun plant er, dort auch eine Transportbetonanlage zu errichten. – Bei der geplanten Transportbetonanlage handelt es sich um einen Betriebszweig, bei dem der abgebaute Kies verarbeitet werden soll. Ob ein solcher Betriebszweig wie das unstreitig ortsgebundene Kiesbauunternehmen des L ebenfalls zu den privilegierten Vorhaben i.S.d. § 35 Abs. 1 Nr. 3 BauGB gehört, bestimmt sich nach Ansicht des Bundesverwaltungsgerichts danach, ob zum ortsgebundenen Betrieb wegen der technischen Erfordernisse typischerweise auch nicht ortsgebundene Tätigkeiten gehören.[61] Auf der Grundlage dieser Rechtsprechung hat der Bayerische VGH entschieden, dass eine Transportbetonanlage nicht typischerweise zu einem Kiesbauunternehmen gehört.[62]

Über den Wortlaut des § 35 Abs. 1 Nr. 3 BauGB hinaus erstreckt das Bundesverwaltungsgericht das Erfordernis der **Ortsgebundenheit** auch auf **die der öffentlichen Versorgung und der Abwasserwirtschaft dienenden Vorhaben**. Auch diese Vorhaben müssen aus geographischen oder geologischen Gründen auf den konkreten Standort angewiesen sein.[63]

298

(c) § 35 Abs. 1 Nr. 4 BauGB: Nach § 35 Abs. 1 Nr. 4 BauGB ist ein Vorhaben privilegiert, das wegen seiner besonderen Anforderungen an seine Umgebung (Var. 1), wegen seiner nachteiligen Wirkung auf die Umgebung (Var. 2) oder wegen seiner besonderen Zweckbestimmung (Var. 3) nur im Außenbereich ausgeführt werden soll. **Generalklauselartig** erfasst § 35 Abs. 1 Nr. 4 BauGB somit **alle Vorhaben, die auf die Errichtung im Außenbereich angewiesen sind**.

299

Bei den Vorhaben, die wegen ihrer besonderen Anforderungen an ihre Umgebung i.S.d. § 35 Abs. 1 Nr. 4 Var. 1 BauGB privilegiert sind, ergibt sich die besondere Anforderung an die Umgebung regelmäßig von selbst. Zu diesen privilegierten Vorhaben gehören z.B. Aussichtstürme, Seilbahnen, Staumauern, Schleusen.

300

---

60 *VGH BW* NVwZ-RR 1998, 715.
61 Vgl. *BVerwGE* 50, 346.
62 *VGH Bayern* BayVBl. 1979, 501.
63 Vgl. *BVerwGE* 96, 95: „… hier und so nur an der fraglichen Stelle betrieben werden kann".

301 Vorhaben sind wegen ihrer nachteiligen Wirkung auf die Umgebung i.S.d. **§ 35 Abs. 1 Nr. 4 Var. 2 BauGB** privilegiert, wenn sie selbst in ausgewiesenen Industriegebieten nicht errichtet werden können, weil sie entweder besonders gefahrenträchtig sind oder so stark emittieren, dass sie selbst in Industriegebieten regelmäßig das zumutbare Maß übersteigen. Dazu zählen z.B. Sprengstofflager, Mülldeponien, Massentierhaltungen, Schweinemästereien, Tierkörperbeseitigungsanlagen, Steinbrüche, Zementfabriken.[64] Vorhaben, die nach dem Stand der Technik vermeidbare Emissionen verursachen, sind jedoch auch im Außenbereich unzulässig.[65]

302 Vorhaben sind wegen ihrer besonderen Zweckbestimmung i.S.d. **§ 35 Abs. 1 Nr. 4 Var. 3 BauGB** privilegiert, wenn diese eine besondere Beziehung zum Außenbereich aufweist, die eine bevorzugte Zulassung im Außenbereich rechtfertigt. Dazu gehören z.B. Schutzhütten für Wanderer, Tierparks, Autobahnraststätten.[66]

303 Nach ihrem Wortlaut („soll") gilt die generalklauselartige Privilegierung **§ 35 Abs. 1 Nr. 4 BauGB** jedoch nur eingeschränkt. Dies bedeutet, dass nicht jedes Vorhaben, das sinnvollerweise seinen Standort im Außenbereich haben sollte, auch dort errichtet werden kann. Eine Errichtung kommt nur in Betracht, wenn das Vorhaben im Einklang mit der Funktion des Außenbereichs, also der Wahrung seiner naturgegebenen Bodennutzung und seiner Erholungsfunktionen für die Allgemeinheit, steht. Demnach ist ein Vorhaben im Außenbereich dann nicht zulässig, wenn es unter Ausschluss der Allgemeinheit allein der individuellen Erholung dienen soll.[67] Dies tritt z.B. für private Wochenendhäuser,[68] Campingplätze,[69] Tennisanlagen,[70] oder eine Kapelle, die allein aus religiösen oder weltanschaulichen Gründen für den Errichtungsort gefordert wird,[71] zu.

> **JURIQ-Klausurtipp**
>
> In der Fallbearbeitung kann es erforderlich sein, mehrere Privilegierungstatbestände zumindest anzuprüfen. In Ihrem Gutachten beginnen Sie dann mit den nicht erfüllten Tatbeständen, bevor Sie den Tatbestand prüfen, dessen Voraussetzungen vorliegen.

(2) Kein Entgegenstehen öffentlicher Belange

304 Hat Ihre Prüfung oben (Rn. 288 ff.) ergeben, dass das zu prüfende Vorhaben privilegiert ist, können Sie als Zwischenergebnis festhalten, dass das Vorhaben generell im Außenbereich zulässig ist. Eine Entscheidung darüber, ob es an dem konkret gewählten Standort zulässig ist, ist damit noch nicht getroffen. An dem konkreten Standort ist das privilegierte Vorhaben nur dann zulässig, wenn ihm keine öffentlichen Belange „entgegenstehen". **§ 35 Abs. 3 BauGB** zählt **beispielhaft** (vgl. Wortlaut „insbesondere") öffentliche Belange in Form unbestimmter Rechtsbegriffe auf.[72] Obwohl § 35 Abs. 3 BauGB nach seinem Wortlaut („Beeinträch-

---

64 Vgl. zum Ganzen *Brenner* Öffentliches Baurecht Rn. 591.
65 *BVerwGE* 55, 118.
66 Vgl. *Brenner* Öffentliches Baurecht Rn. 592 (mit weiteren Beispielen).
67 Vgl. zum Ganzen *Erbguth* in: Tettinger/Erbguth/Mann, Besonderes Verwaltungsrecht Rn. 1109.
68 *BVerwGE* 18, 247.
69 *BVerwGE* 48, 109.
70 *BVerwG* NVwZ 1991, 878.
71 *OVG RhPf.* DÖV 2007, 1021.
72 Vgl. *Krautzberger* in: Battis/Krautzberger/Löhr, BauGB § 35 Rn. 49.

Zulässigkeit des Vorhabens nach §§ 30, 34, 35 BauGB 4 C I

tigung") eigentlich nur auf § 35 Abs. 2 BauGB (dort ist im Gegensatz zu § 35 Abs. 1 BauGB ebenfalls von „beeinträchtigen" die Rede) anwendbar ist, wird die nicht abschließende **Aufzählung öffentlicher Belange in § 35 Abs. 3 BauGB auch im Rahmen des § 35 Abs. 1 BauGB berücksichtigt**.[73] Von den in § 35 Abs. 3 S. 1 BauGB aufgezählten öffentlichen Belangen ist § 35 Abs. 3 S. 1 Nr. 3 BauGB („schädliche Umwelteinwirkungen") besonders hervorzuheben.[74] Das Bundesverwaltungsgericht sieht in diesem öffentlichen Belang das Gebot der Rücksichtnahme gesetzlich ausgeformt, das aber als ungeschriebener öffentlicher Belang ohnehin anerkannt ist.[75]

Ob öffentliche Belange einem privilegierten Vorhaben im Einzelfall entgegenstehen, entscheiden Sie aufgrund einer **Abwägung zwischen den für das Vorhaben sprechenden privaten Interessen des Bauwilligen und den betroffenen öffentlichen Belangen**, wobei der vom Gesetzgeber vorgenommenen Privilegierung des Vorhabens besonderes Gewicht beizumessen ist.[76] **305**

Beispiel Eine Windkraftanlage kann im Einzelfall unzulässig sein, wenn ihr wegen ihrer optisch bedrängenden Wirkung auf bewohnte Nachbargrundstücke das als öffentlicher Belang zu beachtende Gebot der Rücksichtnahme entgegensteht.[77]

> **JURIQ-Klausurtipp**
>
> Halten Sie bei dieser Abwägung die Grundentscheidung des Gesetzgebers im Hinterkopf, dass privilegierte Vorhaben im Außenbereich grundsätzlich zulässig sind. Daher kann ein öffentlicher Belang nur im Einzelfall zur Unzulässigkeit führen.

(3) Gesicherte Erschließung

Zu der wenig klausurrelevanten Voraussetzung einer gesicherten Erschließung kann auf die Ausführungen oben (Rn. 261), die hier entsprechend gelten, verwiesen werden. **306**

(4) Sog. Schonungsgebot und sog. Rückbauverpflichtung

Schließlich sind die in § 35 Abs. 5 S. 1 bis 3 BauGB genannten Anforderungen zu beachten. Wegen der geringen Klausurrelevanz sollen das sog. Schonungsgebot und das sog. Rückbauverbot hier nicht näher behandelt werden.[78] **307**

> **Hinweis**
>
> Erfüllt ein privilegiertes Vorhaben alle eben dargestellten Voraussetzungen, „ist" es zulässig (vgl. § 35 Abs. 1 BauGB).

---

73 Vgl. zum Ganzen *Brenner* Öffentliches Baurecht Rn. 597 und Rn. 599.
74 Vgl. näher hierzu und zu den anderen öffentlichen Belangen i.S.d. § 35 Abs. 3 S. 1 BauGB im Einzelnen *Brenner* Öffentliches Baurecht Rn. 600 ff.
75 Erstmals *BVerwGE* 55, 122.
76 Vgl. *BVerwGE* 28, 148.
77 *OVG NRW* DVBl. 2006, 1532.
78 Vgl. dazu näher *Brenner* Öffentliches Baurecht Rn. 635 f.

bb) Zulässigkeit eines nicht-privilegierten Vorhabens

308 Sofern Ihre Prüfung oben (Rn. 288 ff.) ergibt, dass es sich bei dem zu prüfenden Vorhaben nicht um ein privilegiertes Vorhaben i.S.d. § 35 Abs. 1 Nr. 1 bis 7 BauGB handelt, untersuchen die bauplanungsrechtliche Zulässigkeit dieses Vorhabens als nicht-privilegiertes Vorhaben. Denn alle Vorhaben, die nicht unter einen der Privilegierungstatbestände des § 35 Abs. 1 BauGB subsumiert werden können, stellen nicht-privilegierte Vorhaben i.S.d. § 35 Abs. 2 BauGB dar. Dazu gehören z.B. Wochenendhäuser, Ferienhäuser, private Berghütten, Campingplätze,[79] Tennisanlagen,[80] ortsfeste Wohnwagen.[81]

> **JURIQ-Klausurtipp**
>
> Da sich diese Erkenntnis zwangsläufig aus der Systematik des § 35 BauGB ergibt, brauchen Sie das Vorliegen eines nicht-privilegierten Vorhabens nicht in einem gesonderten Punkt zu prüfen; es genügt vielmehr eine entsprechende Feststellung.

309 Nicht-privilegierte Vorhaben, in § 35 Abs. 2 BauGB als „sonstige Vorhaben" bezeichnet, können gemäß § 35 Abs. 2 BauGB im Einzelfall zugelassen werden, wenn ihre Ausführung oder Benutzung öffentliche Belange nicht beeinträchtigt und die Erschließung gesichert ist. Der Wortlaut des § 35 Abs. 2 BauGB bringt den Willen des Gesetzgebers deutlich zum Ausdruck: Im Gegensatz zu den privilegierten Vorhaben sind **nicht-privilegierte Vorhaben im Außenbereich grundsätzlich unzulässig** und unterliegen somit quasi einem **Bauverbot**.[82]

310 Nach dem Wortlaut des § 35 Abs. 2 BauGB (vgl. „können") steht die Entscheidung, ob ein nicht-privilegiertes Vorhaben bei Vorliegen der materiell-rechtlichen Voraussetzungen zulässig ist, im Ermessen der Behörde. Ein Bauwilliger hätte somit nur einen Anspruch auf fehlerfreie Ermessensentscheidung. Die h.M., zu der auch das Bundesverwaltungsgericht gehört,[83] räumt dem Bauwilligen jedoch – entgegen dem Wortlaut des § 35 Abs. 2 BauGB – einen Rechtsanspruch auf Zulassung des nicht-privilegierten Vorhabens ein, wenn nach der in § 35 Abs. 2 BauGB vorzunehmenden Abwägung zwischen den für das Vorhaben sprechenden privaten Interessen des Bauwilligen und den betroffenen öffentlichen Belangen keine Beeinträchtigung öffentlicher Belange festzustellen ist. Zur Begründung führt die h.M. an, die durch Art. 14 Abs. 1 GG garantierte Baufreiheit stehe der Möglichkeit entgegen, die Entscheidung darüber, ob ein nicht-privilegiertes Vorhaben, das keine öffentlichen Belange beeinträchtigt und dessen Erschließung gesichert ist, in das Ermessen der Behörde zu stellen. Denn die Prüfung, ob das nicht-privilegierte Vorhaben öffentliche Belange beeinträchtigt, habe unbestimmte Rechtsbegriffe („öffentliche Belange", „beeinträchtigen"), die der Tatbestand der Norm enthalte, zum Gegenstand. Ergebe diese Prüfung, dass das Vorhaben öffentliche Belange nicht beeinträchtigt, räume die Norm auf seiner Rechtsfolgenseite keine weitere Möglichkeit ein, das Vorhaben dann noch für unzulässig zu erklären. Wäre eine solche Möglichkeit gegeben, würde die Behörde den Inhalt des Eigentums bestimmen. Dies sei aber dem Gesetzgeber vorbehalten (vgl. Art. 14 Abs. 1 S. 2 GG).

---

[79] *BVerwGE* 48, 109.
[80] *BVerwG* NVwZ 1991, 878.
[81] *BVerwG* NVwZ 1988, 144.
[82] Vgl. *Brenner* Öffentliches Baurecht Rn. 615.
[83] *BVerwGE* 18, 247; auch *Erbguth* in: Tettinger/Erbguth/Mann, Besonderes Verwaltungsrecht Rn. 1113; a.A. *Brenner* Öffentliches Baurecht Rn. 620 (ohne Begründung).

Zulässigkeit des Vorhabens nach §§ 30, 34, 35 BauGB 4 C I

Die ausnahmsweise Zulässigkeit eines nicht-privilegierten Vorhabens prüfen Sie in drei Schritten: 311

(1) Keine Beeinträchtigung öffentlicher Belange

Im Gegensatz zu § 35 Abs. 1 BauGB, nach dem ein privilegiertes Vorhaben nur dann unzulässig ist, wenn ihm öffentliche Belange „entgegenstehen", ist ein nicht-privilegiertes Vorhaben – entsprechend der gesetzgeberischen Intention des § 35 Abs. 2 BauGB – bereits dann unzulässig, wenn das Vorhaben öffentliche Belange (nur schon) **beeinträchtigt**. Wann eine Beeinträchtigung öffentlicher Belange vorliegt, entscheiden Sie aufgrund einer Abwägung zwischen den für das Vorhaben sprechenden privaten Interessen des Bauwilligen und den betroffenen öffentlichen Belangen, die in § 35 Abs. 3 BauGB beispielhaft aufgezählt sind (s.o. Rn. 304). Eine Beeinträchtigung öffentlicher Belange liegt dabei bereits dann vor, wenn ein öffentlicher Belang **nicht unwesentlich nachteilig berührt** wird. 312

Hinsichtlich einzelner nicht-privilegierter Vorhaben i.S.d. § 35 Abs. 2 BauGB ist **§ 34 Abs. 4 BauGB** zu beachten. Diese Vorschrift begünstigt einzelne nicht-privilegierte Vorhaben i.S.d. § 35 Abs. 2 BauGB, indem ihnen bestimmte öffentliche Belange i.S.d. § 35 Abs. 3 S. 1 BauGB nicht entgegengehalten werden können (sog. **teilprivilegierte Vorhaben**). Bei den von § 35 Abs. 4 BauGB erfassten Vorhaben handelt es sich um bereits im Außenbereich bestehende Anlagen. Damit liegen der Regelung des § 35 Abs. 4 BauGB Erwägungen des Bestandsschutzes zugrunde.[84] 313

Beispiel Ein Bauernhof ist durch einen schweren Orkan zerstört worden. Sofern der ursprünglich zulässigerweise errichtete Bauernhof „alsbald", d.h. innerhalb eines Zeitraums, in dem nach der Verkehrsauffassung noch kein durch die Zerstörung des Bauernhofs verursachter Wandel der Grundstückssituation eingetreten ist,[85] an gleicher Stelle neu errichtet werden soll, handelt es sich um ein privilegiertes Vorhaben i.S.d. § 35 Abs. 4 Nr. 3 BauGB. – Wenn der Bauernhof dagegen durch Verfall zerstört wird, liegt kein ungewöhnliches Ereignis i.S.d. Nr. 3 vor.[86] ■

> **Hinweis**
>
> Als Ausnahmetatbestand ist § 35 Abs. 4 BauGB eng auszulegen.[87]

Unter den Voraussetzungen des § 35 Abs. 6 S. 1 und S. 2 BauGB können Vorhaben i.S.d. § 35 Abs. 2 BauGB, die Wohnzwecken dienen, oder kleineren Handwerks- und Gewerbebetrieben bestimmte öffentliche Belange nicht entgegengehalten werden, wenn die Gemeinde eine entsprechende sog. **Außenbereichssatzung** erlassen hat, für deren Aufstellung § 35 Abs. 6 S. 4 bis 6 BauGB zu beachten ist. Eine Außenbereichssatzung ähnelt in ihrer Wirkung der begünstigenden Regelung des § 35 Abs. 4 BauGB, ermöglicht aber – anders als § 35 Abs. 4 BauGB – in einem begrenzten Umfang auch neue Vorhaben.[88] Denn ein bebauter Bereich i.S.d. § 35 Abs. 6 BauGB ist nur gegeben, wenn die bereits vorhandene Bebauung auf eine weitere Bebauung im Wege der baulichen Verdichtung hindeutet.[89] 314

---

84 Vgl. näher dazu *Erbguth* in: Tettinger/Erbguth/Mann, Besonderes Verwaltungsrecht Rn. 1131 ff.
85 Vgl. *Krautzberger* in: Battis/Krautzberger/Löhr, BauGB § 35 Rn. 105.
86 Vgl. *BVerwGE* 62, 32.
87 *BVerwGE* 107, 264.
88 *Erbguth* in: Tettinger/Erbguth/Mann, Besonderes Verwaltungsrecht Rn. 1136.
89 *BVerwGE* 126, 233.

(2) Gesicherte Erschließung

315 Des Weiteren setzt § 35 Abs. 2 BauGB voraus, dass die **Erschließung** des nicht-privilegierten Vorhabens **gesichert** ist. Insoweit kann auf die Ausführungen oben (Rn. 261), die hier entsprechend gelten, verwiesen werden.

(3) Sog. Schonungsgebot und sog. Rückbauverpflichtung

316 Schließlich sind die in § 35 Abs. 5 S. 1 bis 3 BauGB genannten Anforderungen zu beachten. Auch insoweit kann auf die Ausführungen oben (Rn. 307), die hier entsprechend gelten, verwiesen werden.

317 Exkurs: Aktiver Bestandsschutz nach Art. 14 Abs. 1 GG?

Wenn ein Vorhaben nach dem einfachen Recht nicht zulässig ist, stellt sich die Frage, ob sich die Zulässigkeit nicht aus dem höherrangigen Verfassungsrecht, insbesondere aus dem Grundrecht aus Art. 14 Abs. 1 GG, ergeben kann. Diese Frage ist vor allem für bereits bestehende Anlagen, die ersetzt, umgebaut oder in ihrer Nutzung geändert werden sollen, von Bedeutung.

Früher vertrat das Bundesverwaltungsgericht die Ansicht, unmittelbar aus Art. 14 Abs. 1 GG ergebe sich ein Anspruch auf sog. **aktiven Bestandsschutz** (zum passiven Bestandsschutz unten Rn. 455 und Rn. 459). Das aus Art. 14 Abs. 1 GG hergeleitete Institut der verfassungskräftig verfestigten Anspruchsposition sollte einem Bauherrn das Recht einräumen, unter bestimmten Voraussetzungen bauliche Anlagen wiederzuerrichten und neu zu errichten, die nach geltendem Recht unzulässig waren.[90] Letztlich garantierte Art. 14 Abs. 1 BauGB eine Anspruchsgrundlage für die Erteilung einer entsprechenden Baugenehmigung.

Daneben war ein sog. **überwirkender Bestandsschutz** anerkannt, der einem Bauherrn die Möglichkeit eröffnete, eine bauliche Anlage ungeachtet der entgegenstehenden Rechtslage neu zu errichten, wenn der bereits vorhandene Bestand allein nach Durchführung der geplanten Maßnahmen bestimmungsgemäß weitergenutzt werden konnte.[91]

Diese Rechtsprechung hat das Bundesverwaltungsgericht mittlerweile ganz aufgegeben. Es steht nunmehr auf dem Standpunkt, Art. 14 Abs. 1 GG gewährleiste **keinen unmittelbaren Anspruch auf aktiven Bestandsschutz**, und begründet diese neue Sichtweise damit, dass der Inhalt und die Schranken des Eigentums, also auch etwaige Ansprüche auf aktiven Bestandsschutz, gemäß Art. 14 Abs. 1 S. 2 GG allein durch den Gesetzgeber festgelegt werden.[92] Der aktive Bestandsschutz unmittelbar aus Art. 14 Abs. 1 GG ist damit obsolet.[93] Dies gilt nach unbestrittener Auffassung des Bundesverwaltungsgerichts auch dann, wenn ein gesetzlicher Bestandsschutz fehlt.[94]

Exkurs Ende.

---

90 Vgl. *BVerwGE* 26, 111; 47, 126.
91 Vgl. *BVerwGE* 59, 49.
92 Vgl. zunächst den eingeschränkten Anspruchsausschluss in *BVerwGE* 88, 191; später dann den weitergehenden, uneingeschränkten Anspruchsausschluss in *BVerwGE* 106, 228.
93 Hierzu und zum Ganzen näher *Brenner* Öffentliches Baurecht Rn. 640 ff.
94 *BVerwGE* 106, 228.

Zulässigkeit des Bauvorhabens nach § 33 BauGB 4 C II

d) Bei Vorhaben im gänzlich unbeplanten Innen- oder Außenbereich: Vereinbarkeit des Vorhabens mit § 34 BauGB oder § 35 BauGB

Ergibt Ihre Prüfung oben (Rn. 253), dass das Grundstück, auf dem das zu prüfende Vorhaben realisiert worden ist oder realisiert werden soll, gänzlich außerhalb eines beplanten Bereichs liegt, untersuchen Sie die bauplanungsrechtliche Zulässigkeit des Vorhabens – je nachdem, ob das Vorhaben im unbeplanten Innen- oder Außenbereich liegt – ausschließlich nach Maßgabe des § 34 BauGB oder des § 35 BauGB. Bzgl. Einzelheiten kann auf die Darstellungen zu § 34 BauGB und § 35 BauGB oben (Rn. 267 ff. und Rn. 285 ff.), die hier entsprechend gelten, verwiesen werden.

318

> **JURIQ-Klausurtipp**
>
> Denken Sie daran, dass § 30 BauGB im unbeplanten Bereich gerade nicht anwendbar ist!

II. Zulässigkeit des Bauvorhabens nach § 33 BauGB

1. Überblick

Kommen Sie oben (Rn. 254 ff.) zum Ergebnis, dass das zu prüfende Vorhaben nach Maßgabe der §§ 30, 34, 35 BauGB bauplanungsrechtlich unzulässig ist, kann das Vorhaben schließlich allerdings gemäß § 33 BauGB zulässig sein. § 33 BauGB enthält einen **positiven Zulässigkeitstatbestand**,[95] nach dem in Gebieten, für die ein Beschluss über die Aufstellung eines Bebauungsplans gefasst ist, ein Vorhaben unter bestimmten Voraussetzungen zulässig ist.

319 »Lesen Sie § 33 BauGB!«

> **JURIQ-Klausurtipp**
>
> Merken Sie sich: Nur wenn ein Vorhaben nach den §§ 30, 34, 35 BauGB unzulässig ist, prüfen Sie § 33 BauGB. § 33 BauGB gilt insoweit demnach subsidiär. Wenn das Vorhaben bereits nach den §§ 30, 34, 35 BauGB zulässig ist, kommt § 33 BauGB nicht zur Anwendung. Aus § 33 BauGB kann sich daher niemals die Unzulässigkeit eines Vorhaben ergeben.[96]
>
> Ob Sie § 33 BauGB in Ihrer Fallbearbeitung zumindest anprüfen müssen, werden Sie regelmäßig anhand der Angaben im Sachverhalt erkennen, insbesondere wenn dort die eine oder andere Voraussetzung des § 33 BauGB erwähnt wird (z.B. die Gemeinde hat beschlossen, einen Bebauungsplan aufzustellen; der Bauherr hat die zukünftigen Festsetzungen des Bebauungsplans für sich und seine Rechtsnachfolger anerkannt).

Im Gegensatz zu den Instrumenten zur Sicherung der Bauleitplanung – hiernach werden gegenwärtig bauplanungsrechtlich zulässige Vorhaben mit Blick auf die künftige kommunale Bauleitplanung, mit der die Vorhaben dann nicht mehr vereinbar sind, „gesperrt" (s.o. Rn. 161) –, ermöglicht § 33 BauGB, dass gegenwärtig unzulässige Vorhaben mit Blick auf die künftigen Festsetzungen eines Bebauungsplans, mit denen das Vorhaben dann vereinbar ist, zugelassen werden (können).[96] Der Sache nach bewirkt § 33 BauGB die Zulässigkeit des Vor-

320

---

95 BVerwGE 20, 127.
96 Vgl. *Hellermann* in: Dietlein/Burgi/Hellermann, Öffentliches Recht in Nordrhein-Westfalen § 4 Rn. 186.

habens, indem der **maßgebliche Beurteilungszeitpunkt für die bauplanungsrechtliche Zulässigkeit des Vorhabens vorverlegt** wird.[97]

Beispiel K besitzt ein bislang unbebautes Grundstück im derzeit noch unbeplanten und unerschlossenen Innenbereich in der Gemeinde W. K beabsichtigt, das Grundstück mit einem mehrgeschossigen Mehrfamilienhaus zu bebauen. Wie K zu Beginn seiner Planungen erfährt, ist sein Vorhaben derzeit nicht mit § 34 BauGB vereinbar und damit unzulässig. Einige Zeit später erreicht K die freudige Nachricht, dass der Rat der Gemeinde W beschlossen hat, für das betreffende Gebiet einen Bebauungsplan aufzustellen. Nach dem Willen der Gemeinde soll das Gebiet als reines Wohngebiet ausgewiesen werden und mit Wohngebäuden bis zu drei Geschossen bebaut werden dürfen. Die Gemeinde hat die Öffentlichkeit und die Behörden bereits förmlich beteiligt. K ist mit den geplanten Festsetzungen einverstanden und teilt der Gemeinde W in einem Brief mit, dass er und seine Rechtsnachfolger die Planung anerkennen. ∎

2. Zulässigkeitsvoraussetzungen

321 Ob ein Vorhaben gemäß § 33 BauGB zulässig ist, prüfen Sie in vier Schritten:

a) Sog. formelle Planreife

322 Zunächst muss für das Vorhaben die sog. **formelle Planreife** bestehen. Diese ist in **§ 33 Abs. 1 Nr. 1 BauGB** geregelt und setzt grundsätzlich voraus, dass die Öffentlichkeit sowie die Behörden und sonstigen Träger öffentlicher Belange nach § 3 Abs. 2, § 4 Abs. 2 und § 4a Abs. 2 bis 5 BauGB beteiligt worden sind (vgl. o. Rn. 63 ff.). In unserem *Beispiel* oben (Rn. 320) sind die Öffentlichkeit und die Behörden förmlich beteiligt worden. Demnach liegt die formelle Planreife vor.

323 Abweichend von § 33 Abs. 1 Nr. 1 BauGB kann ein Vorhaben ausnahmsweise auch vor dem Erreichen der formellen Planreife zugelassen werden (vgl. § 33 Abs. 2 und Abs. 3 BauGB). Anders als bei § 33 Abs. 1 BauGB (vgl. Wortlaut „ist … zulässig") besteht in diesen Fällen jedoch kein Rechtsanspruch auf die Zulassung; vielmehr steht die Zulassung in diesen Fällen im Ermessen der Behörde (vgl. Wortlaut „… kann … zugelassen werden.").

b) Sog. materielle Planreife

324 Neben der formellen Planreife muss auch die sog. **materielle Planreife** gegeben sein. Diese ist in **§ 33 Abs. 1 Nr. 2 BauGB** geregelt und setzt voraus, dass anzunehmen ist, dass das Vorhaben den künftigen Festsetzungen des Bebauungsplans nicht entgegensteht. Ob dies der Fall ist, bestimmen Sie anhand einer **Prognose** und legen dabei einen **strengen Maßstab** an. Es muss die **begründete Annahme** bestehen, dass der **vorliegende Planentwurf in seinem konkret vorgesehenen Inhalt in Kraft treten wird**.[98] In unserem *Beispiel* oben (Rn. 320) ist mangels entgegenstehender Hinweise im Sachverhalt sicher davon auszugehen, dass die geplanten Festsetzungen des Bebauungsplans unverändert in Kraft treten werden. Demnach liegt auch die materielle Planreife vor.

---

97 Vgl. *Brenner* Öffentliches Baurecht Rn. 520.
98 *OVG NRW* NVwZ-RR 2001, 568.

c) Schriftliches Anerkenntnis der Festsetzungen durch den Antragsteller für sich und seine Rechtsnachfolger

Des Weiteren muss der Antragsteller, d.h. der **Bauherr** die geplanten **Festsetzungen des Bebauungsplans für sich und seine Rechtsnachfolger schriftlich anerkennen** (vgl. § 33 Abs. 1 Nr. 3 BauGB). In unserem *Beispiel* oben (Rn. 320) hat K einen Brief an die Gemeinde W gesendet und ihr darin sein Anerkenntnis für sich und seine Rechtsnachfolger mitgeteilt. Damit ist auch diese Voraussetzung erfüllt.

325

d) Gesicherte Erschließung

Schließlich muss gemäß **§ 33 Abs. 1 Nr. 4 BauGB** die **Erschließung gesichert** sein. Die insoweit notwendigen Voraussetzungen ergeben sich aus den §§ 123 ff. BauGB. In unserem *Beispiel* oben (Rn. 320) ist das Gebiet, in dem K sein Mehrfamilienhaus errichten will, noch nicht erschlossen. Folglich ist die Voraussetzung des § 33 Abs. 1 Nr. 4 BauGB nicht erfüllt und das Vorhaben damit auch nach § 33 BauGB nicht zulässig.

326

> **Hinweis**
>
> Gemäß § 123 Abs. 3 BauGB besteht kein Rechtsanspruch auf eine Erschließung. Allerdings ist in der Rechtsprechung anerkannt, dass sich die Ermessensentscheidung der Behörde, ein Gebiet zu erschließen, jedoch in bestimmten Fällen auf Null reduziert, so dass dann ausnahmsweise ein Rechtsanspruch auf die Erschließung besteht.[99]

III. Gemeindliches Einvernehmen

1. Überblick

Gemäß **§ 36 Abs. 1 S. 1 BauGB** entscheidet die Baugenehmigungsbehörde im bauaufsichtlichen Verfahren über die Zulässigkeit von Vorhaben nach den §§ 31, 33 bis 35 BauGB im Einvernehmen mit der Gemeinde. In Baugenehmigungsverfahren, die die Frage zum Gegenstand haben, ob ein Vorhaben mit den §§ 31, 33 bis 35 BauGB vereinbar ist, ist die Gemeinde somit **mitentscheidend beteiligt**. Diese mitentscheidende Beteiligung der Gemeinde soll deren Planungshoheit schützen und damit die verfassungsrechtlich verbürgte Selbstverwaltungsgarantie sichern.[100] Ein Schutz der Planungshoheit ist notwendig, weil die Gemeinde Trägerin der Bauleitplanung ist, über die Zulässigkeit von Vorhaben im Einzelfall aber die staatliche weisungsunterworfene Bauaufsicht, die entweder von der Gemeinde selbst oder von einer anderen Behörde wahrgenommen wird (dazu unten Rn. 371 f.), entscheidet.[101]

327

» Lesen Sie § 36 BauGB! «

Das gemeindliche Einvernehmen ist nicht nur im bauaufsichtlichen Verfahren, sondern aufgrund derselben Erwägungen auch in den Fällen des § 36 Abs. 1 S. 2 BauGB vorgesehen.

328

---

99 Vgl. *BVerwGE* 92, 8.
100 Vgl. *BVerwGE* 22, 342.
101 Vgl. *Hellermann* in: Dietlein/Burgi/Hellermann, Öffentliches Recht in Nordrhein-Westfalen § 4 Rn. 198.

Hinweis

Gemäß § 36 Abs. 1 S. 4 BauGB kann in den Fällen des § 35 Abs. 2 und Abs. 4 BauGB außerdem die Zustimmung der höheren Verwaltungsbehörde erforderlich sein.

329 Umstritten ist, ob die Gemeinde ihr Einverständnis auch dann erteilen muss, wenn die im Baugenehmigungsverfahren grundsätzlich entscheidende untere Bauaufsichtsbehörde (s.u. Rn. 371) mit der Gemeinde identisch ist.

Beispiel Wie Beispiel oben (Rn. 320). K stellt einen Antrag auf Erteilung der Baugenehmigung für ein dreigeschossiges Mehrfamilienhaus. Für die Entscheidung über den Bauantrag ist die Gemeinde W als untere Bauaufsichtsbehörde zuständig. Sie zögert, ob sie ihr gemeindliches Einvernehmen erteilen soll. ■

Eine Ansicht, der auch das Bundesverwaltungsgericht angehört,[102] nimmt an, in diesem Falle sei die Erteilung des gemeindlichen Einvernehmens entbehrlich. Zur Begründung ihres Standpunktes beruft sich diese Ansicht auf den Zweck des § 36 BauGB, die Planungshoheit der Gemeinde über die mitentscheidende Beteiligung im Baugenehmigungsverfahren zu sichern. Dieser Zweck sei von vornherein erfüllt, wenn die untere Bauaufsichtsbehörde und die Gemeinde identisch seien. Dies gelte auch unter dem Gesichtspunkt, wenn innerhalb der Gemeinde verschiedene Organe für die Erteilung des Einvernehmens einerseits und die Erteilung der Baugenehmigung andererseits zuständig seien. Darüber hinaus sei die Gemeinde im Falle ihrer Identität mit der unteren Bauaufsichtsbehörde nicht berechtigt, sich selbst den Anwendungsbereich des § 36 Abs. 1 S. 1 BauGB zu eröffnen und die Ablehnung eines Bauantrags damit zu begründen, das Einvernehmen sei zu versagen. Dementsprechend dürfe sich die Gemeinde auch ggf. nicht hierauf gegenüber der Widerspruchsbehörde berufen. Auf der Grundlage dieser Ansicht ist § 36 Abs. 1 S. 1 BauGB von vornherein nicht anwendbar, so dass das Zögern der Gemeinde W unbeachtlich ist.

>> Nutzen Sie zum besseren Verständnis der Argumentation ggf. die Gelegenheit zu einer Wiederholung der gemeindlichen Aufgaben im Skript „Kommunalrecht NRW"! <<

Nach anderer Ansicht soll die Erteilung des gemeindlichen Einvernehmens auch im Falle der Identität von unterer Bauaufsichtsbehörde und Gemeinde erforderlich sein. Dafür spreche der Umstand, dass die Bauaufsichtsbehörde im Baugenehmigungsverfahren gemäß § 60 Abs. 1 BauO NRW, § 9 OBG NRW eine Pflichtaufgabe zur Erfüllung nach Weisung wahrnehme. Die Erteilung des gemeindlichen Einvernehmens nach § 36 Abs. 1 S. 1 BauGB stelle demgegenüber eine weisungsfreie Selbstverwaltungsangelegenheit dar. Ein Verzicht auf das gemeindliche Einverständnis würde die kommunalverfassungsrechtlich geregelte, u.U. beim Gemeinderat liegende Zuständigkeit hierfür ausschalten. Außerdem könnte die Widerspruchsbehörde die Baugenehmigung erteilen, wenn sie – anders als die Baugenehmigungsbehörde – das Vorhaben für zulässig hält. Daran sei sie aber gehindert, wenn man das Einvernehmen der Gemeinde für notwendig betrachtet.[103] Auf der Grundlage dieser Ansicht müsste die Gemeinde W ihr Einverständnis nach § 36 Abs. 1 S. 1 BauGB erteilen.

---

102 *BVerwGE* 121, 339; auch *Brenner* Öffentliches Baurecht Rn. 748.
103 Vgl. *Hellermann* in: Dietlein/Burgi/Hellermann, Öffentliches Recht in Nordrhein-Westfalen § 4 Rn. 200 m.w.N.

Gemeindliches Einvernehmen 4 C III

> **JURIQ-Klausurtipp**
>
> Wegen des Fortfalls des Widerspruchsverfahrens in NRW hat der Meinungsstreit an praktischer Bedeutung verloren.[104] Gleichwohl ist es natürlich weiterhin notwendig, dass Sie das Problem für Ihre gutachterliche Fallbearbeitung kennen und an Ihrem Fall orientiert erörtern, denn manche Argumente mögen nach dem Fortfall des Widerspruchsverfahrens obsolet geworden sein, der Meinungsstreit als solcher ist es dagegen nicht.

Aus einem Umkehrschluss zu § 36 Abs. 1 S. 1 BauGB ergibt sich, dass das gemeindliche Einvernehmen nicht erforderlich ist, wenn die Zulässigkeit eines Vorhabens nach § 30 Abs. 1 oder Abs. 2 BauGB in Rede steht. Vor dem Hintergrund des bereits erwähnten Schutzzwecks des § 36 Abs. 1 S. 1 BauGB ist dies folgerichtig, weil die Gemeinde in den Fällen des § 30 Abs. 1 oder Abs. 2 BauGB mittels eines qualifizierten bzw. eines vorhabenbezogenen Bebauungsplans einen abschließenden bauplanungsrechtlichen Maßstab vorgegeben hat. Richtet sich die Zulässigkeit eines Vorhabens nach § 30 Abs. 1 BauGB, sind die Länder gemäß § 36 Abs. 1 S. 3 BauGB verpflichtet sicherzustellen, dass die Gemeinde rechtzeitig vor der Ausführung des Vorhabens über Maßnahmen zur Sicherung der Bauleitplanung nach den §§ 14 und 15 BauGB entscheiden kann. Dadurch wird dem Umstand Rechnung getragen, dass solche Vorhaben meist keiner Baugenehmigung bedürfen (vgl. insoweit vor allem § 67 BauO NRW; dazu unten Rn. 379).[105]

330

Umstritten ist, ob ein Einvernehmen, das die Gemeinde bei einem Bauvorbescheid in Form einer Bebauungsgenehmigung (s.u. Rn. 355) erteilt hat, auch für die spätere Baugenehmigung gilt. Während eine insbesondere in der Rechtsprechung verbreitete Ansicht auf dem Standpunkt steht, das Einvernehmen sei für die spätere Baugenehmigung grundsätzlich erneut zu erteilen, weil sich die Wirkung der Bebauungsgenehmigung nur auf das Verhältnis zwischen der Baugenehmigungsbehörde und dem Bauherrn beziehe und nicht auf das Verhältnis zwischen der Genehmigungsbehörde und der Gemeinde,[106] wird dem entgegengehalten, eine erneute Erteilung des gemeindlichen Einvernehmens sei mit der Funktion der Bebauungsgenehmigung nicht vereinbar. Die Bebauungsgenehmigung enthalte als Teil der Vollgenehmigung über die bauplanungsrechtliche Zulässigkeit des Vorhabens eine abschließende Entscheidung, soweit sie schon bestandskräftig sei.[107] Außerdem stelle die erneute Erteilung des gemeindlichen Einvernehmens mit Blick auf den Schutzzweck des § 36 BauGB eine „bloße Förmelei" dar, weil die gemeindliche Planungshoheit der Gemeinde durch deren Beteiligung an der Entscheidung über die Bebauungsgenehmigung, die alle von § 36 BauGB erfassten bauplanungsrechtlichen Fragen erfasse, gesichert werde.[108]

331

2. Anforderungen an das Einvernehmen der Gemeinde

Aus **§ 36 Abs. 2 BauGB** ergeben sich formell- und materiell-rechtliche Anforderungen an das Einvernehmen der Gemeinde:

332

---

104 Vgl. *Hellermann* in: Dietlein/Burgi/Hellermann, Öffentliches Recht in Nordrhein-Westfalen § 4 Rn. 200.
105 Vgl. *Hellermann* in: Dietlein/Burgi/Hellermann, Öffentliches Recht in Nordrhein-Westfalen § 4 Rn. 198.
106 Z.B. *VGH Hessen* NVwZ 1990, 1185.
107 Vgl. *Dolde/Menke* NJW 1999, 2150.
108 Vgl. *Brenner* Öffentliches Baurecht Rn. 750.

a) Formell-rechtliche Anforderungen an das Einvernehmen der Gemeinde

333 In formell-rechtlicher Hinsicht räumt § 36 Abs. 2 S. 2 Hs. 1 BauGB der Gemeinde eine **Frist von zwei Monaten** ab Eingang des Ersuchens der Baugenehmigungsbehörde ein, um ihr Einvernehmen zu erteilen. Nach Ablauf dieser **Ausschlussfrist**, für die keine Wiedereinsetzung in den vorigen Stand beantragt werden kann,[109] wird die Erteilung des Einvernehmens fingiert (vgl. Wortlaut des § 36 Abs. 2 S. 2 Hs. 1 BauGB „gelten als erteilt").

b) Materiell-rechtliche Anforderungen an das Einvernehmen der Gemeinde

334 In materiell-rechtlicher Hinsicht bestimmt § 36 Abs. 2 S. 1 BauGB, dass das Einvernehmen der Gemeinde **nur** aus den sich aus den §§ 31, 33, 34 und 35 BauGB ergebenden, d.h. nur **aus bauplanungsrechtlichen Gründen versagt** werden darf. Daher dürfte die Gemeinde ihr Einvernehmen z.B. nicht unter Hinweis auf bauordnungsrechtliche Bedenken versagen. Soweit die §§ 31, 33, 34 oder 35 BauGB Ermessen zugunsten der Gemeinde einräumen (z.B. § 31 Abs. 2 BauGB), kann die Gemeinde dieses Ermessen eigenständig ausüben.[110]

3. Rechtsnatur des Einvernehmens der Gemeinde

335 Bei dem Einvernehmen der Gemeinde nach § 36 Abs. 1 S. 1 BauGB handelt es sich nach h.M. nicht um einen Verwaltungsakt, sondern lediglich um einen **verwaltungsinternen Mitwirkungsakt**, weil nur die Bauaufsichtsbehörde, die über die Erteilung oder die Versagung der Baugenehmigung entscheidet, nach außen in Erscheinung tritt.[111]

>> Wiederholen Sie ggf. die Figur des mehrstufigen Verwaltungsaktes im Skript „Allgemeines Verwaltungsrecht"! <<

Im Anwendungsbereich des § 36 BauGB wird die Baugenehmigung damit zu einem sog. **mehrstufigen Verwaltungsakt**, der die vorherige verwaltungsinterne Erteilung des Einvernehmens voraussetzt.[112]

4. Rechtswirkungen des (nicht) erteilten Einvernehmens der Gemeinde für das Baugenehmigungsverfahren

336 Erteilt die Gemeinde ihr Einvernehmen nach § 36 Abs. 1 S. 1 BauGB, ist die Bauaufsichtsbehörde nach ganz h.M. nicht an das gemeindliche Einvernehmen gebunden.

Beispiel 1 Wie Beispiel oben (Rn. 329), aber mit dem Unterschied, dass die untere Bauaufsichtsbehörde nicht mit der Gemeinde W identisch ist. W hat ihr Einvernehmen für das Vorhaben des K fristgemäß erteilt. Die untere Bauaufsichtsbehörde hat dagegen Zweifel, ob das Vorhaben allen künftigen Festsetzungen entsprechen wird und beabsichtigt daher, die Baugenehmigung zu versagen. – Die untere Bauaufsichtsbehörde ist an das erteilte Einvernehmen der Gemeinde nicht gebunden. Sie kann daher die bauplanungsrechtliche Zulässigkeit des Vorhabens anders als die Gemeinde W beurteilen und die Baugenehmigung wegen bauplanungsrechtlicher Unzulässigkeit des Vorhabens ablehnen. ■

---

109 Vgl. *Hofmeister* in: Spannowsky/Uechtritz, BauGB § 36 Rn. 28.
110 *VGH Bayern* BayVBl. 2010, 20.
111 Vgl. *Brenner* Öffentliches Baurecht Rn. 747.
112 *Hellermann* in: Dietlein/Burgi/Hellermann, Öffentliches Recht in Nordrhein-Westfalen § 4 Rn. 202.

Gemeindliches Einvernehmen 4 C III

Beispiel 2 Wie Beispiel 1 mit dem Unterschied, dass die untere Bauaufsichtsbehörde von vornherein beabsichtigte, die Baugenehmigung wegen bauplanungsrechtlicher Unzulässigkeit des Vorhabens zu versagen. Deshalb sieht die untere Bauaufsichtsbehörde davon ab, das Einvernehmen der Gemeinde W einzuholen. – Dieses Vorgehen kann die untere Bauaufsichtsbehörde wählen, ohne § 36 Abs. 1 S. 1 BauGB zu verstoßen.[113] ■

> **Hinweis**
>
> In beiden *Beispielen* ist das Vorgehen der unteren Bauaufsichtsbehörde nicht zu beanstanden, weil der Schutzzweck des § 36 BauGB, die Planungshoheit der Gemeinde im Bauaufsichtsverfahren zu sichern, gewahrt ist.

Verweigert die Gemeinde dagegen ihr Einvernehmen, ist die Bauaufsichtsbehörde an die Versagung gebunden. 337

Beispiel Wie Beispiel oben (Rn. 336), aber mit dem Unterschied, dass die Gemeinde W ihr Einvernehmen versagt. – In diesem Falle muss die untere Bauaufsichtsbehörde die Erteilung der Baugenehmigung versagen. Eine gleichwohl erteilte Baugenehmigung ist allein wegen der nicht berücksichtigten Versagung des gemeindlichen Einvernehmens rechtswidrig, unabhängig davon, ob die Gemeinde ihr Einvernehmen zu Recht oder zu Unrecht nicht erteilt hat oder ob die Gemeinde im konkreten Fall infolge der Nichtberücksichtigung der Versagung in ihrer Planungshoheit beeinträchtigt ist.[114] ■

> **Hinweis**
>
> Wird die Baugenehmigung gleichwohl erteilt, kann die Gemeinde gegen die Erteilung der Baugenehmigung klagen und sich dabei auf ihre Planungshoheit (s.o. Rn. 16) berufen.

5. Ersetzung des rechtswidrig versagten Einvernehmens der Gemeinde

§ 36 Abs. 1 S. 1 BauGB soll die Planungshoheit der Gemeinde im Bauaufsichtsverfahren sichern. Die Gemeinde kann ihr Einvernehmen rechtswidrig versagen. 338

Beispiel Wie Beispiel oben (Rn. 337). Bei der Versagung ihres Einvernehmens verkennt die Gemeinde W, dass das Vorhaben den künftigen Festsetzungen ihres Bebauungsplans entspricht. ■

In diesem Falle bestehen zwei Möglichkeiten, das rechtswidrig versagte Einvernehmen der Gemeinde zu ersetzen: 339
1. Ein rechtswidrig versagtes Einvernehmen der Gemeinde kann durch das **Verwaltungsgericht** ersetzt werden. Die untere Bauaufsichtsbehörde ist an die Versagung des gemeindlichen Einvernehmens gebunden, auch wenn die Versagung rechtswidrig ist. Daher muss die untere Bauaufsichtsbehörde die Erteilung der Baugenehmigung ablehnen. Gegen die Versagung kann der Bauherr Versagungsgegenklage gemäß § 42 Abs. 1 VwGO auf Erteilung der Baugenehmigung erheben. – In unserem *Beispiel* oben (Rn. 338) könnte K daher die Ablehnung der Baugenehmigungserteilung, die zwangsläufige Folge der Versagung

---
113 Vgl. *BVerwG* NVwZ-RR 1992, 529.
114 Vgl. *BVerwG* NVwZ 2008, 1347.

des gemeindlichen Einvernehmens ist, mittels Versagungsgegenklage angreifen. Im verwaltungsgerichtlichen Verfahren prüft das Verwaltungsgericht u.a. inzident, ob die Versagung des gemeindlichen Einvernehmens rechtmäßig war. Gelangt das Verwaltungsgericht zu der Überzeugung, dass die Gemeinde W ihr Einvernehmen zu Unrecht versagt hat, kann das Gericht die Bauaufsichtsbehörde zur Erteilung der Baugenehmigung verpflichten.[115]

2. Gemäß § 36 Abs. 2 S. 3 BauGB kann die **nach Landesrecht zuständige Behörde** ein rechtswidrig versagtes Einvernehmen der Gemeinde ersetzen. Einschlägige Regelungen in NRW sind § 80 Abs. 2 BauO NRW für Vorhaben öffentlicher Bauherren und § 2 Abs. 3 BauGB DVO NRW zugunsten der Kommunalaufsichtsbehörden (vgl. insoweit auch § 2 Nr. 4 lit. a Bürokratieabbaugesetz I vom 13.3.2007[116], der die Zuständigkeit der zuständigen Bauaufsichtsbehörde vorsieht).

340 Im Rahmen des § 36 Abs. 2 S. 3 BauGB ist umstritten, ob die Ersetzung des rechtswidrig versagten Einvernehmens im Ermessen der nach Landesrecht zuständigen Behörde steht. Immerhin spricht der Wortlaut (vgl. „kann") für ein Ermessen. Eine Ansicht bejaht die Frage und verweist dabei auf entstehungsgeschichtliche Gründe und die Planungshoheit der Gemeinde.[117] Die Gegenansicht nimmt eine gebundene Entscheidung der Behörde an und beruft sich auf den beabsichtigten Schutz der Rechte des Bauherrn.[118] § 2 Nr. 4 lit. a Bürokratieabbaugesetz I NRW sieht ausdrücklich eine gebundene Entscheidung der Bauaufsichtsbehörde vor (vgl. Wortlaut „... hat ... zu ersetzen").

> **Hinweis**
>
> Zum Rechtsschutz der Gemeinde gegen eine Ersetzungsentscheidung s. *Hellermann* in Dietlein/Burgi/Hellermann, Öffentliches Recht in Nordrhein-Westfalen § 4 Rn. 209.

> **Online-Wissens-Check**
>
> **Kann die Legaldefinition des § 2 Abs. 1 BauO NRW zur Begriffsbestimmung der baulichen Anlage i.S.d. § 29 Abs. 1 BauGB herangezogen werden?**
>
> Überprüfen Sie jetzt online Ihr Wissen zu den in diesem Abschnitt erarbeiteten Themen. Unter **www.juracademy.de/skripte/login** steht Ihnen ein Online-Wissens-Check speziell zu diesem Skript zur Verfügung, den Sie mit dem Zugangscode auf der letzten Seite kostenlos nutzen können.

---

115 Vgl. *BVerwG* NVwZ 1986, 556.
116 GV.NRW, S. 133 mit Änderung.
117 Vgl. *VG Frankfurt* NVwZ 2001, 371; *Hellermann* in: Dietlein/Burgi/Hellermann, Öffentliches Recht in Nordrhein-Westfalen § 4 Rn. 208.
118 Vgl. *OVG Rh.-Pf.* NVwZ-RR 2000, 85.

D. Übungsfall Nr. 2

„Geparden in Nachbars Garten"[119]

Die Eheleute W besitzen ein Grundstück in der Ansiedlung G, die zum Ortsteil M der Gemeinde B gehört. Die Ansiedlung G besteht aus neun landwirtschaftlichen Gebäudekomplexen und einem Wohngrundstück. Die landwirtschaftlichen Gebäudekomplexe haben jeweils ein großes massives Wohnhaus mit wenigstens 1,5 Geschossen und meist mehrere Wirtschaftsgebäude (Stallungen, Scheunen etc.), die mindestens so groß sind wie das Wohnhaus. Insgesamt kommen so ca. 30 Gebäude zusammen. Die Gebäude sind dicht aneinander gerückt; der größte Abstand untereinander (zwischen zwei Wohnhäusern) beträgt knapp 100 m.

Das Grundstück der Eheleute W, auf dem ein massives Wohnhaus und ein lang gezogenes großes Wirtschaftsgebäude stehen, liegt am Südrand der Ansiedlung G, für die kein Bebauungsplan existiert. Ein Flächennutzungsplan weist das Gebiet der Ansiedlung G als Fläche für die Landwirtschaft aus.

Herr W plant, an der Westseite seines Wohnhauses ein Gehege für die Haltung und die Zucht von Geparden zu errichten. Das Gehege soll unmittelbar an das Wohnzimmer grenzen; eine Tür und ein Fenster sollen zum Gehege führen. Im Westen soll der Grundstückszaun den Gehegeabschluss bilden. Das Gehege selbst soll mit einem Sicherheitszaun eingefriedet werden und mit seiner Innenausstattung, also Bodenbelag etc., artgerecht gestaltet werden.

Herr G beauftragt einen Rechtsanwalt mit der gutachterlichen Prüfung der bauplanungsrechtlichen Zulässigkeit des geplanten Gepardengeheges. Erstellen Sie das angeforderte Gutachten des Rechtsanwalts!

Lösung

1. Anwendbarkeit der §§ 30 ff. BauGB

Zunächst ist zu prüfen, ob die §§ 30 ff. BauGB anwendbar sind.

a) Vorliegen einer baulichen Maßnahme im Rahmen einer privilegierten Planfeststellung

Dies setzt im ersten Schritt voraus, dass das geplante Gepardengehege keine bauliche Maßnahme im Rahmen einer privilegierten Planfeststellung i.S.d. § 38 BauGB darstellt. Diese Voraussetzung ist ohne weiteres erfüllt.

b) Gepardengehege als Vorhaben i.S.d. § 29 Abs. 1 BauGB

Aus der Nichtanwendbarkeit des § 38 BauGB folgt nicht automatisch die Anwendbarkeit der §§ 30 ff. BauGB. Vielmehr ist in einem zweiten Schritt zu untersuchen, ob es sich bei dem geplanten Gepardengehege um ein Vorhaben i.S.d. § 29 Abs. 1 BauGB handelt.

aa) Bauliche Anlage

Ein Vorhaben i.S.d. § 29 Abs. 1 BauGB setzt zunächst das Vorliegen einer baulichen Anlage voraus. Im Gegensatz zur BauO NRW ist der Begriff der baulichen Anlage im BauGB nicht definiert. Bei dem Begriff der baulichen Anlage in § 29 Abs. 1 BauGB handelt es sich um einen

---

[119] In Anlehnung an *VG Hannover* Urt. v. 6.11.2008 – 4 A 2483/08 (juris); bestätigt durch *OVG Nds.* DÖV 2010, 238.

bundesrechtlichen Terminus. Dieser muss vom Bundesgesetzgeber unter Berücksichtigung seiner grundgesetzlichen Gesetzgebungskompetenzen im öffentlichen Baurecht, nämlich der Kompetenz zum Erlass bodenrechtlicher Regelungen, werden. Daher kann der Begriff der baulichen Anlage, der in § 2 Abs. 1 S. 1 BauO NRW legaldefiniert ist, nicht zur Bestimmung des gleichlautenden bauplanungsrechtlichen Begriffs herangezogen werden. Unter Berücksichtigung der Gesetzgebungskompetenzen des Bundes im öffentlichen Baurecht lässt sich der bauplanungsrechtliche Begriff der baulichen Anlage definieren als eine auf Dauer mit dem Erdboden verbundene künstliche Anlage, die aus Baustoffen und Bauteilen hergestellt ist und planungs- bzw. bodenrechtliche Relevanz hat, d.h. ein Bedürfnis nach planungsrechtlicher Regelung hervorruft.

Das Gepardengehege ist als eine auf Dauer mit dem Erdboden verbundene künstliche Anlage, die aus Baustoffen und Bauteilen hergestellt ist, geplant. Es müsste auch bodenrechtliche Relevanz haben. Bodenrechtliche Relevanz ist gegeben, wenn das geplante Gepardengehege Belange i.S.d. § 1 Abs. 5 und Abs. 6 BauGB in einer Weise berührt, dass das Bedürfnis nach bauplanungsrechtlicher Regelung besteht. Das geplante Gepardengehege berührt die Belange des § 1 Abs. 6 Nr. 1 BauGB, nämlich die allgemeinen Anforderungen an gesunde Wohnverhältnisse und die Sicherheit der Wohnbevölkerung.

Das geplante Gepardengehege stellt somit eine bauliche Anlage dar.

bb) Errichtung, Änderung oder Nutzungsänderung

Ein Vorhaben i.S.d. § 29 Abs. 1 BauGB setzt des Weiteren voraus, dass die bauliche Anlage errichtet, geändert oder in ihrer Nutzung geändert wird. Da Herr W das Gepardengehege neu errichten will, ist auch diese Voraussetzung erfüllt.

cc) Ergebnis zu b)

Das geplante Gepardengehege stellt ein Vorhaben i.S.d. § 29 Abs. 1 BauGB dar.

c) Ergebnis zu 1.

Die §§ 30 ff. BauGB sind demnach anwendbar.

2. Bauplanungsrechtliche Zulässigkeit des geplanten Gepardengeheges

Die bauplanungsrechtliche Zulässigkeit des geplanten Gepardengeheges hängt entscheidend davon ab, in welchem Bereich es errichtet werden soll.

a) Bestimmung des maßgeblichen Bereichs

Das Grundstück der Eheleute W, auf dem sie das Gepardengehege errichten wollen, liegt nach den Angaben im Sachverhalt nicht im Geltungsbereich eines Bebauungsplans. Somit scheidet eine Prüfung der bauplanungsrechtlichen Zulässigkeit des geplanten Gepardengeheges am Maßstab des § 30 BauGB aus. Da das Grundstück der Eheleute W im (komplett) unbeplanten Bereich liegt, kann das geplante Gepardengehege entweder im Innenbereich i.S.d. § 34 BauGB oder – falls dies nicht der Fall sein sollte – im Außenbereich i.S.d. § 35 BauGB liegen.

aa) Innenbereich (§ 34 BauGB)

Das Grundstück der Eheleute W könnte im Innenbereich i.S.d. § 34 BauGB liegen. Zum Innenbereich würde das Grundstück der Eheleute W gehören, wenn es „innerhalb der im Zusammenhang bebauten Ortsteile" i.S.d. § 34 Abs. 1 S. 1 BauGB läge. Fraglich ist, ob es sich bei der Ansiedlung G um einen Ortsteil in diesem Sinne handelt. Ein Ortsteil in diesem Sinne ist ein Bebauungskomplex im Gebiet einer Gemeinde, der nach der Zahl der vorhandenen Bauten ein gewisses, den Eindruck von Geschlossenheit vermittelndes Gewicht besitzt, und Ausdruck einer organischen Siedlungsstruktur ist. Ob die Ansiedlung G diese Anforderungen erfüllt, ist anhand einer umfassenden Würdigung aller Umstände des Einzelfalls zu bestimmen.

Die Ansiedlung G müsste nach der Zahl der vorhandenen Bauten ein gewisses Gewicht besitzen. Ab welcher Zahl der vorhandenen Bauten ein gewisses Gewicht anzunehmen ist, wird in der Rechtsprechung nicht einheitlich beantwortet. Jedenfalls ab zwölf Gebäuden kann ein gewisses Gewicht bejaht werden. Die Ansiedlung G besteht aus insgesamt ca. 30 Gebäuden, die somit auf jeden Fall das erforderliche gewisse Gewicht aufweisen.

Übungsfall Nr. 2

Die Zahl der vorhandenen Bauten der Ansiedlung G müsste den Eindruck von Geschlossenheit vermitteln. Diesen Eindruck würden die ca. 30 Gebäude vermitteln, wenn sie als zusammengehörend anzusehen wären. In der Ansiedlung G sind alle Gebäude dicht aneinander gerückt; der größte Abstand untereinander (zwischen zwei Wohnhäusern) beträgt knapp 100 m. Demnach vermitteln die ca. 30 Gebäude den Eindruck von Geschlossenheit.

Die Ansiedlung G müsste außerdem Ausdruck einer organischen Siedlungsstruktur sein. Die Ansiedlung G ist ein Bebauungszusammenhang, in dem sich fast nur landwirtschaftliche Gebäude befinden. Demnach weist die Ansiedlung G eine organische Siedlungsstruktur auf.

Die Ansiedlung G erfüllt folglich alle Voraussetzungen für die Annahme eines innerhalb des im Zusammenhang bebauten Ortsteils.

Dieser Erkenntnis könnte jedoch entgegenstehen, dass die Fläche der Ansiedlung G im Flächennutzungsplan als Fläche für die Landwirtschaft bezeichnet ist. Diese Darstellung im Flächennutzungsplan besitzt jedoch allenfalls Indizwirkung in dem Sinne, dass die Darstellung Anlass gibt, die nach den Umständen des Einzelfalls gewonnene Erkenntnis zu überprüfen. An der Richtigkeit der gewonnenen Erkenntnis ändert die Darstellung im Flächennutzungsplan indes nichts.

bb) Ergebnis zu a)

Die Ansiedlung G liegt demnach „innerhalb der im Zusammenhang bebauten Ortsteile" i.S.d. § 34 Abs. 1 S. 1 BauGB. Das Grundstück der Eheleute W liegt somit im Innenbereich i.S.d. § 34 BauGB.

b) Zulässigkeit nach § 34 BauGB

Das geplante Gepardengehege müsste als Innenbereichsvorhaben zulässig sein. Dies ist dann der Fall, wenn es die materiell-rechtlichen Voraussetzungen des § 34 Abs. 1 bis 3 BauGB erfüllt.

aa) Einfügen des Vorhabens in die nähere Art der Umgebung

Das geplante Gepardengehege müsste sich gemäß § 34 Abs. 1 S. 1 BauGB in die nähere Art der Umgebung einfügen.

(1) Nähere Umgebung des geplanten Gepardengeheges

Herauszuarbeiten ist zunächst die nähere Umgebung des geplanten Gepardengeheges. Nähere Umgebung meint dabei den Bereich der Umgebung, auf den sich einerseits das Vorhaben auswirken kann und der andererseits selbst das Baugrundstück prägt.

> **JURIQ-Klausurtipp**
>
> Setzen Sie Schwerpunkte in der Fallbearbeitung und denken Sie daher daran, dass Sie das Prüfungsschema nicht schematisch, sondern fallbezogen anwenden. In unserem Übungsfall ist die tatsächliche Bebauung der näheren Umgebung im Wesentlichen einheitlich, so dass es sich erübrigt, auf eventuelle Fremdkörper oder früher vorhandene landwirtschaftliche Nutzungen, bei denen mangels entsprechender Hinweise im Sachverhalt nicht davon auszugehen ist, dass sie wieder aufgenommen werden, einzugehen.

Als nähere Umgebung kann im vorliegenden Fall die Ansiedlung G herangezogen werden. Nach den Angaben im Sachverhalt besteht die Ansiedlung G aus neun landwirtschaftlichen Gebäudekomplexen und einem Wohngrundstück. Die landwirtschaftlichen Gebäudekomplexe haben jeweils ein großes massives Wohnhaus mit wenigstens 1,5 Geschossen und meist mehrere Wirtschaftsgebäude (Stallungen, Scheunen etc.), die mindestens so groß sind wie das Wohnhaus. Insgesamt kommen so ca. 30 Gebäude zusammen. Die Gebäude sind dicht aneinander gerückt; der größte Abstand untereinander (zwischen zwei Wohnhäusern) beträgt knapp 100 m.

(2) Einfügen des geplanten Gepardengeheges

Das geplante Gepardengehege müsste sich nach Art und Maß der baulichen Nutzung, der Bauweise und der Grundstücksfläche, die überbaut werden soll, in die Art der näheren Umgebung einfügen.

(a) Art der baulichen Nutzung

Das geplante Gepardengehege müsste nach seiner Art der baulichen Nutzung zulässig sein. Die Zulässigkeit des Vorhabens nach seiner Art könnte sich gemäß § 34 Abs. 2 BauGB allein nach der BauNVO beurteilen. Dies wäre dann der Fall, wenn die Eigenart der näheren Umgebung einem der Baugebiete der BauNVO entsprechen würde.

(aa) Ansiedlung G als Dorfgebiet

Die Ansiedlung G könnte ein Dorfgebiet i.S.d. § 5 BauNVO sein. Die nähere Umgebung des geplanten Gepardengeheges ist geprägt durch landwirtschaftliche Gehöfte, die zumindest teilweise auch noch als solche genutzt werden, und den dazu gehörenden Wohnhäusern. Sie weist somit einen typisch dörflichen Charakter auf. Demnach entspricht die nähere Umgebung des Vorhabens einem Dorfgebiet i.S.d. § 5 BauNVO.

(bb) Zulässigkeit nach § 5 BauNVO

Fraglich ist, ob das geplante Gepardengehege als Vorhaben in einem Dorfgebiet zulässig ist.

Dorfgebiete dienen gemäß § 5 Abs. 1 BauNVO der Unterbringung der Wirtschaftsstellen land- und forstwirtschaftlicher Betriebe, dem Wohnen und der Unterbringung von nicht wesentlich störenden Gewerbebetrieben sowie der Versorgung der Bewohner des Gebiets dienenden Handwerksbetrieben.

Das geplante Gepardengehege ist offenkundig nicht nach § 5 Abs. 2 BauNVO zulässig, denn es gehört insbesondere nicht zu den Wirtschaftsstellen landwirtschaftlicher Betriebe (Nr. 1) oder landwirtschaftlichen Nebenerwerbsstellen (Nr. 2). Eine Ausnahmebewilligung nach § 5 Abs. 3 BauNVO kommt ebenfalls nicht in Betracht.[120] Das geplante Gepardengehege fügt sich demnach nach seiner Art der baulichen Nutzung nicht in das Dorfgebiet i.S.d. § 5 BauNVO ein.

(cc) Zulässigkeit nach § 14 Abs. 1 BauNVO

Das geplante Gepardengehege könnte nach § 14 Abs. 1 S. 1 und 2 BauNVO zulässig sein. Gemäß § 14 Abs. 1 S. 1 und 2 BauNVO sind untergeordnete Nebenanlagen und Einrichtungen – auch solche für die Kleintierhaltung – zulässig, die dem Nutzungszweck der in dem Baugebiet gelegenen Grundstücke selbst dienen und seiner Eigenart nicht widersprechen. Mit der Voraussetzung, die Anlage dürfe der Eigenart des Baugebiets „nicht widersprechen", akzeptiert die BauNVO, dass auch solche Anlagen errichtet (und genutzt) werden, an die der Plangeber möglicherweise nicht gedacht hat, die aber nicht den Grad des Widerspruchs zur Plankonzeption erreichen. Ob die geplante Haltung und Zucht von Geparden der Eigenart eines Dorfgebietes widerspricht, lässt sich nur nach den konkreten Umständen des Einzelfalls beantworten.[121]

Fraglich ist, ob die geplante Haltung und Zucht von Geparden als Kleintierhaltung anzusehen ist. Der Begriff des Kleintiers ist in der BauNVO nicht definiert. Da er in einer baurechtlichen Bestimmung enthalten ist, wird der Begriff des Kleintiers so auszulegen sein, dass er dem städtebaulichen Zweck des § 14 Abs. 1 BauNVO gerecht wird. Als Kleintiere kommen somit (nur) solche Tiere in Betracht, deren Haltung in den Baugebieten der BauNVO üblich und ungefährlich ist und deren Haltung, sofern ein Baugebiet in Rede steht, in dem Menschen auch wohnen, nicht über die für eine Wohnnutzung typische Freizeitbeschäftigung hinausgeht.

Die geplante Haltung von Geparden birgt eine Gefahr für Leib oder Leben von Menschen; die Haltung ist somit nicht ungefährlich. Indem es sich bei Geparden um eine Wildkatze handelt,

---

120 Vgl. auch *OVG Rh.-Pf.* BRS 55 Nr. 56 und bestätigend *BVerwG* NVwZ-RR 1994, 309 in Bezug auf eine Ozelothaltung.
121 Vgl. allgemein *VGH Bayern* BauR 2010, 193.

die in erster Linie in Afrika lebt, ist es für ein Dorfgebiet in Deutschland auch unüblich, dass dort Geparden gehalten werden. Dementsprechend sprengt die geplante Haltung von Geparden zudem den Rahmen dessen, was in einem Dorfgebiet als Freizeitbeschäftigung typisch ist.

Von dem geplanten Gepardengehege geht außerdem eine abstrakte Gefährlichkeit aus, die geeignet ist, für seine Umgebung ein dauerndes Gefühl der Unsicherheit und der Bedrohung auszulösen. Auch wenn die Tiere sicher und zuverlässig gehalten werden, ist nicht auszuschließen, dass aufgrund einer Verkettung unglücklicher Umstände ein Gepard entweichen und für die in der Umgebung lebenden Menschen zu einer großen Gefahr werden kann.

Das geplante Gepardengehege ist somit nicht nach § 14 Abs. 1 S. 1 und 2 BauNVO zulässig.

(b) Ergebnis zu (2)

Das geplante Gepardengehege ist nach der Art seiner baulichen Nutzung unzulässig.

bb) Ergebnis zu b)

Es fügt sich demnach nicht in die Eigenart der näheren Umgebung ein.

c) Ergebnis zu 2.

Das geplante Gepardengehege ist nach § 34 BauGB unzulässig.

5. Teil
Präventive Bauüberwachung: Die Baugenehmigung

A. Überblick

343 Nachdem wir uns in den Teilen 3 und 4 dieses Skripts mit dem Bauplanungsrecht befasst haben, werden wir uns in diesem und dem nächsten Teil des Skripts mit dem Bauordnungsrecht beschäftigen. Wie oben (Rn. 14) bereits erwähnt, liegt die Gesetzgebungskompetenz für das Bauordnungsrecht bei den Ländern. Im Gegensatz zum Bauplanungsrecht, das die bauliche und sonstige Nutzung von Grundstücken und damit bodenbezogene Regelungen zum Gegenstand hat, stellt das Bauordnungsrecht **objektbezogenes Recht** dar, das in erster Linie darauf gerichtet ist, dass durch die Errichtung und die Nutzung baulicher Anlagen keine Gefahren für die öffentliche Sicherheit und Ordnung entstehen; daneben verfolgt es z.B. auch sozialpolitische, bau- und energiewirtschaftliche Ziele.[1] Zu den zuletzt genannten Zielen gehören z.B. die Vermeidung von verunstaltend wirkenden Vorhaben oder die Sicherung sozialer und ökologischer Standards für ein gesundes Wohnen oder Arbeiten.[2] Letztlich ist das Bauordnungsrecht daher **vor allem besonderes (baubezogenes) Gefahrenabwehrrecht** mit der Folge, dass, soweit die baurechtlichen Vorschriften keine abschließende Regelung enthalten, das allgemeine Gefahrenabwehrrecht subsidiär anwendbar ist.

> **Hinweis**
>
> Beachten Sie in diesem Zusammenhang auch § 60 Abs. 2 S. 1 BauO NRW!

344 Im öffentlichen Baurecht nehmen die Behörden daher **vor allem gefahrenabwehrrechtliche Aufgaben** wahr.

>> Lesen Sie § 61 Abs. 1 S. 1 BauO NRW! <<

§ 61 Abs. 1 S. 1 BauO NRW weist den Behörden die Aufgabe zu, bei der Errichtung, der Änderung, dem Abbruch, der Nutzung, der Nutzungsänderung sowie der Instandhaltung baulicher Anlagen sowie anderer Anlagen und Einrichtungen i.S.d. § 1 Abs. 1 S. 2 BauO NRW darüber zu wachen, dass die öffentlich-rechtlichen Vorschriften und die aufgrund dieser Vorschriften erlassenen Anordnungen eingehalten werden. Die Behörden nehmen damit die **Aufgaben der Bauüberwachung** wahr. Die Bauüberwachung kann präventiv oder repressiv erfolgen. **Präventive Bauüberwachung** bedeutet, dass die Behörde in Wahrnehmung ihrer Aufgaben tätig wird, bevor sie einen Verstoß gegen öffentlich-rechtliche Vorschriften feststellt. Das typische Beispiel präventiver Bauüberwachung stellt die **Baugenehmigung** dar, mit der wir uns in diesem Teil des Skripts näher befassen werden. **Repressive Bauüberwachung** meint demgegenüber, dass die Behörde in Wahrnehmung ihrer Aufgaben tätig wird, nachdem sie einen Verstoß gegen öffentlich-rechtliche Vorschriften festgestellt hat. In diesem Falle räumt die BauO NRW der Behörde die Befugnis ein, die erforderlichen Maßnahmen zur Beseitigung des baurechtswidrigen Zustands zu ergreifen. Die typischen bauordnungsrechtlichen Eingriffsmaßnahmen

---
[1] Vgl. *Brenner* Öffentliches Baurecht Rn. 684.
[2] Vgl. *Hellermann* in: Dietlein/Burgi/Hellermann, Öffentliches Recht in Nordrhein-Westfalen § 4 Rn. 233 m.N.

sind die **Stilllegungsverfügung**, die **Nutzungsuntersagung** und die **Abrissverfügung** (dazu näher unten Rn. 432 ff.).

Das Bauordnungsrecht unterteilt sich in das sog. formelle Bauordnungsrecht und das sog. materielle Bauordnungsrecht. Das **formelle Bauordnungsrecht** befasst sich mit der **Organisation**, den **Zuständigkeiten** und den **Befugnissen** der Behörden sowie den **Bauaufsichtsverfahren**. Das **materielle Bauordnungsrecht** regelt die **materiellen (inhaltlichen) Anforderungen an ein Vorhaben**. Dazu gehören z.B. das Abstandsflächenrecht (§ 6 BauO NRW), das Gestaltungsrecht wie etwa das Verunstaltungsverbot (§ 12 BauO NRW), ferner die Stellplatzpflicht (§ 51 BauO NRW) oder die örtliche Bauvorschriften (§ 86 BauO NRW).

345

> **JURIQ-Klausurtipp**
>
> Einen ersten Überblick über die inhaltlichen Anforderungen an ein Bauvorhaben bietet Ihnen das Inhaltsverzeichnis der BauO NRW (Dritter Teil: Bauliche Anlagen)!

B. Baugenehmigung als präventives Verbot mit Erlaubnisvorbehalt

Grundstückseigentümer haben aufgrund der in Art. 14 Abs. 1 GG gewährleisteten Baufreiheit das Recht, ihr Grundstück nach Maßgabe des geltenden Baurechts baulich oder sonst zu nutzen. Um sicherzustellen, dass das geltende Baurecht bei der Realisierung von Vorhaben beachtet wird, sind die meisten Vorhaben genehmigungspflichtig. Vor der Realisierung eines Vorhabens muss ein Bauherr daher bei der zuständigen Bauaufsichtsbehörde eine Baugenehmigung beantragen. Die Bauaufsichtsbehörde prüft aufgrund des Bauantrags, ob das zur Genehmigung gestellte Vorhaben die Voraussetzungen für die Genehmigung erfüllt. Insbesondere untersucht die Behörde, ob das Vorhaben mit dem geltenden Baurecht vereinbar ist. Solange die Bauaufsichtsbehörde die Genehmigung nicht erteilt hat, darf der Bauherr noch nicht bauen. Obwohl Art. 14 Abs. 1 GG ihm die Baufreiheit garantiert, unterliegt der Bauherr eines genehmigungspflichtigen Vorhabens somit zunächst einem **Bauverbot**.

346 ≫ Wiederholen Sie ggf. die Rechtsfigur des präventiven Verbots mit Erlaubnisvorbehalt (in Abgrenzung zur Rechtsfigur der Erlaubnis mit Verbotsvorbehalt) im Skript „Allgemeines Verwaltungsrecht"! ≪

Dogmatisch betrachtet, handelt es sich dabei um ein sog. **präventives Verbot mit Erlaubnisvorbehalt**.[3] Wenn die Behörde ihre Prüfung mit dem Ergebnis abschließt, dass das geplante Vorhaben mit dem geltenden Recht, insbesondere mit dem geltenden Baurecht, vereinbar ist, muss die Behörde die beantragte Genehmigung erteilen. Durch die Erteilung der Baugenehmigung wird das zunächst bestehende Bauverbot aufgehoben.

Die **Baugenehmigung** stellt das **zentrale Instrument präventiver Rechtmäßigkeitskontrolle** im öffentlichen Baurecht stellt dar.[4]

347

Regelungen über die Baugenehmigung finden Sie in § 75 BauO NRW. Gemäß § 75 Abs. 1 S. 1 BauO NRW ist die Baugenehmigung zu erteilen, wenn dem Vorhaben öffentlich-rechtliche Vorschriften nicht entgegenstehen.

≫ Lesen Sie § 75 BauO NRW! ≪

---

3 *BVerwGE* 48, 242.
4 *Hellermann* in: Dietlein/Burgi/Hellermann, Öffentliches Recht in Nordrhein-Westfalen § 4 Rn. 263.

C. Rechtsnatur der Baugenehmigung

> Nutzen Sie ggf. die Gelegenheit zu einer kurzen Wiederholung des Aufbaus eines Verwaltungsakts!

348 Die Baugenehmigung stellt die behördliche Erklärung dar, dass dem zur Genehmigung gestellten Vorhaben im Zeitpunkt der Behördenentscheidung keine öffentlich-rechtlichen Vorschriften entgegenstehen. Sie ist ein **Verwaltungsakt i.S.d. § 35 S. 1 VwVfG NRW**, dessen verfügender Teil zwei Regelungen enthält:

```
                    Baugenehmigung
                    ↓              ↓
        feststellende Regelung    gestaltende Regelung
        dem Vorhaben stehen       Freigabe des Vorhabens
        keine öffentlich-         zur Bauausführung
        rechtlichen Vorschriften  (vgl. § 75 Abs. 5 BauO NRW)
        entgegen
        (vgl. § 75 Abs. 1 S. 1 BauO NRW)
```

Die **feststellende Regelung** beinhaltet die Feststellung, dass **dem Vorhaben öffentlich-rechtliche Vorschriften nicht entgegenstehen** (vgl. § 75 Abs. 1 S. 1 BauO NRW). Die **verfügende Regelung** beinhaltet die **Freigabe des Vorhabens zur Bauausführung** (vgl. hierzu § 75 Abs. 5 BauO NRW).

349 Nach dem Wortlaut des § 75 Abs. 1 S. 1 BauO NRW („ist") handelt es sich bei der Entscheidung über die Erteilung der Baugenehmigung um eine **gebundene Entscheidung**. Dies entspricht dem sich aus Art. 14 Abs. 1 GG ergebenden materiell-rechtlichen Anspruch auf Erteilung der Baugenehmigung, wenn dem geplanten Vorhaben keine öffentlich-rechtlichen Vorschriften entgegenstehen.[5]

> **JURIQ-Klausurtipp**
>
> Denken Sie in der Fallbearbeitung daran, dass ein Bauherr u.U. doch nur einen Anspruch auf ermessensfehlerfreie Entscheidung hat. Dies ist dann der Fall, wenn eine zu prüfende „öffentlich-rechtliche Vorschrift" i.S.d. § 75 Abs. 1 S. 1 BauO NRW Ermessen einräumt (z.B. § 31 BauGB; § 73 BauO NRW).

350 Da die Baugenehmigung nur auf Antrag i.S.d. § 69 Abs. 1 S. 1 BauO NRW erteilt wird, stellt sie einen **mitwirkungsbedürftigen Verwaltungsakt** dar. Außerdem ist die Baugenehmigung ein **Verwaltungsakt mit Doppelwirkung** i.S.d. § 80a VwGO, weil sie gegenüber dem Bauherrn begünstigende Rechtswirkungen entfaltet und gegenüber einem Nachbarn belastende Rechtswirkungen entfalten kann.

351 Ein Vorhaben, das nach Maßgabe der Baugenehmigung realisiert wurde, genießt angesichts der bestandskraftfähigen feststellenden Regelung im verfügenden Teil der Baugenehmigung **Bestandsschutz**. Ungeachtet des Bestandsschutzes ist eine Rücknahme der Baugenehmigung nach § 48 VwVfG NRW jedoch nicht ausgeschlossen.[6]

---

5 Vgl. *BVerwGE* 52, 115; 50, 282.
6 Vgl. in diesem Zusammenhang *Grotefels* in: Hoppe/Bönker/Grotefels, Öffentliches Baurecht § 16 Rn. 59 f.

> **Hinweis**
>
> Beachten Sie aber in diesem Zusammenhang auch § 61 Abs. 2 S. 1 BauO NRW!

352 Bei der Baugenehmigung handelt es sich um eine **grundstücksbezogene Genehmigung**,[7] die **für und gegen die Rechtsnachfolger des Bauherrn** gilt (vgl. § 75 Abs. 2 BauO NRW). Die Baugenehmigung wird **unbeschadet der Rechte Dritter** erteilt (vgl. § 75 Abs. 3 S. 1 BauO NRW). Die Baugenehmigung lässt also private Rechte Dritter unberührt (s.o. Rn. 9).

353 Die Baugenehmigung gilt **zeitlich begrenzt**.

Gemäß **§ 77 Abs. 1 BauO NRW** erlischt die Genehmigung, wenn innerhalb von drei Jahren nach ihrer Erteilung nicht mit der Ausführung des Bauvorhabens begonnen wird oder die Bauausführung ein Jahr unterbrochen worden ist. Die Frist nach Absatz 1 kann gemäß § 77 Abs. 2 S. 1 BauO NRW auf schriftlichen Antrag jeweils bis zu einem Jahr verlängert werden.

》 Lesen Sie § 77 BauO NRW! 《

D. Arten der Baugenehmigung

354 Es gibt verschiedene Arten der Baugenehmigung: den Vorbescheid (§ 71 BauO NRW), die Teilbaugenehmigung (§ 76 BauO NRW), die Typengenehmigung (§ 78 BauO NRW) und die Ausführungsgenehmigung (§ 79 BauO NRW). Die beiden wohl prüfungsrelevantesten Arten der Baugenehmigung sollen im Folgenden kurz vorgestellt werden:[8]

I. Vorbescheid

355 Der sog. Vorbescheid (§ 71 BauO NRW) enthält einen **vorweggenommenen Teil der feststellenden Regelung der Baugenehmigung**. Der Vorbescheid ergeht aufgrund einer Bauvoranfrage des Bauherrn und hat einzelne Fragen der Zulässigkeit des geplanten Vorhabens zum Gegenstand. Betrifft die Bauvoranfrage bauplanungsrechtliche Zulässigkeitsfragen, wird der Vorbescheid als **Bebauungsgenehmigung** bezeichnet.[9]

》 Lesen Sie § 71 BauO NRW! 《

Beispiel H plant ein Vorhaben im unbeplanten Außenbereich und erkundigt sich bei der Behörde, ob sein Vorhaben als privilegiertes Vorhaben i.S.d. § 35 Abs. 1 BauGB anzuerkennen ist. – Ist dies der Fall, entscheidet die Bauaufsichtsbehörde über die Bauvoranfrage des H in Form einer Bebauungsgenehmigung. ■

356 Mit dem Vorbescheid entscheidet die Bauaufsichtsbehörde **verbindlich** und **abschließend**, dass dem Vorhaben im Zeitpunkt der Entscheidung in dem von der Bauvoranfrage vorgegebenen Umfang **keine öffentlich-rechtlichen Vorschriften entgegenstehen** (vgl. § 71 Abs. 2 i.V.m. § 75 Abs. 1 S. 1 BauO NRW). In diesem Umfang entfaltet der Vorbescheid **Bindungswirkung** für mindestens zwei Jahre im nachfolgenden Baugenehmigungsverfahren (vgl. §§ 71 Abs. 1 S. 2, Abs. 3 i.V.m. 77 BauO NRW). Im nachfolgenden Baugenehmigungsverfahren entscheidet die Bauaufsichtsbehörde daher nicht erneut über diese bereits entschiede-

---

7 *Hellermann* in: Dietlein/Burgi/Hellermann, Öffentliches Recht in Nordrhein-Westfalen § 4 Rn. 276.
8 Näher zu allen Formen z.B. *Brenner* Öffentliches Baurecht Rn. 707 ff.
9 *Brenner* Öffentliches Baurecht Rn. 707.

nen Aspekte der Zulässigkeit des Vorhabens, sondern übernimmt den Inhalt des Vorbescheides nachrichtlich. In unserem *Beispiel* oben (Rn. 355) bedeutet dies, dass die Bauaufsichtsbehörde die Frage, ob das Vorhaben des H bauplanungsrechtlich nach § 35 BauGB zulässig ist, im Baugenehmigungsverfahren nicht mehr prüft. Wenn sie H eine Bebauungsgenehmigung erteilt, ist sie hieran im Baugenehmigungsverfahren gebunden.

357 Wenn das Vorhaben in dem von der Bauvoranfrage vorgegebenen Umfang öffentlich-rechtlichen Vorschriften nicht entgegensteht, hat der Bauherr einen **Rechtsanspruch auf Erteilung des Vorbescheides** (vgl. § 71 Abs. 2 i.V.m. § 75 Abs. 1 S. 1 BauO NRW). Der Wortlaut des § 71 Abs. 1 S. 1 BauO NRW („kann") ist insoweit missverständlich.

358 Wie sich aus dem Vorstehenden ergibt, enthält der Vorbescheid mangels verfügender Regelung **keine Baufreigabe**. Wenn der Bauherr gleichwohl mit der Ausführung des Vorhabens beginnt, riskiert er, indem er ohne die erforderliche Baugenehmigung und damit formell baurechtswidrig handelt, eine Baueinstellungsverfügung und für den Fall, dass das Vorhaben materiell baurechtswidrig ist, u.U. sogar eine Baubeseitigungsanordnung, die ihre Rechtsgrundlage jeweils in § 61 Abs. 1 S. 2 BauO NRW hätten (zu diesen Maßnahmen der repressiven Bauaufsicht unten Rn. 432 ff.).

II. Teilbaugenehmigung

》 Lesen Sie § 76 BauO NRW! 《

359 Die Teilbaugenehmigung ist in § 76 Abs. 1 S. 1 BauO NRW definiert. Im Falle eines eingereichten Bauantrags kann danach der Beginn der Bauarbeiten für die Baugrube und für einzelne Bauteile oder Bauabschnitte auf schriftlichen Antrag schon vor Erteilung der Baugenehmigung schriftlich gestattet werden. Im Gegensatz zum Vorbescheid **stellt** die Teilbaugenehmigung **für bestimmte Teile des Vorhabens fest**, dass **dem Vorhaben insoweit öffentlich-rechtliche Vorschriften nicht entgegenstehen** (vgl. § 76 Abs. 1 S. 2 i.V.m. § 75 Abs. 1 S. 1 BauO NRW), und **gibt insoweit die Bauausführung des Vorhabens frei** (vgl. § 76 Abs. 1 S. 2 i.V.m. § 75 Abs. 5 BauO NRW).

360 Eine Teilbaugenehmigung kann nur erteilt werden, wenn **gesichert prognostiziert** werden kann, dass das **Gesamtvorhaben grundsätzlich zulässig** ist.[10] Nur dann erscheint eine Teilbaugenehmigung sinnvoll.

Beispiel R plant, ein mehrgeschossiges Bürohaus im beplanten Innenbereich der Gemeinde D zu errichten. Bauplanungsrechtlich genügt das Vorhaben allen Anforderungen. Allerdings bestehen erhebliche Zweifel, ob das Vorhaben bestimmten bauordnungsrechtlichen Anforderungen genügt. R beantragt bei der Bauaufsichtsbehörde eine Teilbaugenehmigung für die Errichtung des – unstreitig insgesamt baurechtlich zulässigen – Untergeschosses. – Auch wenn das Untergeschoss des Vorhabens ohne Zweifel baurechtlich zulässig ist, muss die Bauaufsichtsbehörde über den Antrag des R hinaus eine Prognose darüber anstellen, ob es als gesichert gilt, dass das Vorhaben insgesamt grundsätzlich zulässig ist. Daran bestehen hier erhebliche Zweifel, so dass die Teilbaugenehmigung nicht erteilt werden kann. ■

---

10 Vgl. *OVG NRW* NVwZ-RR 1997, 401.

361 Aufgrund ihrer weitreichenden Wirkung steht die Entscheidung über die Erteilung einer Teilbaugenehmigung im **Ermessen** der Behörde (vgl. **§ 76 Abs. 1 S. 1 BauO NRW** „kann").[11] Dies gilt auch dann, wenn dem Vorhaben, soweit dessen Genehmigung beantragt wurde, keine öffentlich-rechtlichen Vorschriften entgegenstehen.

E. Anspruch auf Erteilung einer Baugenehmigung

I. Überblick

362 Die Frage, ob ein Bauherr Anspruch auf Erteilung einer Baugenehmigung hat, ist ein klassisches und typisches Klausurthema. Deshalb sollten Sie diesem Abschnitt besondere Aufmerksamkeit widmen! Meistens ist der Fall so gestaltet, dass die Bauaufsichtsbehörde den Antrag des Bauherrn auf Erteilung der Baugenehmigung zuvor abgelehnt hat und der Bauherr nun gegen diesen ablehnenden Bescheid rechtlich vorgehen will. Alternativ gängig sind Fallgestaltungen, dass die Bauaufsichtsbehörde die beantragte Baugenehmigung unterlässt oder dass ein Nachbar die dem Bauherrn erteilte Baugenehmigung wegen Verletzung (angeblich) drittschützender Vorschriften angreift. Mit den verfahrensrechtlichen Fragen und Fragen des nachbarschaftlichen Drittschutzes werden wir uns später (Rn. 405 ff. und 484 ff.) näher befassen.

363 Ob ein Bauherr Anspruch auf Erteilung einer (abgelehnten oder unterlassenen) Baugenehmigung hat, prüfen Sie wie folgt:

Anspruch auf Erteilung einer Baugenehmigung

I. Anspruchsgrundlage

II. Formell-rechtliche Anspruchsvoraussetzungen
1. Ordnungsgemäßer Bauantrag
2. Zuständige Behörde
3. Verfahren

III. Materiell-rechtliche Anspruchsvoraussetzungen
1. Genehmigungspflichtigkeit des Vorhabens
2. Genehmigungsfähigkeit des Vorhabens
   Prüfungskompetenz bei mehreren Genehmigungen   Rn. 382 f.
   a) Vereinbarkeit des Vorhabens mit dem Bauplanungsrecht
   b) Vereinbarkeit des Vorhabens mit dem Bauordnungsrecht
   c) Vereinbarkeit des Vorhabens mit sonstigen öffentlich-rechtlichen Vorschriften

PRÜFUNGSSCHEMA

JURIQ-Klausurtipp

Auch hier gilt wie bei jedem Prüfungsschema: Es soll Ihnen für Ihre Prüfung lediglich eine Orientierungshilfe bieten. Arbeiten Sie das Schema daher in Gedanken durch und erörtern aber nur die wirklich problematischen Punkte näher.

---

11 *Hellermann* in: Dietlein/Burgi/Hellermann, Öffentliches Recht in Nordrhein-Westfalen § 4 Rn. 281.

364 Ihre Prüfung beginnen Sie mit einem möglichst präzise formulierten Obersatz, der hier wie folgt lauten könnte: „... (hier den Bauherrn nennen) hat einen Anspruch auf Erteilung der Baugenehmigung, wenn dem geplanten Vorhaben keine öffentlich-rechtlichen Vorschriften entgegenstehen." Dieser Formulierungsvorschlag bezieht sich auf die hier dargestellte materiell-rechtliche Prüfung eines Anspruchs auf Erteilung einer Baugenehmigung. Berücksichtigen Sie für die Formulierung des Obersatzes bei Ihrer Fallbearbeitung die jeweilige Fallkonstellation. Ist Ihr Fall prozessual eingekleidet und z.B. so gelagert, dass die Bauaufsichtsbehörde den Antrag des Bauherrn abgelehnt hat, muss der Bauherr gemäß § 42 Abs. 1 VwGO Versagungsgegenklage erheben. Dann könnte der Obersatz wie folgt formuliert werden: „Die Ablehnung der beantragten Erteilung der Baugenehmigung könnte rechtswidrig sein und ... (hier den Bauherrn nennen) in seinen Rechten verletzen (vgl. § 113 Abs. 5 S. 1 VwGO). Dies ist der Fall, wenn ... (hier den Bauherrn nennen) einen Anspruch auf Erteilung der Baugenehmigung hat. Ein Anspruch auf Erteilung der Baugenehmigung besteht, wenn die formell- und materiell-rechtlichen Anspruchsvoraussetzungen vorliegen, insbesondere das Vorhaben genehmigungspflichtig und -fähig ist."

II. Anspruchsgrundlage

365 Ihre Untersuchung beginnen Sie mit der Benennung der Anspruchsgrundlage. Steht die Erteilung einer begehrten Baugenehmigung in Rede, ist einschlägige Anspruchsgrundlage § 75 Abs. 1 S. 1 BauO NRW.

III. Formell-rechtliche Anspruchsvoraussetzungen

366 Anschließend prüfen Sie das Vorliegen der formell-rechtlichen Anspruchsvoraussetzungen in drei Schritten:

> **JURIQ-Klausurtipp**
>
> Im Grunde handelt es sich um die typische Prüfung für den Fall, dass ein Antragsteller den Erlass eines ihn begünstigenden Verwaltungsaktes begehrt. Der Antragsteller muss einen ordnungsgemäßen Antrag bei der zuständigen Behörde stellen, die im richtigen Verfahren entscheiden muss.

1. Ordnungsgemäßer Bauantrag

367 Beim Baugenehmigungsverfahren handelt es sich um ein Antragsverfahren, weshalb die Erteilung der Baugenehmigung einen mitwirkungsbedürftigen Verwaltungsakt darstellt (s.o. Rn. 350). Der Antrag auf Erteilung der Baugenehmigung wird als sog. **Bauantrag** bezeichnet.[12] Der Bauantrag legt den Gegenstand des Baugenehmigungsverfahrens fest. Wird z.B. die Errichtung eines Einfamilienhauses beantragt, ist *deren* baurechtliche Zulässigkeit Verfahrensgegenstand. Wird demgegenüber beantragt, eine Einzelgarage zu einer Doppelgarage zu erweitern, bildet die baurechtliche Zulässigkeit der Erweiterung der Einzel- zu einer Doppelgarage den Verfahrensgegenstand. Der Bauantrag muss inhaltlich so klar gestellt sein,

---

12 *Brenner* Öffentliches Baurecht Rn. 743.

Formell-rechtliche Anspruchsvoraussetzungen 5 E III

dass die Bauaufsichtsbehörde den Gegenstand und den Umfang ihrer behördlichen Prüfungspflichten erkennen und einen dementsprechend inhaltlich bestimmten, das Baugenehmigungsverfahren abschließenden Verwaltungsakt erlassen kann.

> **Hinweis**
>
> Ein fehlender Bauantrag ist unbeachtlich i.S.d. § 45 Abs. 1 Nr. 1 VwVfG NRW, wenn er rechtzeitig i.S.d. § 45 Abs. 2 VwVfG NRW nachträglich gestellt wird. Unterbleibt der Bauantrag gänzlich und wird die Baugenehmigung dennoch erteilt, ist sie demgegenüber rechtswidrig.

368 Im ersten Schritt untersuchen Sie nun, ob ein ordnungsgemäßer Bauantrag gestellt wurde.

Der Bauantrag ist in **§ 69 BauO NRW** geregelt. Gemäß § 69 Abs. 1 S. 1 BauO NRW ist der Bauantrag **schriftlich** mit **allen erforderlichen Bauvorlagen in ausreichender Zahl** bei der Bauaufsichtsbehörde einzureichen. Ist der Bauantrag unvollständig oder weist er erhebliche Mängel auf, soll die Bauaufsichtsbehörde den Bauantrag zurückweisen (vgl. § 72 Abs. 1 S. 2 BauO NRW). Allerdings kann die Behörde gestatten, einzelne Bauvorlagen nachzureichen (vgl. § 69 Abs. 1 S. 3 BauO NRW).

» Lesen Sie § 69 BauO NRW! «

> **Hinweis**
>
> Neben der BauO NRW enthält die auf der Grundlage des § 85 Abs. 3 BauO NRW erlassene Verordnung über bautechnische Prüfungen NRW[13] nähere Anforderungen an den Bauantrag.

369 Gemäß **§ 69 Abs. 2 S. 1 BauO NRW** müssen der **Bauantrag vom Bauherrn** und die **Bauvorlagen vom Entwurfsverfasser unterschrieben** werden (vgl. insoweit auch **§ 70 BauO NRW**).

Beispiel G wohnt zur Miete in einem den Eheleuten T gehörenden Dreifamilienhaus. Eines Tages beschließt er, sein neues Auto künftig sicher in einer Garage abstellen zu wollen. Da das Dreifamilienhaus bisher über keine Garage verfügt, beantragt G bei der Behörde die Erteilung einer Baugenehmigung für eine Einzelgarage. – Fraglich ist, ob G als Mieter einen Bauantrag stellen kann. Diese Frage ist zu bejahen: Der Bauherr muss nicht zwingend der Eigentümer des Grundstücks sein. Allerdings muss der Bauherr für seinen Bauantrag ein Sachbescheidungsinteresse haben. Ein solches liegt vor, wenn der Bauherr ein vernünftiges, meist wirtschaftliches Interesse an der Bearbeitung und Verbescheidung des Bauantrags geltend machen kann.[14] ∎

> **Hinweis**
>
> Die §§ 56 ff. BauO NRW enthalten nähere Regelungen über die am Bau Beteiligten.

---

13 BauPrüfVO (*von Hippel/Rehborn* Nr. 93a).
14 Vgl. *Brenner* Öffentliches Baurecht Rn. 743.

2. Zuständige Behörde

370 Im zweiten Schritt untersuchen Sie, ob der Bauherr den Bauantrag bei der sachlich und örtlich zuständigen Behörde gestellt hat:

a) Sachliche Zuständigkeit

» Lesen Sie § 63 BauO NRW! «

371 Gemäß § 62 BauO NRW ist für den Vollzug der BauO NRW sowie anderer öffentlich-rechtlicher Vorschriften für die Errichtung, die Änderung, die Nutzungsänderung, die Instandhaltung und den Abbruch baulicher Anlagen sowie anderer Anlagen und Einrichtungen i.S.d. § 1 Abs. 1 S. 2 BauO NRW **grundsätzlich** die **untere Bauaufsichtsbehörde** zuständig.

» Lesen Sie § 60 Abs. 1 Nr. 3 BauO NRW! Nutzen Sie ggf. unbedingt die Gelegenheit zu einer Wiederholung des Aufbaus der Landesverwaltung im Skript „Kommunalrecht NRW"! «

372 Untere Bauaufsichtsbehörde i.S.d. § 62 BauO NRW sind nach **§ 60 Abs. 1 Nr. 3 BauO NRW** die kreisfreien Städte, die Großen kreisangehörigen Städte und die Mittleren kreisangehörigen Städte (lit. a) sowie die Kreise für die übrigen kreisangehörigen Gemeinden (lit. b).

Beispiel Familie W hat in einem Neubaugebiet ein Grundstück erworben und will dort ein Einfamilienhaus errichten. Das Grundstück liegt in der kreisangehörigen Gemeinde L. Wo muss die Familie W den Bauantrag stellen? – Den Bauantrag muss die Familie W bei der sachlich zuständigen Behörde stellen. Die sachliche Zuständigkeit ergibt sich hier aus § 62 i.V.m. § 60 Abs. 1 Nr. 3 lit. b) BauO NRW, so dass der Bauantrag beim Landrat des Kreises L zu stellen ist (vgl. § 42e KrO NRW). Der Landrat handelt hier als untere staatliche Verwaltungsbehörde i.S.d. §§ 58, 59 KrO NRW. ■

> **JURIQ-Klausurtipp**
>
> Die konkret zuständige Behörde finden Sie in der Fallbearbeitung anhand der GO NRW bzw. der KrO NRW. Denken Sie in diesem Zusammenhang insbesondere an die mögliche Doppelfunktion des Landrates.

b) Örtliche Zuständigkeit

373 Im Gegensatz zur sachlichen Zuständigkeit ist die örtliche Zuständigkeit der Behörde nicht in der BauO NRW geregelt.

» Lesen Sie § 3 Abs. 1 Nr. 1 VwVfG NRW! «

Einschlägig ist deshalb § 3 VwVfG NRW, der gegenüber der BauO NRW subsidiär anwendbar ist (vgl. § 1 Abs. 1 VwVfG NRW). Regelmäßig wird **§ 3 Abs. 1 Nr. 1 VwVfG NRW** einschlägig sein, nach dem in Angelegenheiten, die sich auf unbewegliches Vermögen oder auf ein ortsgebundenes Recht oder Rechtsverhältnis beziehen, die Behörde örtlich zuständig ist, in deren Bezirk das Vermögen oder der Ort liegt. Entscheidend ist demnach die **Belegenheit des betreffenden Grundstücks**.[15]

> **Hinweis**
>
> Ein Antrag bei der örtlich unzuständigen Behörde ist gemäß § 44 Abs. 2 Nr. 3 VwVfG NRW nichtig.

---

15 *Hellermann* in: Dietlein/Burgi/Hellermann, Öffentliches Recht in Nordrhein-Westfalen § 4 Rn. 260.

3. Verfahren

Im dritten Schritt prüfen Sie, ob das Baugenehmigungsverfahren in verfahrensrechtlicher Hinsicht ordnungsgemäß durchgeführt wurde. Besondere Bedeutung hat im Baugenehmigungsverfahren die Beteiligung **bestimmter Behörden** und der **Nachbarn (Angrenzer)**. Hervorzuheben sind insoweit z.B. die in § 36 BauGB oder in § 74 BauO NRW normierten Beteiligungsrechte.

374

> **JURIQ-Klausurtipp**
>
> Anhand der Angaben im Sachverhalt werden Sie merken, ob dieser Punkt in Ihrer Fallbearbeitung problematisch ist. Abgesehen von den eben genannten typischen Beteiligungsrechten gibt es weitere Beteiligungsrechte. Insoweit wird der Sachverhalt Sie in die richtige Richtung führen, damit Sie die dann einschlägigen Bestimmungen finden können.

IV. Materiell-rechtliche Anspruchsvoraussetzungen

Das Vorliegen der materiell-rechtlichen Anspruchsvoraussetzungen prüfen Sie in zwei Schritten:

375

> **JURIQ-Klausurtipp**
>
> Im Grunde handelt sich insoweit um die typische Prüfung, die Sie durchführen, wenn eine behördliche Genehmigung begehrt wird. Im ersten Schritt gehen Sie der Frage nach, ob eine Genehmigung überhaupt erforderlich ist. Ist dies der Fall, untersuchen Sie im zweiten Schritt, ob das zur Genehmigung gestellte Anliegen genehmigungsfähig ist.

1. Genehmigungspflichtigkeit des Vorhabens

Im ersten Schritt prüfen Sie, ob das Vorhaben genehmigungspflichtig ist, d.h. Sie gehen der Frage nach, ob der Bauherr für sein Vorhaben überhaupt eine Baugenehmigung benötigt.

376 » Lesen Sie § 63 BauO NRW! «

Da das Bauen zu den Lebensbereichen gehört, die grundsätzlich einer präventiven staatlichen Kontrolle unterliegen, stellt § 63 Abs. 1 S. 1 BauO NRW den Grundsatz auf, dass die Errichtung, die Änderung, die Nutzungsänderung und der Abbruch baulicher Anlagen sowie anderer Anlagen und Einrichtungen i.S.d. § 1 Abs. 1 S. 2 BauO NRW einer Baugenehmigung bedürfen. Eine Baugenehmigung wird nur für genehmigungspflichtige Vorhaben erteilt; ihre Einholung ist demnach auch nur bei den genehmigungspflichtigen Vorhaben notwendig.

> **Hinweis**
>
> Abweichend von § 63 Abs. 1 S. 1 BauO NRW ist nach § 2 Nr. 4 lit. c Bürokratieabbaugesetz I NRW für eine Nutzungsänderung regelmäßig nur eine schriftliche Anzeige unter Beifügung der erforderlichen Bauvorlagen notwendig.

≫ Lesen Sie § 2 Abs. 1 S. 1 BauO NRW! ≪

377 § 2 Abs. 1 S. 1 BauO NRW definiert den **Begriff der baulichen Anlage** wie folgt:

> **Bauliche Anlagen** sind mit dem Erdboden verbundene, aus Bauprodukten hergestellte Anlagen.

Beispiele Häuser, auch wenn sie schwimmen und pfahlgeschützt sind; Windenergieanlagen, Parabolantennen.[16] ∎

> **Hinweis**
>
> Der Begriff der baulichen Anlage hat grundlegende Bedeutung im Bauordnungsrecht. Denken Sie unbedingt daran, dass die Begriffe der baulichen Anlage im Bauordnungsrecht und im Bauplanungsrecht nicht identisch sind!

≫ Lesen Sie § 68 BauO NRW! ≪

378 An der prinzipiellen Genehmigungspflichtigkeit eines Vorhabens ändert sich nichts, wenn § 68 BauO NRW für einige Vorhaben **vereinfachte Genehmigungsverfahren** vorsieht. Anwendungsfälle sind z.B. kleinere Wohngebäude oder kleinere Lagerhallen. Die Durchführung vereinfachter Genehmigungsverfahren hat lediglich Auswirkungen auf den materiell-rechtlichen Prüfungsumfang der Behörde im Baugenehmigungsverfahren.[17]

379 Zwecks Beschleunigung der Umsetzung baulicher Vorhaben und verfahrensökonomischer Entschlackung von Baugenehmigungsverfahren sind jedoch **bestimmte Vorhaben nicht genehmigungspflichtig**.[18]

≫ Lesen Sie §§ 65 bis 67, 79, 80 BauO NRW! ≪

Um welche Vorhaben es sich konkret handelt, ist **abschließend** in den **§§ 65 bis 67, 79, 80 BauO NRW** normiert: **§§ 65, 66 BauO NRW** beziehen sich auf **genehmigungs- und anzeigefreie Vorhaben**. Dazu gehören Vorhaben, die baurechtlich geringe Relevanz besitzen, wie z.B. Gartenlauben in Kleingartenanlagen nach dem Bundeskleingartengesetz (§ 65 Abs. 1 Nr. 2 BauO NRW), Schutzhütten für Wanderer (§ 65 Abs. 1 Nr. 7 BauO NRW), bestimmte Parabolantennen (§ 65 Nr. 18 BauO NRW), Warenautomaten (§ 65 Nr. 36 BauO NRW) oder Feuerungsanlagen (§ 66 S. 1 Nr. 2 BauO NRW). **§ 67 BauO NRW** betrifft von der Baugenehmigung **freigestellte, z.T. aber anzeigepflichtige Vorhaben**. **§ 79 BauO NRW** regelt die sog. **fliegenden Bauten** (z.B. Bierzelte, Tribünen, Achterbahnen) und **§ 80 BauO NRW** zustimmungspflichtige **Vorhaben öffentlicher Bauherrn**.

380 Dass diese Vorhaben von der Genehmigungspflicht befreit sind, bedeutet indes **keine Freistellung von den Anforderungen, die durch öffentlich-rechtliche Vorschriften an das Vorhaben gestellt werden** (vgl. § 65 Abs. 4 BauO NRW). Auch von der **Pflicht, nach anderen Vorschriften erforderliche Genehmigungen einzuholen**, befreit die Genehmigungsfreiheit damit **nicht** (s. zur Frage, ob bei mehreren notwendigen Genehmigungen das sog. „Konzentrations-" oder das sog. „Separationsmodell" gilt oder die sog. „Schlusspunkttheorie" unten Rn. 382 f.). Dies gilt insbesondere auch für genehmigungspflichtige Ausnahmen und Befreiungen i.S.d. § 31 BauGB (vgl. auch **§ 74a BauO NRW**). Bei einem genehmigungsfrei gestellten Vorhaben sieht die Bauaufsichtsbehörde lediglich davon ab, das Vorhaben präven-

---

16 S. *Grotefels* in: Hoppe/Bönker/Grotefels, Öffentliches Baurecht § 15 Rn. 3 m.w. Beispielen nebst Nachweisen aus der Rechtsprechung.
17 Vgl. *Erbguth* in: Tettinger/Erbguth/Mann, Besonderes Verwaltungsrecht Rn. 1219a.
18 Vgl. *Brenner* Öffentliches Baurecht Rn. 731.

tiv auf seine Rechtmäßigkeit hin zu überprüfen; es bleibt ihr jedoch unbenommen, gegen den Bauherrn repressiv einzuschreiten, wenn das Vorhaben gegen öffentlich-rechtliche Vorschriften verstößt.

> **Hinweis**
>
> Besteht ein Vorhaben aus einem genehmigungspflichtigen und einem genehmigungsfreien Teil, so ist das Vorhaben insgesamt genehmigungspflichtig.[19]

2. Genehmigungsfähigkeit des Vorhabens

Ergibt Ihre Prüfung oben, dass das zur Genehmigung gestellte Vorhaben nicht genehmigungspflichtig ist, ist Ihre Prüfung beendet. Der Bauherr hat bei einem genehmigungsfreien Vorhaben keinen Anspruch auf die Erteilung einer Baugenehmigung. Er hat im Übrigen auch keinen Anspruch auf Erteilung eines sog. Negativzeugnisses.[20] – Ergibt Ihre Prüfung dagegen, dass das zur Genehmigung gestellte Vorhaben genehmigungspflichtig ist, untersuchen Sie nun, ob dem Vorhaben öffentlich-rechtliche Vorschriften entgegenstehen. In welchem Umfang die Bauaufsichtsbehörde die Vereinbarkeit des Vorhabens mit öffentlich-rechtlichen Vorschriften zu prüfen hat, bestimmt grundsätzlich jedes Land für sich selbst.[21] In NRW ist anerkannt, dass **§ 75 Abs. 1 S. 1 BauO NRW grundsätzlich umfassend** zu verstehen ist mit der Folge, dass die Bauaufsichtsbehörde die Zulässigkeit des Vorhabens nach Maßgabe **aller öffentlich-rechtlicher Vorschriften** zu prüfen hat.[22] Etwas **anderes** gilt für die vereinfachten Genehmigungsverfahren. Hier gilt gemäß **§ 68 Abs. 1 S. 4 BauO NRW** ein eingeschränkter Prüfungsmaßstab. Erweist sich das Vorhaben in einem vereinfachten Genehmigungsverfahren aus einem Gesichtspunkt als unzulässig, der nicht zum Prüfungsmaßstab gehört, darf die Bauaufsichtsbehörde das Vorhaben nicht ablehnen. Sollte die Unzulässigkeit des Vorhabens wegen dieses an sich prüfungsfremden Gesichtspunktes jedoch offensichtlich unzulässig sein, kann die Behörde den Antrag auf Erteilung der Baugenehmigung wegen fehlenden Sachbescheidungsinteresses ablehnen (s. auch oben Rn. 9).[23]

Die Annahme einer grundsätzlich umfassenden Prüfungskompetenz der Bauaufsichtsbehörde im Baugenehmigungsverfahren erweist sich in den Fällen als problematisch, in denen andere öffentlich-rechtliche Gesetze **eigenständige Genehmigungsverfahren** vorsehen. Eine einheitliche Lösung zur Bewältigung dieses Problems gibt es nicht.[24]

Beispiel L hat ein unbebautes Grundstück in einem Gewerbegebiet der Gemeinde M erworben. Auf dem Grundstück will L eine Gaststätte eröffnen. – Um seine Pläne zu realisieren, benötigt L eine behördliche Baugenehmigung nach der BauO NRW für die Errichtung der Gaststätte und eine behördliche Gaststättenerlaubnis nach dem GastG.

---

19 Vgl. *OVG Rh.-Pf.* DÖV 2005, 921.
20 Vgl. *VGH Bayern* NVwZ 1988, 944.
21 Vgl. *BVerwGE* 99, 351.
22 Vgl. *OVG NRW* DÖV 2004, 302.
23 Vgl. *OVG Rh.-Pf.* BRS 73 Nr. 147.
24 Vgl. hierzu und zum folgenden Text (ausgenommen Beispiel) allgemein *Hellermann* in: Dietlein/Burgi/Hellermann, Öffentliches Recht in Nordrhein-Westfalen § 4 Rn. 271.

5 E   Anspruch auf Erteilung einer Baugenehmigung

383 Mit dem geltenden Recht nicht vereinbar wäre die Annahme, dass die Bauaufsichtsbehörde neben der baurechtlichen Zulässigkeit des Vorhabens des L auch die Zulässigkeit der Gaststättenerlaubnis für L prüfen kann (sog. „**Konzentrationsmodell**").

》 Lesen Sie noch einmal § 75 Abs. 3 S. 2 BauO NRW! 《

Denn dieser Annahme steht § 75 Abs. 3 S. 2 BauO NRW entgegen, nach dem die Baugenehmigung anderweitig begründete Genehmigungen unberührt lässt.

Als mit § 75 Abs. 3 S. 2 BauO NRW vereinbar kommen demnach zwei Lösungsmöglichkeiten in Betracht: zum einen die Möglichkeit, dass die Bauaufsichtsbehörde dem L die Baugenehmigung im Falle der baurechtlichen Zulässigkeit seines Vorhabens ohne Rücksicht auf die Gaststättenerlaubnis erteilt (sog. „**Separationsmodell**"); zum anderen die Möglichkeit, dass die Bauaufsichtsbehörde dem L die Baugenehmigung erst als „Schlusspunkt" der für ein genehmigungspflichtiges Vorhaben durchzuführenden Prüfung der Vereinbarkeit des Vorhabens mit öffentlich-rechtlichen Vorschriften erteilen darf (sog. „**Schlusspunkttheorie**"), hier also erst nach Erteilung der Gaststättenerlaubnis. Nachdem der 7. Senat des OVG NRW im Jahre 2001 das Separationsmodell befürwortet hatte,[25] ist der 10. Senat des OVG NRW dieser Auffassung im Jahre 2004 entgegengetreten und hat sich für ein sog. „**Koordinationsmodell**" i.S. eines „Sternverfahrens" ausgesprochen. Danach ist die Baugenehmigung als „Schlusspunkt" der für ein genehmigungspflichtiges Vorhaben durchzuführenden Prüfung, ob das zur Genehmigung gestellte Vorhaben mit den öffentlich-rechtlichen Vorschriften vereinbar ist, zu erteilen. Zur Begründung beruft sich der 10. Senat u.a. auf § 72 Abs. 1 S. 1 Nr. 2 BauO NRW, der das verfahrens- und materiell-rechtliche Prüfungsprogramm umschreibt und das Separationsmodell ausschließt. Auf der Grundlage dieser Ansicht darf die Bauaufsichtsbehörde dem L die Baugenehmigung erst erteilen, wenn die Gaststättenbehörde ihm die Gaststättenerlaubnis erteilt hat. Solange dies nicht der Fall ist, steht das Erfordernis der Einholung einer Gaststättengenehmigung als öffentlich-rechtliche Vorschrift dem Bauvorhaben des L entgegen.

> **JURIQ-Klausurtipp**
>
> Den Meinungsstreit müssen Sie kennen und auf Ihren Fall bezogen erörtern. Welcher Ansicht Sie sich letztlich anschließen, ist dabei weniger wichtig. Gegen das Konzentrationsmodell spricht jedenfalls auch, dass mit der Gaststättenbehörde die sachnähere und damit kompetentere Behörde über die Erteilung der Gaststättenerlaubnis entscheidet. Dieser Gedanke dürfte wohl hinter der Regelung des § 75 Abs. 3 S. 2 BauO NRW stehen.

384 Bei der Prüfung der Vereinbarkeit des Vorhabens mit den öffentlich-rechtlichen Vorschriften gehen Sie üblicherweise in drei Schritten vor:

> **Hinweis**
>
> Privatrechtliche Vorschriften sind grundsätzlich irrelevant (vgl. § 75 Abs. 3 S. 1 BauO NRW). Wenn das Vorhaben aus privatrechtlichen Gründen offensichtlich nicht realisiert werden kann, kann dem Bauherrn jedoch das Sachentscheidungsinteresse für die Erteilung einer Baugenehmigung fehlen (s.o. Rn. 9).

---

25 *OVG NRW* NVwZ-RR 2002, 564. So auch die Oberverwaltungsgerichte anderer Länder: *VGH Bayern* NVwZ 1994, 304; *VGH BW* NVwZ-RR 1997, 156.

a) Vereinbarkeit des Vorhabens mit dem Bauplanungsrecht

Im ersten Schritt gehen Sie der Frage nach, ob das Vorhaben nach dem Bauplanungsrecht zulässig ist. Wie die bauplanungsrechtliche Zulässigkeit eines Vorhabens zu prüfen ist, haben wir bereits oben (Rn. 228 ff.) ausführlich behandelt. Daher kann an dieser Stelle auf die obigen Ausführungen verwiesen werden.

b) Vereinbarkeit des Vorhabens mit dem Bauordnungsrecht

Im zweiten Schritt prüfen Sie, ob das Vorhaben bauordnungsrechtlich zulässig ist. Wie oben (Rn. 343) bereits erwähnt, dient das materielle Bauordnungsrecht in erster Linie der Gefahrenabwehr. Die materiell-rechtlichen Anforderungen an bauliche Anlagen i.S.d. § 2 Abs. 1 BauO NRW sind in den §§ 3 ff. BauO NRW geregelt.

§ 3 BauO NRW enthält die **bauordnungsrechtliche Generalklausel des materiellen Bauordnungsrechts**.[26] Danach sind bauliche Anlagen sowie andere Anlagen und Einrichtungen i.S.d. § 1 Abs. 1 S. 2 BauO NRW so anzuordnen, zu errichten, zu ändern und instand zu halten, dass die öffentliche Sicherheit oder Ordnung, insbesondere Leben, Gesundheit oder die natürlichen Lebensgrundlagen, nicht gefährdet wird. Dies gilt auch für den Abbruch und für die Nutzungsänderung solcher Einrichtungen (vgl. § 3 Abs. 4 BauO NRW).

> **Lesen Sie § 3 BauO NRW!**

> **Hinweis**
>
> Die Begriffe der öffentlichen Sicherheit und Ordnung haben dieselbe Bedeutung wie im allgemeinen Gefahrenabwehrrecht.

Viele der Vorschriften in den §§ 3 ff. BauO NRW besitzen in der Praxis große Bedeutung.

Prüfungsrelevant sind demgegenüber vor allem §§ 6, 12, 13, 51, 86 BauO NRW.

> **Lesen Sie §§ 6, 12, 13, 51, 86 BauO NRW!**

> **JURIQ-Klausurtipp**
>
> In der Fallbearbeitung finden Sie die für Sie möglicherweise einschlägigen Vorschriften des materiellen Baurechts relativ einfach, wenn Sie das Inhaltsverzeichnis der BauO NRW (Teil 3) durchlesen! Detailwissen wird hier ohnehin regelmäßig nicht verlangt.

Ähnlich wie § 31 BauGB kann die Bauaufsichtsbehörde gemäß **§ 73 Abs. 1 BauO NRW Abweichungen von bauordnungsrechtlichen Anforderungen** zulassen. Ob die Bauaufsichtsbehörde Abweichungen zulässt, steht nach dem Wortlaut des § 73 Abs. 1 BauO NRW („kann") im **Ermessen** der Behörde. Eine **Abweichung von örtlichen Bauvorschriften i.S.d. § 86 BauO NRW** erfordert das **Einvernehmen der Gemeinde** (vgl. § 86 Abs. 5 BauO NRW).

> **Lesen Sie § 73 BauO NRW!**

c) Vereinbarkeit des Vorhabens mit sonstigen öffentlich-rechtlichen Vorschriften

Im dritten Schritt untersuchen Sie schließlich, ob das zur Genehmigung gestellte Vorhaben mit den sonstigen öffentlich-rechtlichen Vorschriften vereinbar ist. Dazu gehören vor allem wasserrechtliche Vorschriften, weil jede Nutzung eines Grundstücks eine ordnungsgemäße

---

26 *Erbguth* in: Tettinger/Erbguth/Mann, Besonderes Verwaltungsrecht Rn. 1186.

Wasserbeseitigung erfordert. Daneben kommen Vorschriften z.B. des Straßenrechts, des Gaststättenrechts, des Naturschutzrechts, des Immissionsschutzrechts oder auch des Denkmalschutzrechts in Betracht.

> **JURIQ-Klausurtipp**
>
> Sollten Sie in einer Fallbearbeitung die Vereinbarkeit des Vorhabens mit sonstigen öffentlich-rechtlichen Vorschriften ausführlicher zu prüfen haben, werden Sie hinreichende Anhaltspunkte im Sachverhalt vorfinden. Ansonsten genügt im Rahmen Ihrer gutachterlichen Prüfung, dass Sie diesen Prüfungspunkt erwähnen und mangels gegenteiliger Anhaltspunkte im Sachverhalt als erfüllt ansehen.

389 Exkurs:

Sollten entsprechende Anhaltspunkte im Sachverhalt enthalten sein, kann es abschließend notwendig sein zu untersuchen, ob das Vorhaben möglicherweise unzulässig ist, weil die Bauaufsichtsbehörde aufgrund z.B. einer früher abgegebenen **Zusicherung i.S.d. § 38 VwVfG NRW** oder eines **öffentlich-rechtlichen Vertrages i.S.d. §§ 54 ff. VwVfG NRW** verpflichtet ist, die Baugenehmigung zu erteilen. Der Zulässigkeit eines Vorhabens können auch **Bauverbote** z.B. nach § 172 Abs. 3 S. 2 BauGB entgegenstehen. Es kommen auch **Genehmigungssperren** in Betracht (vgl. §§ 14, 15 Abs. 1 S. 1 BauGB).

Exkurs Ende.

> **JURIQ-Klausurtipp**
>
> Auch hier gilt, dass Sie entsprechende Anhaltspunkte im Sachverhalt vorfinden werden, wenn Sie hier erwähnte Punkte näher prüfen sollen.

F. Mögliche Entscheidungen der Bauaufsichtsbehörde; Nebenbestimmungen; Baulasten

I. Ablehnende Entscheidung der Bauaufsichtsbehörde

390 Lautet Ihr Prüfungsergebnis, dass dem beantragten Bauvorhaben öffentlich-rechtliche Vorschriften entgegenstehen, hat der Bauherr keinen Anspruch auf Erteilung der Baugenehmigung. In diesem Falle darf die Baugenehmigungsbehörde keine Baugenehmigung erteilen. Der Bauherr ist angesichts der ablehnenden Entscheidung, die einen Verwaltungsakt i.S.d. § 35 S. 1 VwVfG darstellt, allerdings nicht daran gehindert, einen **neuen Bauantrag** zu stellen. Die **ablehnende Entscheidung der Bauaufsichtsbehörde** enthält in ihrem **verfügenden Teil** nur die **Regelung, dass die Baugenehmigung nicht erteilt wird**. Nur diese Regelung wächst ggf. in Bestandskraft. Die diese Regelung stützende **Begründung**, nämlich die Unzulässigkeit des Vorhabens, erläutert dagegen nur die Regelung und ist **nicht bestandskraftfähig**.[27]

---

27 Vgl. grdl. *BVerwGE* 48, 271.

II. Erteilung der Baugenehmigung

Lautet Ihr Prüfungsergebnis demgegenüber, dass dem beantragten Bauvorhaben keine öffentlich-rechtlichen Vorschriften entgegenstehen, hat der Bauherr einen Anspruch auf Erteilung der Baugenehmigung. In diesem Falle muss die Bauaufsichtsbehörde die Baugenehmigung erteilen. Die Baugenehmigung ist **schriftlich durch Bekanntgabe gegenüber dem Bauherrn** zu erteilen.[28]

III. Erteilung der Baugenehmigung unter Beifügung von Nebenbestimmungen

Denkbar ist, dass Sie bei Ihrer Prüfung zu dem Ergebnis gelangen, dass der Bauherr im Zeitpunkt der Entscheidung über die Erteilung der Baugenehmigung noch nicht alle Voraussetzungen für die Genehmigungserteilung erfüllt. In diesem Falle kann die Baugenehmigungsbehörde die Erteilung der Baugenehmigung ablehnen. Sie hat aber alternativ die Möglichkeit, die Baugenehmigung zu erteilen und die Erfüllung der noch ausstehenden Voraussetzungen dadurch sicherzustellen, dass sie der Baugenehmigung **Nebenbestimmungen** beifügt.[29] Diese Vorgehensweise stellt im Vergleich zur ablehnenden Entscheidung das mildere Mittel dar und ist daher nicht nur zulässig, sondern im Hinblick auf die Wahrung des rechtsstaatlichen Verhältnismäßigkeitsgrundsatzes auch geboten.

Ob die Beifügung von Nebenbestimmungen zur Baugenehmigung zulässig ist, richtet sich nach § 36 Abs. 1 VwVfG NRW.[30] Praktisch relevante Nebenbestimmungen sind die **Bedingung i.S.d. § 36 Abs. 2 Nr. 2 VwVfG NRW** und die **Auflage i.S.d. § 36 Abs. 2 Nr. 4 VwVfG NRW**.

Beispiel[31] Um einen Missbrauch der Begünstigungsregelung des § 35 Abs. 4 Satz 1 Nr. 2 BauGB zu verhindern, kann die Bauaufsichtsbehörde einer Baugenehmigung für ein Ersatzgebäude im Außenbereich nach § 35 Abs. 5 Satz 4 BauGB eine Auflage beifügen, nach der das neu errichtete Wohngebäude ausschließlich für den Eigenbedarf des bisherigen Eigentümers oder seiner Familie genutzt werden darf. Die Auflage steht unter dem Vorbehalt einer Überprüfung bei einer unvorhergesehenen wesentlichen Änderung der tatsächlichen Umstände. ∎

》 Nutzen Sie ggf. die Gelegenheit und wiederholen Sie die Zulässigkeit von Nebenbestimmungen im Skript „Allgemeines Verwaltungsrecht"! 《

Sofern die Bauaufsichtsbehörde bei ihrer Entscheidung über die Erteilung der Baugenehmigung ausnahmsweise Ermessen besitzt (s.o. Rn. 349), richtet sich die Zulässigkeit einer Nebenbestimmung nach § 36 Abs. 2 VwVfG NRW (vgl. Wortlaut „im Übrigen").

> **JURIQ-Klausurtipp**
>
> Merken Sie sich: Bei einer Nebenbestimmung sagt die Behörde „ja, aber außerdem noch…". Mit der Nebenbestimmung bürdet die Behörde dem Bauherrn eine Belastung auf.

---

28 Vgl. näher *Stollmann* Öffentliches Baurecht § 18 Rn. 19.
29 Vgl. näher *Stollmann* Öffentliches Baurecht § 18 Rn. 26 ff.
30 Vgl. *Grotefels* in: Hoppe/Bönker/Grotefels, Öffentliches Baurecht § 16 Rn. 56 (mit dem Hinweis, dass die Landesbauordnungen keine speziellen Regelungen enthalten).
31 Vgl. *OVG NRW* BRS 73 Nr. 110.

395 Keine Nebenbestimmung i.S.d. § 36 VwVfG NRW stellt jedoch die sog. **modifizierende Auflage** dar. Sie liegt vor, wenn eine beantragte Baugenehmigung **qualitativ anders** erteilt wird, als sie beantragt wurde. Deshalb wird die modifizierende Auflage auch sog. **modifizierende Genehmigung** genannt.

> **Beispiel** A beantragt die Errichtung eines Geschäftshauses mit sechs Vollgeschossen. Die Bauaufsichtsbehörde erteilt ihm die Baugenehmigung, dass er ein Geschäftshaus mit vier Vollgeschossen errichten darf. – Die Behörde hat den Bauantrag des A auf Errichtung eines sechsgeschossigen Geschäftshauses abgelehnt. Stattdessen hat sie ihm eine Baugenehmigung für die Errichtung eines viergeschossigen Geschäftshauses erteilt. Zwischen beantragtem und genehmigtem Vorhaben besteht ein qualitativer Unterschied: Das genehmigte Vorhaben stellt im Vergleich zum beantragten Vorhaben ein Minus dar. ∎

> **JURIQ-Klausurtipp**
>
> Merken Sie sich: Bei einer modifizierenden Genehmigung beantwortet die Behörde den Bauantrag mit „nein, aber statt dessen...". Die Behörde genehmigt ein qualitativ anderes Vorhaben, sei es ein Minus (wie in unserem *Beispiel*) oder ein Aliud (z.B. ein Flachdach anstelle eines beantragten Satteldachs).

IV. Erteilung einer Baugenehmigung und Baulast

396 In der Praxis kommt es häufig vor, dass ein Bauherr die Voraussetzungen für die Erteilung der beantragten Baugenehmigung nur erfüllen kann, wenn er ein Nachbargrundstück einbezieht.

> **Beispiel** D will auf seinem Grundstück ein Zweifamilienhaus errichten. Da er auf seinem Grundstück aus Platzgründen keine Stellplätze einrichten kann, erklärt sich der Eigentümer des Nachbargrundstücks gegenüber der Bauaufsichtsbehörde schriftlich bereit, gegen Entgelt zwei Stellplätze für das Haus des D zur Verfügung zu stellen. ∎

397 Wegen der sich aus § 51 BauO NRW ergebenden Stellplatzpflicht für bauliche Anlagen muss D eine angemessene Anzahl an Stellplätzen für sein geplantes Zweifamilienhaus einrichten. Betrachtet man seine Grundstückssituation, ist die Einrichtung von Stellplätzen aus Platzgründen jedoch nicht möglich. So betrachtet, ist das Vorhaben des D bauordnungsrechtlich unzulässig.

» **Lesen Sie § 83 BauO NRW!** «

Um fehlende tatsächliche Voraussetzungen für die Genehmigungserteilung zu schaffen, gibt es aber das Institut der Baulast, das in § 83 Abs. 1 S. 1 BauO NRW definiert ist. Danach kann ein Grundstückseigentümer durch Erklärung gegenüber der Bauaufsichtsbehörde öffentlich-rechtliche Verpflichtungen zu einem sein Grundstück betreffenden Handeln, Dulden oder Unterlassen übernehmen, die sich nicht schon aus öffentlich-rechtlichen Vorschriften ergeben.[32] Bei der Baulast handelt es sich um eine freiwillige einseitige öffentlich-rechtliche Erklärung des Grundstückseigentümers gegenüber der Bauaufsichtsbehörde. Die schriftlich abzugebende Erklärung wird mit der Eintragung in das Baulastenverzeichnis wirksam (vgl. § 83 Abs. 1 S. 3, Abs. 2 BauO NRW). In unserem *Beispiel* wird durch die Erklärung des Grundstücksnachbarn, zwei Stellplätze für das Vorhaben des D zur Verfügung zu stellen, der Platzmangel für die beiden Stellplätze kompensiert. Sobald die Erklärung des Nachbarn in das Baulastenverzeichnis eingetragen worden ist, wird sie wirksam und muss von der Bauaufsichtsbehörde bei ihrer Entscheidung über die Baugenehmigung berücksichtigt werden. Die durch die Baulast gesicherte Verpflichtung, die Stellplätze zur Verfügung zu stellen, wird jedoch nur dann erfüllt, wenn die Stellplätze den Eigentümern des begünstigten Nachbargrundstücks tatsächlich dauerhaft zur Verfügung stehen.[33]

G. Rechtsschutz des Bauherrn und des Nachbarn im Zusammenhang mit einer Baugenehmigung

I. Überblick

In der Praxis kommt es regelmäßig zu rechtlichen Auseinandersetzungen im Zusammenhang mit einer Baugenehmigung, sei es, dass der Bauherr die beantragte Genehmigung nicht oder nicht wie beantragt erhält, oder sei es, dass ein Nachbar die dem Bauherrn erteilte Genehmigung angreift. Rechtsschutz können die Betroffenen sowohl in Hauptsacheverfahren als auch in Verfahren des einstweiligen Rechtsschutzes begehren. Seiner praktischen Relevanz entsprechend, erweist sich der Rechtsschutz im Zusammenhang mit der Baugenehmigung als regelmäßig prüfungsrelevant. Meist sind die Baurechtsfälle prozessual eingekleidet. Dementsprechend wichtig ist es, dass Sie sich mit dem Rechtsschutzfragen befassen. Dies gilt insbesondere für Rechtsschutzfragen in Bezug auf den Nachbarn, weil es insoweit einige Besonderheiten im öffentlichen Baurecht gibt.

398

》 Nehmen Sie ggf. ergänzend das Skript „Verwaltungsprozessrecht" zur Hand, denn die Darstellung in diesem Skript beschränkt sich auf die baurechtstypischen Rechtsschutzfragen! 《

II. Rechtsschutz des Bauherrn

1. Rechtsschutzbegehren: Erteilung einer Baugenehmigung

Eine typische Fallkonstellation besteht darin, dass die Bauaufsichtsbehörde den Bauantrag des Bauherrn (ganz oder teilweise) abgelehnt hat.

399

Beispiel Im Jahre 2009 hat K bei der Bauaufsichtsbehörde in der Stadt M beantragt, ein Einfamilienhaus mit drei Vollgeschossen und Satteldach zu errichten. Die Behörde lehnt seinen Antrag Anfang 2010 ab. ∎

Will sich K in unserem *Beispiel* gegen die ablehnende Entscheidung der Behörde zur Wehr setzen, muss er, nachdem in NRW das Widerspruchsverfahren nach §§ 68 ff. VwGO gegen Verwaltungsakte, die während des Zeitraums vom 1.11.2007 bis zum 31.10.2012 bekannt gegeben werden, abgeschafft wurde (vgl. § 6 Abs. 1 S. 2 AG VwGO NRW i.V.m. § 68 Abs. 1

---

32 Vgl. näher *Stollmann* Öffentliches Baurecht § 18 Rn. 33 ff.
33 Vgl. allgemein *OVG Rh.-Pf.* NVwZ 2010, 137.

5 G Rechtsschutz des Bauherrn und des Nachbarn im Zusammenhang mit einer Baugenehmigung

S. 2 VwGO), Verpflichtungsklage in Form der **Versagungsgegenklage** nach **§ 42 Abs. 1 VwGO** vor dem zuständigen Verwaltungsgericht erheben. Denn K begehrt unter Aufhebung der ablehnenden Behördenentscheidung, einem Verwaltungsakt i.S.d. § 35 S. 1 VwVfG NRW, die Erteilung der Baugenehmigung, die einen gebundenen Verwaltungsakt darstellt. Eine rechtswidrige Ablehnung der Baugenehmigung verletzt K in seinem subjektiv-öffentlichen Recht aus § 75 Abs. 1 S. 1 BauO NRW bzw. in seinem Grundrecht auf Baufreiheit aus Art. 14 Abs. 1 GG, zumindest jedoch in seinem Grundrecht aus Art. 2 Abs. 1 GG (zu dessen subsidiärer Geltung s. Skript „Grundrechte" Rn. 186). Erweist sich die Verpflichtungsklage des K als erfolgreich, erlässt das Verwaltungsgericht **grundsätzlich** ein **Verpflichtungsurteil** (vgl. § 113 Abs. 5 S. 1 VwGO), weil es sich bei der Baugenehmigung um einen gebundenen Verwaltungsakt handelt.

400 **Maßgeblicher Zeitpunkt** für die Frage, ob der Bauherr einen Anspruch auf Erteilung der Baugenehmigung hat, ist der **Zeitpunkt der letzten mündlichen Verhandlung**.[34] Dies gilt sowohl zugunsten als auch zu Lasten des Bauherrn. Ändert sich während des Klageverfahrens die Rechtslage zu Lasten des klagenden Bauherrn, kann der Bauherr nach § 113 Abs. 1 S. 4 VwGO beantragen festzustellen, dass sein Vorhaben nach der alten Rechtslage zulässig gewesen wäre. Auf diese Weise kann er die Geltendmachung von Schadensersatz- oder Entschädigungsansprüchen vorbereiten.[35]

> **Beispiel** Wie Beispiel oben (Rn. 399). Allerdings beschließt der Rat der Gemeinde M während des laufenden Klageverfahrens, einen Bebauungsplan für das betreffende Gebiet aufzustellen. Nach den geplanten Festsetzungen soll zukünftig nur noch eine Wohnbebauung mit maximal zwei Vollgeschossen und Flachdach zulässig sein. Um die Realisierung entgegenstehender Vorhaben schon jetzt zu verhindern, beschließt der Rat wenige Tage später eine Veränderungssperre. – Das geplante Vorhaben des K ist auf der Grundlage der geplanten Festsetzungen nicht zulässig. Die Veränderungssperre verhindert eine zukünftige Realisierung seines Vorhabens. Sein Klagebegehren, eine Baugenehmigung für sein geplantes Vorhaben zu erhalten, hat sich aufgrund der geplanten Festsetzungen erledigt. Nun kann K ggf. einen Antrag nach § 113 Abs. 1 S. 4 VwGO stellen. ∎

> **Hinweis**
>
> Hat sich die Rechtslage schon vor Klageerhebung zu Lasten des Bauherrn verändert, kann der Bauherr diese Feststellung nach § 113 Abs. 1 S. 4 VwGO analog begehren.[36]

401 Ist für die Erteilung der Baugenehmigung das Einvernehmen der Gemeinde nach § 36 BauGB erforderlich, muss die Gemeinde gemäß **§ 65 Abs. 2 VwGO** notwendig beigeladen werden. **Verweigert die Gemeinde ihr Einvernehmen**, liegt insoweit kein angreifbarer Verwaltungsakt vor, sondern **lediglich eine interne Rechtswirkungen entfaltende Verwaltungsentscheidung**. Da die Bauaufsichtsbehörde im Falle der Verweigerung des gemeindlichen Einvernehmens die Baugenehmigung ablehnen muss (s.o. Rn. 337), muss der Bauherr **gegen die ablehnende Entscheidung der Bauaufsichtsbehörde** im Wege der Verpflichtungsklage in Form der **Versagungsgegenklage** nach § 42 Abs. 2 VwGO vorgehen.

---

34 *Brenner* Öffentliches Baurecht Rn. 779.
35 Vgl. zum Ganzen *Brenner* Öffentliches Baurecht Rn. 779.
36 Vgl. dazu *Hellermann* in: Dietlein/Burgi/Hellermann, Öffentliches Recht in Nordrhein-Westfalen § 4 Rn. 303.

Erteilt die Bauaufsichtsbehörde eine **modifizierende Genehmigung** (s.o. Rn. 395), muss der Bauherr eine Verpflichtungsklage in Form der **Versagungsgegenklage** nach § 42 Abs. 1 VwGO erheben, die unter Aufhebung der modifizierenden Genehmigung auf die Erteilung der Baugenehmigung mit dem Inhalt des Bauantrages gerichtet ist.

402

Beispiel So läge der Fall, wenn die Bauaufsichtsbehörde in unserem Beispiel oben (Rn. 399) anstelle des beantragten Einfamilienhauses mit drei Vollgeschossen und Satteldach die Errichtung eines Einfamilienhauses mit zwei Vollgeschossen (Minus) und Flachdach (Aliud) genehmigt hätte. ■

Will der Bauherr im Hinblick auf die begehrte Erteilung einer Baugenehmigung im Verfahren des einstweiligen Rechtsschutzes vorgehen, kann er den Erlass einer einstweiligen Anordnung in Form einer **Regelungsanordnung** nach **§ 123 Abs. 1 S. 2 VwGO** beantragen. Regelmäßig wird ein solches Begehren jedoch ohne Erfolg bleiben, weil auch die vorläufige Erteilung der Baugenehmigung eine unzulässige Vorwegnahme der Hauptsache darstellt.[37]

403

2. Rechtsschutzbegehren: Aufhebung einer Nebenbestimmung

Hat die Bauaufsichtsbehörde dem Bauherrn die beantragte Baugenehmigung erteilt, dieser aber eine Nebenbestimmung hinzugefügt, die der Bauherr nicht akzeptieren möchte, muss der Bauherr nach der jüngeren Rechtsprechung des Bundesverwaltungsgerichts diese Nebenbestimmung im Wege der Anfechtungsklage nach § 42 Abs. 1 VwGO angreifen.[38]

404 » Wiederholen Sie die Anfechtbarkeit von Nebenbestimmungen ggf. im Skript „Verwaltungsprozessrecht"! «

Beispiel Die Bauaufsichtsbehörde erteilt R eine Baugenehmigung für die Errichtung eines von ihm beantragten Geschäftshauses, allerdings mit der Auflage, vier Stellplätze für Pkw herzustellen. R hält die Zahl von vier Stellplätzen für zu hoch und erhebt gegen die Auflage Anfechtungsklage. – Nach der jüngeren Rechtsprechung des Bundesverwaltungsgerichts[39] kann R gegen die Auflage prinzipiell Anfechtungsklage erheben. Die Frage, ob die Auflage im konkreten Fall isoliert aufhebbar ist, stellt sich danach erst im Rahmen der Begründetheit der Anfechtungsklage. ■

III. Rechtsschutz des Nachbarn

1. Rechtsschutzbegehren: Aufhebung der dem Bauherrn erteilten Baugenehmigung

Neben dem Bauherrn spielt der Nachbar in der Praxis und dementsprechend auch in der Prüfung eine erhebliche Rolle. Deshalb sollten Sie diesen Abschnitt besonders aufmerksam durcharbeiten! Die typische Fallkonstellation stellt sich so dar, dass ein Nachbar die dem Bauherrn erteilte Baugenehmigung angreifen will, weil er sich in seinen Rechten verletzt fühlt. Nachdem in NRW für Nachbarrechtsbehelfe gegen Entscheidungen der Bauaufsichtsbehörden, die im Zeitraum zwischen dem 1.11.2007 bis zum 31.10.2012 ergehen, das Vorverfahren weggefallen ist (vgl. § 6 Abs. 1 S. 1, Abs. 3 S. 1, S. 2 Nr. 7 AG VwGO NRW i.V.m. § 68 Abs. 1 S. 2 VwGO), muss der Nachbar unmittelbar **Anfechtungsklage** nach **§ 42 Abs. 1 VwGO** erheben.

405

---

37 Vgl. *VGH Hessen* NVwZ-RR 2003, 814.
38 Vgl. *BVerwGE* 112, 221.
39 *BVerwGE* 60, 269.

5 G Rechtsschutz des Bauherrn und des Nachbarn im Zusammenhang mit einer Baugenehmigung

> **Hinweis**
>
> Eine Verpflichtungsklage nach § 42 Abs. 1 VwGO auf Rücknahme einer Baugenehmigung ist nur dann statthaft, wenn die Anfechtungsklage den Nachbarn nicht angemessenen schützt. Dies kann z.B. der Fall sein, wenn die Bauaufsichtsbehörde dem Nachbarn zugesagt hat, von einer bestimmten Vorschrift nicht abzuweichen.[40]

406 Das mögliche Vorgehen des Nachbarn mittels Anfechtungsklage ist zentraler Bestandteil des sog. **öffentlich-rechtlichen Nachbarschutzes**, der neben dem sog. **zivilrechtlichen Nachbarschutz** nach den §§ 823, 903, 1004 BGB steht.[41]

> **Hinweis**
>
> Beachten Sie, dass sich der öffentlich-rechtliche Nachbarschutz – im Gegensatz zum privatrechtlichen Nachbarschutz – zwischen der Bauaufsichtsbehörde und dem Nachbarn abspielt und der Bauherr somit nur ein betroffener Dritter ist.

407 Will ein Nachbar erfolgreich mittels Anfechtungsklage gegen die dem Bauherrn erteilte Baugenehmigung vorgehen, muss sich die Baugenehmigung nicht nur als rechtswidrig erweisen, sondern der Nachbar muss dadurch auch in einem subjektiven Recht verletzt sein (vgl. § 113 Abs. 1 S. 1 VwGO). Um die Zulässigkeit der Anfechtungsklage bejahen zu können, muss der Nachbar u.a. klagebefugt sein (vgl. § 42 Abs. 2 VwGO), d.h. der Nachbar muss geltend machen können, möglicherweise in seinen Rechten verletzt zu sein. Dies setzt voraus, dass sich der Nachbar auf die mögliche Verletzung einer Vorschrift berufen kann, die nicht nur dem Allgemeininteresse, sondern auch **seinem individuellen Interesse** dient.

> **JURIQ-Klausurtipp**
>
> Die sog. Adressatentheorie ist in dieser Fallkonstellation nicht anwendbar, weil nicht der anfechtende Nachbar, sondern der Bauherr Adressat der Baugenehmigung ist. In der Fallbearbeitung sollten Sie die Nichtanwendbarkeit der Adressatentheorie kurz festhalten.

408 Nach der Rechtsprechung des Bundesverwaltungsgerichts kann sich der Nachbar zur Darlegung seiner Klagebefugnis nicht auf eine mögliche Verletzung seines Grundrechts aus Art. 14 Abs. 1 GG berufen.[42] Das Bundesverwaltungsgericht begründet seine Auffassung damit, dass Art. 14 Abs. 1 S. 2 GG anordne, dass der Gesetzgeber den Inhalt und die Schranken des Eigentums bestimmt, und dass wegen des Gebots der Rücksichtnahme keine Rechtsschutzlücke bestehe, die eine Heranziehung des Art. 14 Abs. 1 GG erforderlich mache. Auch eine Berufung auf eine mögliche Verletzung der Grundrechte aus Art. 2 Abs. 2 S. 1 oder Art. 2 Abs. 1 GG schließt das Bundesverwaltungsgericht aus.[43]

---

40 Vgl. *Erbguth* in: Tettinger/Erbguth/Mann, Besonderes Verwaltungsrecht § 21 Rn. 13.
41 Vgl. näher *Stollmann* Öffentliches Baurecht § 20 Rn. 2 ff.
42 *BVerwGE* 89, 69, in Abkehr von seiner früheren Rechtsprechung, vgl. etwa *BVerwGE* 50, 282.
43 *BVerwGE* 54, 211.

Rechtsschutz des Nachbarn 5 G III

Ob sich der Nachbar auf eine **auch ihn schützende einfachrechtliche Vorschrift** berufen kann, prüfen Sie in zwei Schritten: **409**

> **JURIQ-Klausurtipp**
>
> In der Fallbearbeitung prüfen Sie bei der Klagebefugnis damit zwei Fragen: zuerst die Frage, ob die betreffende Vorschrift nachbarschützenden Charakter hat, und sodann die Frage, ob sich der Nachbar auf diese Vorschrift berufen kann, d.h. ob der Nachbar in den sachlichen und persönlichen Schutzbereich der Vorschrift fällt.
>
> Ob die Bauaufsichtsbehörde bei ihrer Entscheidung die nachbarschützende Vorschrift tatsächlich verletzt hat, prüfen Sie im Rahmen der Begründetheit. Prüfungsmaßstab im Rahmen der Begründetheit sind (nur) die nachbarschützenden Vorschriften.[44]

1. Im ersten Schritt arbeiten Sie heraus, ob eine nachbarschützende Vorschrift vorliegt. Ob eine baurechtliche Vorschrift auch dem individuellen Interesse des Nachbarn dient und somit **drittschützende Rechtswirkung** entfaltet, bestimmen Sie für den jeweiligen Einzelfall anhand der im 20. Jahrhundert von *Bühler* entwickelten und weitestgehend anerkannten[45] sog. **Schutznormtheorie** in drei Schritten: **410**

- Im ersten Schritt untersuchen Sie, ob die Vorschrift eine Person objektiv begünstigt.
- Im zweiten Schritt gehen Sie der Frage nach, ob die Vorschrift diese Begünstigung bezweckt. Ob dies der Fall ist, ermitteln Sie durch grammatikalische, systematische, teleologische und historische Auslegung der Vorschrift.
- Im dritten Schritt prüfen Sie, ob die Vorschrift auf die Durchsetzbarkeit der Begünstigung angelegt ist. Die Begünstigung darf sich also nicht als bloßer Rechtsreflex infolge der Anwendung der Vorschrift ergeben.

Beispiel Ob § 18 Abs. 2 S. 2 BauO NRW eine drittschützende Norm darstellt, finden Sie in drei Schritten heraus: Im ersten Schritt untersuchen Sie, ob § 18 Abs. 2 S. 2 BauO NRW eine Person objektiv begünstigt. Indem § 18 Abs. 2 S. 2 BauO NRW vorsieht, dass Geräusche, die von ortsfesten Anlagen oder Einrichtungen in baulichen Anlagen oder auf Baugrundstücken ausgehen, so zu dämmen sind, dass Gefahren oder unzumutbare Belästigungen nicht entstehen, begünstigt er objektiv Personen, die Geräuschen ausgesetzt sind, die von den dort genannten Einrichtungen ausgehen. – Im zweiten Schritt gehen Sie der Frage nach, ob § 18 Abs. 2 S. 2 BauO NRW diese Begünstigung bezweckt. Ob dies der Fall ist, ermitteln Sie durch Auslegung der Bestimmung. Die Formulierung „Geräusche, die von … ausgehen, sind so zu dämmen, dass Gefahren oder unzumutbare Belästigungen nicht entstehen" deutet darauf hin, dass § 18 Abs. 2 S. 2 BauO NRW Personen schützen will, die diesen emittierenden Geräuschen ausgesetzt werden. Schon bei natürlicher Betrachtungsweise folgt daraus, dass es sich bei diesen Personen auch und vor allem um Nachbarn handelt. Systematisch betrachtet, ist der Schallschutz im Dritten Teil der BauO NRW, der das materielle Bauordnungsrecht enthält, geregelt. Das materielle Bauordnungsrecht befasst sich mit den inhaltlichen Anforderungen an Bauvorhaben. § 18 Abs. 2 S. 2 BauO NRW stellt auf die Vermeidung emittierender Geräusche ab und ist damit auf die Abwehr von Gefahren, die durch emittierende Geräusche für Leben und Gesundheit hervorgerufen werden können, ausgerichtet. Dies spricht dafür, dass auch § 18 Abs. 2 S. 2

» Überlegen Sie zunächst selbst, ob § 18 Abs. 2 S. 2 BauO NRW eine nachbarschützende Norm darstellen könnte! «

---
44 Vgl. *BVerwG* NJW 1984, 2174.
45 S. nur *BVerfGE* 27, 297.

BauO NRW drittschützenden Charakter hat. § 18 Abs. 2 S. 2 BauO NRW bezweckt, Gefahren oder unzumutbare Belästigungen für betroffene Personen zu vermeiden. Dabei erfasst der Schutzzweck des § 18 Abs. 2 S. 2 BauO NRW jedoch nur negative Auswirkungen von Geräuschen, weil diese wegen ihrer Art und Lautstärke störende und belastende Wirkungen entfalten oder sogar die Gesundheit beeinträchtigen können.[46] Die Auslegung des § 18 Abs. 2 S. 2 BauO NRW spricht demnach für einen drittschützenden Charakter. – Im dritten Schritt prüfen Sie, ob sich die Begünstigung nicht als bloßer Rechtsreflex erweist. Davon ist bei § 18 Abs. 2 S. 2 BauO NRW nicht auszugehen, weil bereits der Wortlaut für einen drittschützenden Charakter spricht. – Folglich hat § 18 Abs. 2 S. 2 BauO NRW drittschützenden Charakter. ■

411 Das Ziel der Auslegung einer baurechtlichen Vorschrift anhand der Schutznormtheorie ist somit herauszuarbeiten, ob diese Vorschrift eine **Rücksichtnahme auf nachbarliche Interessen gebietet**. Das baurechtliche Gebot der Rücksichtnahme existiert allein nach Maßgabe des einfachen Rechts.[47]

412 Hinsichtlich der Frage, welche baurechtlichen Vorschriften nachbarschützenden Charakter haben, hat die Rechtsprechung eine **umfangreiche Kasuistik** hervorgebracht, deren wesentlichen Eckpunkte sich wie folgt zusammenfassend darstellen lassen:[48]

413 Nachbarschützende Vorschriften sind sowohl im Bauplanungs- als auch im Bauordnungsrecht anerkannt:

414 Im **Bauordnungsrecht** haben insbesondere die folgenden Vorschriften nachbarschützenden Charakter:

- bauordnungsrechtliche Generalklausel (§ 3 BauO NRW);[49]
- Vorschriften über die Abstandsflächen (§ 6 BauO NRW), soweit sie der Belichtung, der Belüftung und der Besonnung sowie dem Wohnfrieden und dem Brandschutz dienen;[50]
- Vorschriften über die Standsicherheit benachbarter baulicher Anlagen (§ 15 Abs. 1 S. 2 BauO NRW);[51]
- Vorschriften über den Brandschutz (§ 17 BauO NRW), da sie bezwecken, die Ausbreitung eines Feuers zu verhindern und gerade dadurch den Nachbarn schützen sollen;[52]
- die Vorschriften über die Anordnung von Stellplätzen, soweit durch eine solche Anordnung keine Beeinträchtigungen für die Umgebung hervorgerufen werden dürfen (§ 51 Abs. 7 S. 1 BauO NRW).[53]

415 Im **Bauplanungsrecht** hat die Rechtsprechung insbesondere folgende Vorschriften mit nachbarschützendem Charakter anerkannt:

- Festsetzungen über die Art der baulichen Nutzung (§§ 1 bis 15 BauNVO), weil sie dem Ausgleich der wechselseitig garantierten Nutzungsberechtigungen und -beschränkungen zwischen den Grundstücken im Planbereich dienen, die auf diese Weise zu einer bodenrechtli-

---

46 *Temme* in: Gädtke/Temme/Heintz/Czepuck, BauO NRW § 18 Rn. 14.
47 Vgl. *BVerwG* NVwZ 1987, 409.
48 Vgl. dazu näher *Brenner* Öffentliches Baurecht Rn. 786 ff. m.w.N.
49 *OVG NRW* NVwZ 1983, 356.
50 *OVG NRW* NVwZ 2008, 760; *VGH Bayern* NVwZ-RR 2008, 84.
51 *OVG NRW* NVwZ 2000, 1064.
52 *OVG Rh.-Pf.* BRS 36 Nr. 202.
53 *VGH Bayern* BayVBl. 2000, 115; vgl. auch *VGH BW* NVwZ-RR 2008, 600.

chen Schicksalsgemeinschaft zusammengefasst werden, wo die Vorteile des einen und die Nachteile des anderen miteinander korrespondieren;[54] die Gründstückseigentümer des betreffenden Plangebiets haben somit einen sog. Gebietserhaltungsanspruch;[55]

- die Vorschrift des § 15 Abs. 1 BauNVO, weil sie als Ausprägung des Gebots der Rücksichtnahme auf die Nachbarschaft angesehen wird;[56]
- § 31 Abs. 2 BauGB hat insoweit nachbarschützenden Charakter, als ein Nachbar bei einer Befreiung von nachbarschützenden Festsetzungen einen Anspruch darauf hat, dass alle Voraussetzungen für eine Befreiung vorliegen;[57]
- § 34 Abs. 1 BauGB hat nachbarschützenden Charakter, soweit in dem Tatbestandsmerkmal des „Sich-Einfügens" das Gebot der Rücksichtnahme verankert ist,[58] wobei der nachbarschützende Charakter der Vorschrift im unbeplanten und im beplanten Bereich den gleichen Umfang haben soll;[59]
- § 34 Abs. 2 BauGB hat nachbarschützenden Charakter, soweit die heranzuziehenden Regelungen in einem beplanten Bereich nachbarschützend wären;[54] insoweit begründet die Vorschrift einen Gebietserhaltungsanspruch;[60]
- die Vorschrift des § 35 BauGB namentlich in Bezug auf die Inhaber privilegierter Vorhaben i.S.d. § 35 Abs. 1 BauGB, weil § 35 Abs. 1 BauGB insoweit einen gesetzlichen Ersatzplan darstellt, nach dem die privilegierten Vorhaben im Außenbereich zulässig und damit zugleich gegenüber Beeinträchtigungen durch benachbarte sonstige Vorhaben geschützt sein sollen;[61] Inhaber nicht-privilegierter Vorhaben i.S.d. § 35 Abs. 2 BauGB genießen Nachbarschutz insoweit, wie das Gebot der Rücksichtnahme, das das Bundesverwaltungsgericht in dem Tatbestandsmerkmal des „öffentlichen Belangs" enthalten sieht, Nachbarschutz gewährleistet.[62]

2. Ergibt Ihre Prüfung oben (Rn. 410 ff.), dass eine nachbarschützende Vorschrift vorliegt, kann sich der Nachbar zur Darlegung seiner Klagebefugnis auf die mögliche Verletzung dieser drittschützenden Vorschrift nur berufen, wenn sein Anliegen in den sachlichen und persönlichen Schutzbereich der betreffenden Vorschrift fällt.[63] Im zweiten Schritt gehen Sie somit der Frage nach, ob die **nachbarschützende Vorschrift auf den klagenden Nachbarn anwendbar** ist. Denn nicht jede Person soll sich auf eine prinzipiell nachbarschützende Vorschrift berufen können. Da es keine allgemeingültige Definition des Nachbarbegriffs im öffentlichen Baurecht gibt, muss der Kreis der abwehrberechtigten Nachbarn jeweils für den Einzelfall durch **Auslegung der in Rede stehenden nachbarschützenden Vorschrift** bestimmt werden. Dabei ist eine Eingrenzung in räumlicher und personeller Hinsicht vorzunehmen:[64]

416

---

54 *BVerwGE* 94, 151.
55 Grdl. *BVerwGE* 94, 151.
56 *BVerwGE* 67, 334.
57 *BVerwG* NVwZ-RR 1999, 8.
58 *BVerwGE* 55, 369.
59 Vgl. *VGH Hessen* NVwZ-RR 2009, 99.
60 *OVG NRW* NVwZ-RR 2003, 637.
61 Vgl. *Hellermann* in: Dietlein/Burgi/Hellermann, Öffentliches Recht in Nordrhein-Westfalen § 4 Rn. 323.
62 *BVerwG* NVwZ 1994, 686.
63 *Stollmann* Öffentliches Baurecht § 20 Rn. 18.
64 Vgl. zum Ganzen und zum folgenden Text (ausgenommen Beispiele) *Stollmann* Öffentliches Baurecht § 20 Rn. 19 ff. m.w.N.

417 a) **In räumlicher Hinsicht** müssen Sie das **Gebiet, auf das sich die nachbarschützende Vorschrift ihrem Schutzzweck nach auswirken kann, ermitteln**. Am Schutzzweck der betreffenden Vorschrift erkennen Sie, ob die Vorschrift nur ein unmittelbar angrenzendes Grundstück, alle an das Baugrundstück angrenzende Grundstücke oder sogar weitere Grundstücke in der Umgebung erfassen will.

> **Beispiel 1** Brandschutzbestimmungen bezwecken, die Ausbreitung eines Feuers zu verhindern. Ihre nachbarschützende Wirkung erstreckt sich auf die an das Baugrundstück angrenzenden Grundstücke. ∎
>
> **Beispiel 2** Die Vorschriften über die Standsicherheit einer baulichen Anlage beziehen sich ausdrücklich nur auf das Nachbargrundstück (vgl. § 15 Abs. 1 S. 2 BauO NRW). ∎

418 b) **In personeller Hinsicht** müssen Sie bedenken, dass als Nachbar i.S.d. öffentlich-rechtlichen Nachbarschutzes **grundsätzlich** nur der **Eigentümer eines Nachbargrundstücks** und der **Inhaber eigentumsähnlicher Rechte am Nachbargrundstück** (z.B. Nießbrauch oder Grunddienstbarkeit) in Betracht kommt. Diese personelle Beschränkung ist darauf zurückzuführen, dass es sich bei dem öffentlichen Baurecht um ein grundstücksbezogenes Rechtsgebiet handelt.

419 Umstritten ist, ob auch ein nur **obligatorisch Nutzungsberechtigter an einem Nachbargrundstück** (z.B. ein Mieter oder Pächter) Nachbar i.S.d. öffentlich-rechtlichen Nachbarschutzes sein kann.

> **Beispiel** H wohnt zur Miete in einem als reines Wohngebiet ausgewiesenen Bereich in der Gemeinde J. Auf dem unmittelbar angrenzenden Grundstück hat die Familie E zum Erstaunen des H nun eine Baugenehmigung erhalten, die die Errichtung eines Hotels mit 200 Zimmern zulässt. H will gegen die Baugenehmigung vorgehen, ist sich aber nicht sicher, ob er als Mieter Erfolgschancen hat. – Das genehmigte Vorhaben ist bauplanungsrechtlich unzulässig. In einem reinen Wohngebiet können gemäß § 3 Abs. 3 Nr. 1 BauNVO allenfalls „kleine Betriebe des Beherbergungsgewerbes" zugelassen werden. Davon kann bei einem Hotel mit 200 Zimmern keine Rede sein. Die Festsetzungen über die Art der baulichen Nutzung haben drittschützenden Charakter (s.o. Rn. 415). Fraglich ist jedoch, ob sich H hierauf berufen kann. Die Festsetzung im Bebauungsplan müsste auf H anwendbar sein. Dies ist der Fall, wenn das Anliegen des H in den sachlichen und persönlichen Anwendungsbereich der Festsetzung fällt. Die Festsetzung der Art einer baulichen Nutzung bezweckt eine aufeinander abgestimmte und damit gebietsverträgliche Bebauung; sie begründet prinzipiell einen Gebietserhaltungsanspruch. In räumlicher Hinsicht fällt das Grundstück, auf dem H zur Miete wohnt, in den sachlichen Anwendungsbereich der Festsetzung. Fraglich ist jedoch, ob sich H als Mieter auf die Festsetzung berufen kann. ∎

420 Eine Ansicht, zu der das Bundesverfassungsgericht gehört,[65] steht auf dem Standpunkt, der obligatorisch Nutzungsberechtigte an einem Nachbargrundstück könne Nachbar i.S.d. öffentlich-rechtlichen Nachbarschutzes sein, und begründet ihren Standpunkt damit, dass die Interessen dieses Personenkreises als Bewohner und Benutzer von Grundstücken den Interessen der Eigentümer gleichwertig seien. Nach dieser Auffassung könnte sich H auf die Festsetzung im Bebauungsplan berufen. – Nach anderer Ansicht, zu der das Bundesverwaltungsgericht

---

[65] *BVerfGE* 89, 1.

Rechtsschutz des Nachbarn 5 G III

gehört,[66] verneint demgegenüber die Frage mit der Begründung, der nur obligatorisch Nutzungsberechtigte repräsentiere nicht das Grundstück. Dass das Bundesverfassungsgericht auch die Rechtsposition des Mieters dem Art. 14 Abs. 1 GG unterstellt, ändere hieran nichts, weil dadurch das Mietrecht nur im Verhältnis zwischen Vermieter und Mieter grundrechtlich geschützt, nicht jedoch um die Befugnis zur Geltendmachung grundstücksbezogener Positionen gegenüber Dritten erweitert werde.[67] Nach dieser Ansicht ist dem H eine Berufung auf die Festsetzung verwehrt.

421 Unstreitig kann sich ein obligatorisch Nutzungsberechtigter jedoch auf eine nicht grundstücksbezogene nachbarschützende Vorschrift (z.B. § 5 Abs. 1 Nr. 1 BImSchG) berufen.[68]

> **JURIQ-Klausurtipp**
>
> Sie sehen: Der Meinungsstreit bezieht sich damit allein auf die Frage, ob sich ein obligatorisch Nutzungsberechtigter auf den nachbarschützenden Charakter grundstücksbezogener Vorschriften berufen kann.

2. Rechtsschutzbegehren: Aussetzung der Vollziehung der Baugenehmigung

422 Hat die Bauaufsichtsbehörde dem Bauherrn eine Baugenehmigung erteilt, gegen die ein Nachbar im Hauptsacheverfahren mit der Anfechtungsklage vorgehen kann, kann der Nachbar daneben einstweiligen Rechtsschutz nach **§§ 80, 80a VwGO** beantragen (vgl. § 123 Abs. 5 VwGO).

In der Praxis haben die Verfahren des einstweiligen Rechtsschutzes in Bausachen eine erhebliche Bedeutung, weil die **Anfechtungsklage eines Dritten** gegen die bauaufsichtliche Zulassung eines Vorhabens gemäß **§ 80 Abs. 2 S. 1 Nr. 3 VwGO i.V.m. § 212a Abs. 1 BauGB keine aufschiebende Wirkung** hat.

» Lesen Sie § 80 Abs. 1 S. 2 Nr. 3 VwGO und § 212a Abs. 1 BauGB! «

> **JURIQ-Klausurtipp**
>
> Beachten Sie den Anwendungsbereich des § 212a BauGB: Mit bauaufsichtlicher Zulassung eines Vorhabens sind Verwaltungsakte der Bauaufsichtsbehörden auf der Grundlage der BauO NRW gemeint, die in ihrem verfügenden Teil die Baufreigabe enthält.[69]

423 Der Bauherr kann daher mit der Realisierung seines Vorhabens beginnen, auch wenn ein Nachbar einen förmlichen Rechtsbehelf gegen die bauaufsichtliche Zulassung einlegt.

Beispiel T hat von der Bauaufsichtsbehörde die Genehmigung erteilt bekommen, im Außenbereich ein Hotel mit 20 Zimmern und Restaurant zu errichten. Der unmittelbare Grundstücksnachbar W versteht die Welt nicht mehr. W betreibt auf dem ihm gehörenden Grundstück seit Jahrzehnten ein wasserbetriebenes Sägewerk und fürchtet nun

---

66 *BVerwGE* 82, 61.
67 Vgl. *Hellermann* in: Dietlein/Burgi/Hellermann, Öffentliches Recht in Nordrhein-Westfalen § 4 Rn. 312.
68 *BVerwG* NJW 1983, 2844.
69 Vgl. *Stollmann* Öffentliches Baurecht § 21 Rn. 6.

Beschwerden des neuen Nachbarn wegen Lärmbelästigungen. Deshalb will W versuchen, die Realisierung des Hotelvorhabens zu verhindern, zumal ein Flächennutzungsplan das betreffende Gebiet als Fläche für die Landwirtschaft ausweist. Ein Bebauungsplan existiert nicht. ■

424 Um das Vorhaben des T zu verhindern, muss W in der Hauptsache Anfechtungsklage erheben. Da die Erhebung der Anfechtungsklage gemäß § 80 Abs. 2 S. 1 Nr. 3 VwGO i.V.m. § 212a Abs. 1 BauGB keine aufschiebende Wirkung hat, kann W, wenn er die Realisierung des Vorhabens zumindest vorläufig schon einmal verhindern will, bei der Bauaufsichtsbehörde einen Antrag auf Aussetzung der Vollziehung der Baugenehmigung nach § 80a Abs. 1 Nr. 2 Hs. 1, 80 Abs. 4 VwGO stellen. Ein solcher Antrag kommt schon vor Erhebung der Anfechtungsklage in Betracht.[70] Außerdem kann W verwaltungsgerichtlichen einstweiligen Rechtsschutz beim zuständigen Verwaltungsgericht beantragen: Er kann einen Antrag auf Aussetzung der Vollziehung der Baugenehmigung gemäß §§ 80a Abs. 3 S. 1 Var. 3, Abs. 1 Nr. 2 Hs. 1, 80 Abs. 4 VwGO bzw. einen Antrag auf Anordnung oder Wiederherstellung der aufschiebenden Wirkung gemäß §§ 80a Abs. 3 S. 2, 80 Abs. 5 VwGO stellen.[71]

425 Umstritten ist, ob ein Antrag auf einstweiligen Rechtsschutz beim Verwaltungsgericht zwingend voraussetzt, dass der Nachbar zuvor erfolglos einen Antrag nach §§ 80a Abs. 1 Nr. 2, 80 Abs. 4 VwGO bei der Behörde gestellt hat. Die überwiegende Ansicht steht auf dem Standpunkt, der Nachbar könne sofort einen Antrag auf einstweiligen Rechtsschutz beim Verwaltungsgericht stellen. Sie betrachtet § 80a Abs. 3 S. 2 VwGO als eine **Rechtsgrundverweisung** und beschränkt die Bestimmung des § 80 Abs. 6 VwGO auf Kosten- und Abgabenangelegenheiten.[72] Nach dieser Ansicht könnte W sofort einstweiligen Rechtsschutz beim Verwaltungsgericht beantragen.

Die Gegenansicht bejaht demgegenüber diese Frage und begründet ihre Auffassung damit, durch § 80a Abs. 3 VwGO werde dem Bauherrn – und im Prinzip auch dem Dritten – keine Wahlmöglichkeit zwischen dem Antrag bei der Behörde oder dem bei Gericht eingeräumt, die Vollziehbarkeit der durch den Drittwiderspruch suspendierten Baugenehmigung wieder zu erlangen oder – im umgekehrten Fall –, die aufschiebende Wirkung des Widerspruches des Nachbarn herzustellen. Eine derartige Wahlmöglichkeit würde nicht nur dem Zweck des Vierten Gesetzes zur Änderung der VwGO aus dem Jahre 1990, eine Entlastung der Verwaltungsgerichtsbarkeit zu bewirken, zuwiderlaufen. Sie stünde auch dem Gesetzeswortlaut entgegen. § 80a Abs. 3 Satz 2 VwGO verweise u.a. auf § 80 Abs. 6 VwGO, nach dem in Fällen der Anforderung von öffentlichen Abgaben und Kosten die Zulässigkeit des Antrages auf Herstellung der aufschiebenden Wirkung der Rechtsbehelfe davon abhängt, dass die Behörde zuvor einen Antrag auf Aussetzung der Vollziehung ganz oder zum Teil abgelehnt hat. Die Anwendung dieser Vorschrift auf Verwaltungsakte mit Doppelwirkung sei unabweisbar. Sie könne nicht mit der Erwägung ausgeschlossen werden, dass § 80 Abs. 6 VwGO unmittelbar nur in Abgaben- und Kostensachen des § 80 Abs. 2 Nr. 1 VwGO gelte. Diese Ansicht betrachtet § 80a Abs. 3 S. 2 VwGO als reine **Rechtsfolgenverweisung**.[73] Nach dieser Ansicht müsste W zwingend zunächst einen Antrag nach §§ 80 Abs. 1 Nr. 2, 80 Abs. 4 VwGO bei der Bauaufsichtsbehörde stellen. Bliebe dieser Antrag ohne Erfolg, könnte W anschließend gerichtlichen einstweiligen Rechtsschutz beantragen.

---

70 Vgl. *Schenke* Verwaltungsprozessrecht Rn. 992.
71 Vgl. *Schenke* Verwaltungsprozessrecht Rn. 989 (mit Darstellung des Streits über die richtige Verfahrensart).
72 *OVG Rh.-Pf.* NVwZ-RR 2004, 224 (unter Aufgabe seiner früheren Rechtsprechung [NVwZ 1994, 1015]).
73 Vgl. zum Ganzen *OVG Nds.* NVwZ 1993, 592.

JURIQ-Klausurtipp

Wie Sie sehen, ist die dogmatische Einordnung des § 80a Abs. 3 S. 2 VwGO der zentrale Streitpunkt der Auseinandersetzung: Stellt diese Bestimmung eine Rechtsgrund- oder eine Rechtsfolgenverweisung dar? Sowohl die Entstehungsgeschichte als auch Sinn und Zweck der Vorschrift dürften dafür sprechen, dass es sich bei § 80 Abs. 3 S. 2 VwGO um eine Rechtsgrundverweisung handelt.[74]

426 Im Rahmen der Begründetheit der Verfahren nach §§ 80a Abs. 1 Nr. 2, 80 Abs. 4 VwGO, §§ 80a Abs. 3 S. 1 Var. 3, Abs. 1 Nr. 2 Hs. 1, 80 Abs. 4 VwGO und §§ 80a Abs. 3 S. 2, 80 Abs. 5 VwGO führt die Bauaufsichtsbehörde bzw. das Verwaltungsgericht eine **Interessenabwägung** durch. Abzuwägen sind die Interessen des Bauherrn (in unserem *Beispiel* oben Rn. 423 also des T) an der Vollziehung der Baugenehmigung gegen die Interessen des Nachbarn (in unserem *Beispiel* oben [ebda.] also des W) an der Aussetzung der Vollziehung der Baugenehmigung. Bei der Interessenabwägung ist **in erster Linie** auf die **Erfolgsaussichten des Rechtsbehelfs in der Hauptsache** abzustellen (vgl. auch § 80 Abs. 4 S. 3 VwGO), die **summarisch geprüft** werden. Ist die Baugenehmigung offensichtlich rechtswidrig und verletzt Rechte des Nachbarn, überwiegt grundsätzlich das Interesse des Nachbarn an der Aussetzung der Vollziehung;[75] andernfalls überwiegt regelmäßig das Interesse des Bauherrn an der Vollziehung der Baugenehmigung. Falls sich die Erfolgsaussichten im Hauptsacheverfahren nicht feststellen lassen (Fall des non liquet), sind die Interessen des Bauherrn und die des Nachbarn abzuwägen. In unserem *Beispiel* oben (Rn. 423) erweist sich die dem T erteilte Baugenehmigung als offensichtlich rechtswidrig, weil sein nicht-privilegiertes Vorhaben den Darstellungen des Flächennutzungsplans widerspricht (Nr. 1). Daher überwiegt das Interesse des W an der Aussetzung der Vollziehung das Interesse des T an der Vollziehung der Baugenehmigung.

Hinweis

Das Bundesverwaltungsgericht sieht im gesetzlichen Ausschluss der aufschiebenden Wirkung des Rechtsbehelfs gemäß § 80 Abs. 2 S. 1 Nr. 3 VwGO keine präjudizielle Wirkung zugunsten des Vollzugsinteresses des Bauherrn, sondern nur eine einzelfallabhängige Vorstrukturierung.[76]

427 Setzt das Verwaltungsgericht die Vollziehung der Baugenehmigung aus, darf T nicht mit dem Bau beginnen bzw. nicht weiterbauen. Dieser hat nun seinerseits die Möglichkeit, beim Verwaltungsgericht zu beantragen, dass die Aussetzung der **Vollziehung der Baugenehmigung aufgehoben** wird (vgl. § 80a Abs. 3 S. 1 Var. 2 VwGO).

428 Sollte sich T über die Anordnung der Behörde oder des Verwaltungsgerichts, dass die Vollziehung der Baugenehmigung ausgesetzt wird, hinwegsetzen und mit der Realisierung des Vorhabens beginnen (sog. **faktische Vollziehung**), kann die Bauaufsichtsbehörde bzw. das Verwaltungsgericht nach einer zunehmend vertretenen Ansicht gemäß **§§ 80a Abs. 1 Nr. 2, 80a Abs. 3 S. 1 VwGO** einstweilige **Sicherungsanordnungen** zugunsten W erlassen. Diese

---

74 *Kopp/Schenke* VwGO § 80a Rn. 21.
75 *OVG NRW* NWVBl. 1994, 332; NVwZ 1998, 980.
76 Vgl. *BVerwG* NVwZ 2005, 689 (str.).

Vorgehensweise ist gegenüber einem Antrag auf Erlass einer einstweiligen Anordnung vorrangig (vgl. § 123 Abs. 5 VwGO).[77] Wenn in unserem *Beispiel* oben (Rn. 423) die Vollziehung der Baugenehmigung ausgesetzt wird und T dennoch mit der Errichtung des Hotels beginnt, kann die Bauaufsichtsbehörde bzw. das Verwaltungsgericht z.B. eine Stillegungsverfügung erlassen.

> **Online-Wissens-Check**
> **Welche Regelungen trifft eine Baugenehmigung?**
> Überprüfen Sie jetzt online Ihr Wissen zu den in diesem Abschnitt erarbeiteten Themen. Unter **www.juracademy.de/skripte/login** steht Ihnen ein Online-Wissens-Check speziell zu diesem Skript zur Verfügung, den Sie mit dem Zugangscode auf der letzten Seite kostenlos nutzen können.

---

[77] Vgl. allgemein *Bönker* in: Hoppe/Bönker/Grotefels, Öffentliches Baurecht § 18 Rn. 89.

H. Übungsfall Nr. 3

„Unerwünschte Werbung"[78]

L vermietet gewerblich von ihm errichtete Werbeanlagen für wechselnde Plakatwerbung. Er hat den Auftrag erhalten, in der Stadt B dauerhaft eine beleuchtete doppelseitige City-Star-Werbeanlage mit einer Größe von 2,80 m x 3,80 m auf einem 2,55 m hohen Monofuß an der straßenseitigen Grundstücksgrenze eines Grundstücks zu errichten, auf dem ein Gebrauchtwagenhandel betrieben wird. Das Grundstück liegt im Geltungsbereich eines Bebauungsplans, das das Gebiet als Mischgebiet ausweist. Auf einer als Sondergebiet ausgewiesenen Fläche steht ein großes Einkaufszentrum.

In unmittelbarer Umgebung des Grundstücks, auf dem die neue Werbeanlage errichtet werden soll, existieren bereits zahlreiche Werbeanlagen auf den Nachbargrundstücken. Die Werbeanlagen reichen von an Gebäuden befestigter Werbung über Werbung auf Fahnen, Werbepylone bis hin zu großflächigen Plakattafeln auf Grundstücken. Die Vielzahl der Werbeanlagen fällt besonders auf, wenn man von Südwesten her in diesen Bereich des Mischgebietes kommt.

L stellt bei der zuständigen Bauaufsichtsbehörde einen ordnungsgemäßen Antrag auf Erteilung einer Baugenehmigung für die geplante Werbeanlage. Die Behörde lehnt den Bauantrag mit der Begründung ab, die Werbeanlage sei nicht genehmigungsfähig, weil ihre Errichtung zu einer unzulässigen störenden Häufung von Werbeanlagen führen würde. Alle Werbeanlagen würden ihre optische Wirkung gemeinsam ausüben, da sie gleichzeitig wahrgenommen werden könnten. Außerdem bestehe – was nicht zutrifft – die Gefahr, dass die Mega-Light-Anlage wegen ihres geringen Abstands zur Lichtzeichenanlage die Verkehrsteilnehmer ablenken könnte.

L klagt vor dem Verwaltungsgericht. Er ist der Auffassung, dass die Stadt B Werbeanlagen in der Umgebung des geplanten Vorhabens akzeptiere. Immerhin habe sie schon zahlreiche Anlage in der unmittelbaren Umgebung genehmigt.

Hat seine zulässige Klage auch in der Sache Aussicht auf Erfolg?

Lösung

JURIQ-Klausurtipp

Um den richtigen Einstieg in die Begründetheitsprüfung zu finden, ist es notwendig, zunächst das Rechtsschutzbegehren des L herauszuarbeiten und sodann festzuhalten, welche Klage er erhoben hat.

1. Vorüberlegung

L begehrt die Erteilung der beantragten Baugenehmigung. Die Bauaufsichtsbehörde hat die Erteilung der begehrten Baugenehmigung abgelehnt. Das Rechtsschutzbegehren des L ist nun darauf gerichtet, unter Aufhebung des Ablehnungsbescheides die Baugenehmigung erteilt zu bekommen (vgl. § 88 VwGO). Um sein Rechtsschutzziel zu erreichen, muss L daher eine Verpflichtungsklage in Form einer Versagungsgegenklage nach § 42 Abs. 1 VwGO erheben.

---

[78] Nach *VG Minden* Urt. v. 8.11.2007 – 9 K 1166/07 (juris).

2. Begründetheit der Versagungsgegenklage

Die Versagungsgegenklage des L hat in der Sache Erfolg, wenn die Ablehnung der Baugenehmigungserteilung durch die Bauaufsichtsbehörde rechtswidrig ist und L dadurch in seinen Rechten verletzt ist. Dies ist dann der Fall, wenn L einen Anspruch auf Erteilung der beantragten Baugenehmigung hat (vgl. § 113 Abs. 5 S. 1 VwGO).

a) Anspruchsgrundlage für die Erteilung der Baugenehmigung

Anspruchsgrundlage für die Erteilung der beantragten Baugenehmigung ist § 75 Abs. 1 S. 1 BauO NRW.

b) Formell-rechtliche Anspruchsvoraussetzungen

Formell-rechtlich hat L einen Anspruch auf Erteilung der beantragten Baugenehmigung, wenn er einen ordnungsgemäßen Bauantrag bei der zuständigen Bauaufsichtsbehörde gestellt und die Bauaufsichtsbehörde im richtigen Verfahren entschieden hat. Zweifel daran, dass diese formell-rechtlichen Anforderungen nicht erfüllt sein könnten, ergeben sich nach den Angaben im Sachverhalt nicht. Die formell-rechtlichen Anspruchsvoraussetzungen sind demnach erfüllt.

c) Materiell-rechtliche Anspruchsvoraussetzungen

Materiell-rechtlich hat L einen Anspruch auf Erteilung der beantragten Baugenehmigung, wenn die geplante Werbeanlage des L genehmigungspflichtig und genehmigungsfähig ist.

aa) Genehmigungspflichtigkeit der geplanten Werbeanlage

Ob die geplante Werbeanlage genehmigungspflichtig ist, ergibt sich aus den §§ 63, 65 ff., 79, 80 BauO NRW. Dabei normiert § 63 Abs. 1 S. 1 BauO NRW den Grundsatz, dass die Errichtung u.a. baulicher Anlagen sowie sonstiger Anlagen und Einrichtungen i.S.d. § 1 Abs. 1 S. 2 BauO NRW einer Baugenehmigung bedürfen.

Damit § 63 Abs. 1 S. 1 BauO NRW überhaupt zur Anwendung kommt, müsste es sich bei dem Aufstellen der geplanten Werbeanlage um die Errichtung einer baulichen Anlage handeln. Dass das Aufstellen der Werbeanlage auf die Errichtung einer baulichen Anlage gerichtet ist, kann ohne Weiteres bejaht werden.

Fraglich ist, ob es sich bei der geplanten Werbeanlage um eine bauliche Anlage i.S.d. § 63 Abs. 1 S. 1 BauO NRW handelt. Im Gegensatz zum BauGB definiert die BauO NRW den Begriff der baulichen Anlage in § 2 Abs. 1 S. 1 als mit dem Erdboden verbundene, aus Bauprodukten hergestellte Anlage.

Die geplante Werbeanlage ist mittels Monofuß mit dem Erdboden verbunden und aus Bauprodukten hergestellt. Somit handelt es sich bei der geplanten Werbeanlage um eine bauliche Anlage i.S.d. § 63 Abs. 1 S. 1 i.V.m. § 2 Abs. 1 S. 1 BauO NRW. § 63 Abs. 1 S. 1 BauO NRW ist somit anwendbar.

Fraglich ist, ob die geplante Werbeanlage unter einen der Ausnahmetatbestände des §§ 65 ff., 79 oder 80 BauO NRW fällt.

> **JURIQ-Klausurtipp**
>
> Da Sie die einzelnen Ausnahmetatbestände nicht auswendig kennen können (und müssen), beginnen Sie mit der Durchsicht des § 65 Abs. 1 BauO NRW. Dabei hilft Ihnen, dass die einzelnen Ausnahmetatbestände gruppiert und mit Überschriften versehen sind.

Die geplante Werbeanlage könnte unter den Ausnahmetatbestand des § 65 Abs. 1 Nr. 33a BauO NRW fallen. Danach bedürfen Werbeanlagen in durch Bebauungsplan festgesetzten Gewerbe-, Industrie- und vergleichbaren Sondergebieten an der Stätte der Leistung keiner Baugenehmigung, soweit sie nicht in die freie Landschaft wirken. Da die zuletzt genannte Anforderung nach den tatsächlichen Umständen ausgeschlossen werden kann, bleibt lediglich zu prüfen, ob die geplante Werbeanlage in eines der genannten Baugebiete der BauNVO fällt. Laut Bebauungsplan ist das betreffende Gebiet als Mischgebiet i.S.d. § 6

BauNVO festgesetzt. Dieses Gebiet ist in § 65 Abs. 1 Nr. 33a BauO NRW nicht ausdrücklich genannt. Fraglich ist, ob ein Mischgebiet als vergleichbares Sondergebiet i.S.d. § 65 Abs. 1 Nr. 33a BauO NRW qualifiziert werden kann. Ein vergleichbares Sondergebiet wäre das Mischgebiet dann, wenn es vergleichbaren Zwecken dienen würde wie ein Gewerbe- oder Industriegebiet.

Mischgebiete dienen gemäß § 6 Abs. 1 BauNVO dem Wohnen und der Unterbringung von Gewerbebetrieben, die das Wohnen nicht wesentlich stören. Gewerbegebiete dienen nach § 8 Abs. 1 BauNVO vorwiegend der Unterbringung von nicht erheblich belästigenden Gewerbebetrieben. Industriegebiete schließlich dienen gemäß § 9 Abs. 1 BauNVO ausschließlich der Unterbringung von Gewerbegebieten, und zwar vorwiegend solcher Betriebe, die in anderen Baugebieten unzulässig sind.

Eine Gegenüberstellung der einzelnen Zwecke zeigt, dass ein Mischgebiet kein vergleichbares Sondergebiet i.S.d. § 65 Abs. 1 Nr. 33a BauO NRW sein kann, weil das Mischgebiet – im Gegensatz zum Gewerbe- und Industriegebiet – auch und vor allem dem Wohnen dient. Dass die Errichtung einer baulichen Anlage in einem Mischgebiet genehmigungspflichtig ist, ist auch nachvollziehbar, weil in diesem Baugebiet die Belange der dort wohnenden Bevölkerung zu berücksichtigen sind.

Der Ausnahmetatbestand des § 65 Abs. 1 Nr. 33a BauO NRW greift demnach nicht ein. Die geplante Werbeanlage des L ist somit genehmigungspflichtig.

bb) Genehmigungsfähigkeit der geplanten Werbeanlage

Die geplante Werbeanlage des L müsste genehmigungsfähig sein. Dies ist dann der Fall, wenn dem Vorhaben des L keine öffentlich-rechtlichen Vorschriften entgegenstehen (vgl. § 75 Abs. 1 S. 1 BauO NRW). Als öffentlich-rechtliche Vorschriften kommen solche des Bauplanungsrechts, des Bauordnungsrechts und des sonstigen öffentlichen Rechts in Betracht. Mangels entgegenstehender Hinweise im Sachverhalt ist davon auszugehen, dass der geplanten Werbeanlage bauplanungsrechtliche und sonstige öffentlich-rechtliche Vorschriften nicht entgegenstehen.

Fraglich ist jedoch, ob die geplante Werbeanlage bauordnungsrechtlich zulässig ist. Die Werbeanlage könnte gegen § 13 BauO NRW verstoßen. Gemäß § 13 Abs. 1 S. 1 BauO NRW sind Werbeanlagen, d.h. Anlagen zur Außenwerbung alle ortsfesten Einrichtungen, die der Ankündigung oder Anpreisung oder als Hinweis auf ein Gewerbe oder einen Beruf dienen und vom öffentlichen Verkehrsraum aus sichtbar sind. § 13 Abs. 1 S. 2 BauO NRW zählt beispielhaft einige Werbeanlagen auf. Die geplante Werbeanlage stellt ohne Zweifel eine Werbeanlage in diesem Sinne dar.

Gemäß § 13 Abs. 2 S. 1 BauO NRW dürfte die geplante Werbeanlage weder bauliche Anlagen noch das Straßen-, Orts- oder Landschaftsbild verunstalten oder die Sicherheit und Ordnung des Verkehrs gefährden. Eine Verunstaltung liegt nach § 13 Abs. 2 S. 2 BauO NRW auch dann vor, wenn durch Werbeanlagen der Ausblick auf begrünte Flächen verdeckt oder die einheitliche Gestaltung und die architektonische Gliederung baulicher Anlagen gestört wird. § 13 Abs. 2 S. 3 BauO NRW verbietet die störende Häufung von Werbeanlagen. Das Verbot der störenden Häufung von Werbeanlagen stellt einen Unterfall des allgemeinen Verunstaltungsgebots dar.

Nach den Angaben im Sachverhalt könnte eine solche störende Häufung von Werbeanlagen vorliegen. Verunstaltend wirkt eine bauliche Anlage, wenn sie das ästhetische Empfinden des Betrachters verletzt. Eine bauliche Anlage stört das Gesamtbild der Umgebung, wenn ein sog. gebildeter Durchschnittsmensch, der für ästhetische Eindrücke aufgeschlossen ist, den Gegensatz zwischen der baulichen Anlage und der Umgebung als belastend oder unlusterregend empfindet und bei ihm nachhaltigen inneren Protest auslöst.

In der unmittelbaren Umgebung der geplanten Werbeanlage existieren bereits zahlreiche unterschiedliche Werbeanlagen, die – je nachdem, aus welcher Richtung man kommt – alle gleichzeitig sichtbar sind. Dies führt zu einer massiven optischen Wirkung auf den Betrachter. Wenn diese schon vorhandene überladene Situation um eine weitere große Werbeanlage ergänzt wird, dürfte sich diese Situation weiter verschärfen.

Dem könnte entgegengehalten werden, dass die Stadt M schon zahlreiche Werbeanlagen in der unmittelbaren Umgebung genehmigt hat, so dass die Errichtung einer weiteren Werbeanlage nicht zu einer unzulässigen störenden Häufung von Werbeanlagen führen könne.

Allerdings betrifft das Verbot der störenden Häufung von Werbeanlagen die nachkommenden Anlagen. Es gilt der Grundsatz der Priorität. Somit kann die später hinzukommende Werbeanlage – wie im vorliegenden Fall – durchaus „das Fass zum Überlaufen" bringen.

Die geplante Werbeanlage ist somit nach § 13 Abs. 2 S. 3 BauO NRW unzulässig.

cc) Ergebnis zu c)

Die materiell-rechtlichen Anspruchsvoraussetzungen liegen nicht vor.

d) Ergebnis zu 2.

Die Versagungsgegenklage des L ist unbegründet.

3. Ergebnis

Die Versagungsgegenklage des L hat keinen Erfolg.

6. Teil
Repressive Bauüberwachung: Bauaufsichtliche Eingriffsverfügungen

A. Überblick

Nachdem wir uns im vorangegangenen Teil des Skripts mit der Baugenehmigung als dem typischen Instrument präventiver Bauüberwachung beschäftigt haben, kommen wir nun zu den Maßnahmen repressiver Bauüberwachung. Solche Maßnahme kann die Bauaufsichtsbehörde erlassen, wenn ein Vorhaben unter Verstoß gegen öffentlich-rechtliche Vorschriften realisiert worden ist bzw. wird. Infolge der inzwischen reduzierten Genehmigungspflichtigkeit baulicher Vorhaben haben diese bauaufsichtlichen Eingriffsverfügungen unerwartete praktische Bedeutung erlangt. Für Ihre Prüfungsvorbereitung bedeutet diese Entwicklung, dass Sie diesem Themenkomplex entsprechende Aufmerksamkeit widmen sollten! 431

Es gibt folgende drei typische Maßnahmen repressiver Bauüberwachung, die auch „baupolizeiliche Standardmaßnahmen" genannt werden:[1] 432

Maßnahmen repressiver Bauüberwachung

Stilllegungsverfügung	Nutzungsuntersagung	Abrissverfügung
• Untersagung der weiteren Realisierung eines Vorhabens	• Verbot der weiteren baurechtswidrigen Nutzung eines Vorhabens	• Anordnung der Beseitigung eines Vorhabens
• formelle Baurechtswidrigkeit des Vorhabens genügt grds.	• formelle Baurechtswidrigkeit des Vorhabens genügt (str.)	• formelle und materielle Baurechtswidrigkeit des Vorhabens notwendig

Zur Veranschaulichung der Thematik vorab folgende *Beispiele*: 433

Beispiel 1 R hat die Genehmigung zur Errichtung eines Fünffamilienhauses mit fünf Vollgeschossen in einem reinen Wohngebiet beantragt. Noch bevor die Behörde die Genehmigung erteilt, lässt R das von ihm beauftragte Bauunternehmen mit der Bauausführung beginnen. ∎

Beispiel 2 Wie Beispiel 1. Einige Wochen später erteilt die Bauaufsichtsbehörde dem R die beantragte Baugenehmigung. Nach Fertigstellung des fünfgeschossigen Wohnhauses muss R feststellen, dass die Wohneinheiten im vierten und fünften Obergeschoss keine Käufer finden. Daher baut er die beiden Geschosse kurzerhand um und richtet in den beiden Etagen insgesamt zehn Gästezimmer ein, die er an Fremde vermietet. Die Bauaufsichtsbehörde wird über den Umbau nicht informiert. ∎

---

[1] *Hellermann* in: Dietlein/Burgi/Hellermann, Öffentliches Recht in Nordrhein-Westfalen § 4 Rn. 290.

Beispiel 3 Wie Beispiel 2. Die Geschäfte mit der Zimmervermietung laufen unerwartet gut. Daher beschließt R, sein Haus um eine weitere Etage aufzustocken und dort weitere fünf Gästezimmer zur Vermietung einzurichten. Um seine Pläne schnell in die Tat umsetzen zu können, sieht er davon ab, einen Bauantrag zu stellen und lässt seinen Bauunternehmer die sechste Etage errichten. ■

434 Eine **Stilllegungsverfügung** wird auch als sog. **Baustopp** bezeichnet. Sie ergeht, wenn die Behörde *während* der Realisierung eines Vorhabens feststellt, dass es unter Verstoß gegen öffentlich-rechtliche Vorschriften ausgeführt wird. Mit dem Erlass einer Stilllegungsverfügung **untersagt** die Bauaufsichtsbehörde dem Bauherrn die **weitere Realisierung seines Vorhabens**. Durch die rechtzeitige Stilllegung eines solchen Vorhabens wird **verhindert, dass ein rechtswidriger Zustand entsteht bzw. dass sich ein solcher Zustand verfestigt**, der später meistens nur noch unter erheblichen Schwierigkeiten beseitigt werden kann.[2] – Eine Stilllegungsverfügung kommt in unserem *Beispiel 1* oben (Rn. 433) in Betracht, weil R mit der Realisierung seines Vorhabens beginnt, bevor er die Baugenehmigung erteilt bekommen hat.

> **JURIQ-Klausurtipp**
>
> Merken Sie sich: Ohne den Erlass einer Stilllegungsverfügung würden vollendete Tatsachen geschafft.

435 Eine **Nutzungsuntersagung** ergeht, wenn eine bauliche Anlage unter Verstoß gegen die öffentlich-rechtlichen Vorschriften genutzt wird. Mit der Nutzungsuntersagung **verbietet** die Bauaufsichtsbehörde die **weitere baurechtswidrige Nutzung der baulichen Anlage** und verfolgt damit den **Zweck**, einen **baurechtmäßigen Zustand wiederherzustellen**. – Eine Nutzungsuntersagung kommt in unserem *Beispiel 2* oben (Rn. 433) in Betracht, weil R entgegen der Baugenehmigung eine Wohnung gewerblich nutzt.

436 Eine **Abrissverfügung** ergeht, wenn ein Vorhaben unter Verstoß gegen öffentlich-rechtliche Vorschriften errichtet wurde. Mit der Abrissverfügung **ordnet** die Behörde die **Beseitigung des Vorhabens** an und verfolgt damit das **Ziel**, einen **baurechtmäßigen Zustand wiederherzustellen**. Eine Abrissverfügung stellt im Vergleich zur Stilllegungsverfügung und zur Nutzungsuntersagung die schwerwiegendere Maßnahme repressiver Bauüberwachung dar und kommt daher nur als ultima ratio in Betracht. – Eine Abrissverfügung kommt in unserem *Beispiel 3* oben (Rn. 433) in Betracht, weil R entgegen der Baugenehmigung das Wohnhaus mit sechs Vollgeschossen errichtet hat.

---

[2] *Brenner* Öffentliches Baurecht Rn. 759.

B. Rechtmäßigkeit einer bauaufsichtlichen Verfügung

Die Rechtmäßigkeit einer bauaufsichtlichen Verfügung prüfen Sie wie folgt: **437**

Rechtmäßigkeit bauaufsichtlicher Verfügungen

I. Ermächtigungsgrundlage

II. Formelle Rechtmäßigkeit
1. Zuständigkeit
2. Verfahren
3. Form
4. Begründung

III. Materielle Rechtmäßigkeit
1. Vorliegen eines baurechtswidrigen Zustandes
    a) Formelle Baurechtswidrigkeit
    b) Materielle Baurechtswidrigkeit
2. Tatbestandsvoraussetzungen der Maßnahme repressiver Bauüberwachung
    a) Stilllegungsverfügung
    b) Nutzungsuntersagung
        ▸ Voraussetzungen für den Erlass   Rn. 455
    c) Abrissverfügung

IV. Ermessen
1. Ermessensentscheidung
2. Grenzen des Ermessens
    a) Verhältnismäßigkeitsgrundsatz
    b) Gleichheitssatz
    c) Behördliche Duldung oder Verwirkung
        ▸ Geeignete Rechtsfiguren, um den Erlass bauaufsichtlicher Maßnahmen auszuschließen?
        Rn. 468
3. Richtiger Adressat

JURIQ-Klausurtipp

Wie bereits mehrfach erwähnt, gilt auch für dieses Prüfungsschema, dass es lediglich Ihrer Orientierung dienen soll. Keinesfalls dürfen Sie es also starr abarbeiten, sondern müssen es stets am konkreten Fall orientiert anwenden, d.h. insbesondere dürfen nur problematische Prüfungspunkte näher erörtert werden.

Der richtige Einstieg in die Falllösung gelingt Ihnen mit einem möglichst präzise formulierten **438**
Obersatz. Dieser könnte bei einer rein materiell-rechtlichen Prüfung z.B. wie folgt lauten: „Die Verfügung der Bauaufsichtsbehörde ... (hier erlassende Behörde nennen) ist rechtmäßig, wenn sie auf einer tauglichen Ermächtigungsgrundlage beruht, formell und materiell rechtmäßig ist sowie ermessensfehlerfrei ergangen ist."

I. Ermächtigungsgrundlage

> Lesen Sie § 61 Abs. 1 S. 2, Abs. 4 und Abs. 5 BauO NRW! «

439 Vorbehaltlich vorrangig anwendbarer Befugnisnormen (wie z.B. § 61 Abs. 4 und Abs. 5 BauO NRW) stellt **§ 61 Abs. 1 S. 2 BauO NRW** die Ermächtigungsgrundlage für bauaufsichtliche Verfügungen in NRW dar.[3]

440 Die Anwendung des § 61 Abs. 1 S. 2 BauO NRW als sonderordnungsrechtliche Ermächtigungsgrundlage schließt jedoch nicht aus, dass **ergänzend** die **Grundsätze des allgemeinen Polizei- und Ordnungsrechts** zur Anwendung kommen, wenn und soweit § 61 Abs. 1 S. 2 BauO NRW oder andere Vorschriften der BauO NRW keine bzw. keine abschließende Regelungen treffen. Dies gilt insbesondere für den Begriff der Gefahr oder den des Störers.

II. Formelle Rechtmäßigkeit

441 Die formelle Rechtmäßigkeit der bauaufsichtlichen Verfügung prüfen Sie in vier Schritten:

1. Zuständigkeit

442 Im ersten Schritt untersuchen Sie, ob die bauaufsichtliche Verfügung von der **sachlich und örtlich zuständigen Behörde** erlassen wurde. Insoweit kann auf die Ausführungen oben (Rn. 371 ff.), die hier entsprechend gelten, verwiesen werden.

443 Bei **Gefahr im Verzug** liegt die Zuständigkeit bei der **allgemeinen Ordnungsbehörde** (vgl. § 6 Abs. 1 S. 1 OBG NRW) und u.U. bei der **Polizeibehörde** (vgl. § 1 Abs. 1 S. 3 PolG NRW).

> **JURIQ-Klausurtipp**
>
> Denken Sie ggf. an § 44 Abs. 2 Nr. 3, Abs. 3 Nr. 1 VwVfG NRW!

2. Verfahren

444 Die Bauaufsichtsbehörde muss die einschlägigen Verfahrensvorschriften beachtet haben. Dazu gehört insbesondere, dass die Behörde vor dem Erlass einer bauaufsichtlichen Verfügung, die einen belastenden Verwaltungsakt darstellt, **grundsätzlich** eine **Anhörung nach § 28 VwVfG NRW** durchführen muss.

> **JURIQ-Klausurtipp**
>
> Denken Sie insoweit aber an die Heilungsmöglichkeit gemäß § 45 Abs. 1 Nr. 3 VwVfG NRW!

---

[3] Vgl. zum früher bestehenden Streit, ob die Generalermächtigung in ihrer früheren Fassung (§ 76 Abs. 1 BauO NRW 1970) allein überhaupt eine Ermächtigungsgrundlage für bauaufsichtliche Verfügungen bilden konnte, s. *Heintz* in: Gädtke/Temme/Heintz/Czepuck, BauO NRW § 61 Rn. 17.

3. Form

Die bauaufsichtlichen Verfügungen bedürfen **grundsätzlich** der **Schriftform** (vgl. § 20 Abs. 1 OBG NRW).

> **JURIQ-Klausurtipp**
>
> Denken Sie in diesem Zusammenhang u.U. an § 44 Abs. 2 Nr. 1 VwVfG NRW!

4. Begründung

Da die bauaufsichtlichen Verfügungen schriftlich abgefasst werden (s.o. Rn. 445), müssen sie **grundsätzlich begründet** werden (vgl. **§ 39 VwVfG NRW**).

> **JURIQ-Klausurtipp**
>
> Denke Sie hier ggf. an die Heilungsmöglichkeit nach § 45 Abs. 1 Nr. 2 VwVfG NRW!

III. Materielle Rechtmäßigkeit

Die materielle Rechtmäßigkeit einer bauaufsichtlichen Verfügung prüfen Sie in zwei Schritten:

1. Vorliegen eines baurechtswidrigen Zustandes

Im Rahmen der materiellen Rechtmäßigkeit einer bauaufsichtlichen Verfügung prüfen Sie im ersten Schritt, ob ein baurechtswidriger Zustand vorliegt. Dies ist der Fall, wenn bei der Realisierung eines der in § 61 Abs. 1 S. 1 BauO NRW genannten Vorhaben öffentlich-rechtliche Vorschriften oder aufgrund dieser Vorschriften erlassene Anordnungen nicht eingehalten werden. Ein Vorhaben kann formell und/oder materiell baurechtswidrig sein:

a) Formelle Baurechtswidrigkeit

Ein Vorhaben ist in folgenden Fällen formell baurechtswidrig:

- Ein baugenehmigungspflichtiges Vorhaben ist ohne die erforderliche Baugenehmigung errichtet worden oder wird ohne die erforderliche Baugenehmigung errichtet, weil entweder die Baugenehmigung von Anfang an fehlt oder nachträglich vor allem durch Aufhebung unwirksam geworden ist oder weil das Vorhaben von der erteilten Genehmigung erheblich abweicht (sog. „**Schwarzbau**").
- Der Bauherr hält die Vorgaben des Freistellungs- bzw. Anzeigeverfahrens bei einem nicht genehmigungspflichtigen Vorhaben nicht ein.[4]

Formelle Baurechtswidrigkeit liegt in allen unseren Beispielen (oben Rn. 433) vor: in *Beispiel 1*, weil R ohne die erforderliche Baugenehmigung mit der Errichtung des Wohnhauses beginnt; in *Beispiel 2*, weil R entgegen der Baugenehmigung einen Teil des Wohngebäudes gewerblich nutzt; in *Beispiel 3*, weil R mit der Errichtung des sechsten Vollgeschosses erheblich von der Baugenehmigung, die nur fünf Vollgeschosse erlaubt, abweicht.

---

[4] Vgl. zum Ganzen *Grotefels* in: Hoppe/Bönker/Grotefels, Öffentliches Baurecht § 16 Rn. 85.

b) Materielle Baurechtswidrigkeit

451 Materielle Baurechtswidrigkeit liegt vor, wenn das Vorhaben nicht den Vorschriften des materiellen öffentlichen Rechts entspricht,[5] d.h. gegen Vorschriften des Bauplanungsrechts, des Bauordnungsrechts oder sonstigen öffentlichen Rechts verstößt. Dies ist in unseren *Beispielen 2 und 3* (oben Rn. 433) der Fall, weil R nach der Baugenehmigung das errichtete Haus nur als Wohngebäude nutzen darf.

> **JURIQ-Klausurtipp**
>
> Der Sache nach prüfen Sie die materielle Baurechtswidrigkeit genauso wie die Genehmigungsfähigkeit einer baulichen Anlage (s. dazu oben Rn. 381 ff.).

2. Tatbestandsvoraussetzungen der Maßnahme repressiver Bauüberwachung

452 Für die Wiederherstellung des baurechtmäßigen Zustandes stehen der Bauaufsichtsbehörde mit der Stilllegungsverfügung, der Nutzungsuntersagung und der Abrissverfügung verschiedene Handlungsmöglichkeiten zur Verfügung. Welche dieser Maßnahmen die Behörde auf der Grundlage des § 61 Abs. 1 S. 2 BauO NRW erlassen kann, hängt von der *Art des Rechtsverstoßes*, d.h. davon ab, ob das betreffende Vorhaben nur formell baurechtswidrig, nur materiell baurechtswidrig oder formell und materiell baurechtswidrig ist.[6]

453 An dieser Stelle ziehen Sie daher Ihr Ergebnis zum Prüfungspunkt „Vorliegen eines baurechtswidrigen Zustandes" (oben Rn. 448 ff.) heran und gehen der Frage nach, welche Maßnahme repressiver Bauüberwachung nach diesem Ergebnis in Betracht kommt. Im Überblick sieht das wie folgt aus:

> **JURIQ-Klausurtipp**
>
> In Ihrer Fallbearbeitung prüfen Sie natürlich nur die behördliche(n) Maßnahme(n), die nach der Fallgestaltung in Betracht kommt/kommen.

a) Stilllegungsverfügung

454 Die Bauaufsichtsbehörde kann eine Stilllegungsverfügung bereits bei einem nur **formell baurechtswidrigen Vorhaben** erlassen. Soweit ein Vorhaben formell baurechtswidrig ist, verstößt es gegen öffentlich-rechtliche Vorschriften und rechtfertigt insoweit grundsätzlich den Erlass einer Stilllegungsverfügung, weil sie jederzeit aufgehoben werden kann. Etwas **anderes** gilt jedoch dann, wenn der Bauherr den **Bauantrag gestellt** hat, das **Vorhaben aus der Sicht der Bauaufsichtsbehörde genehmigungsfähig** ist und der **Genehmigungserteilung auch im Übrigen keine Hindernisse entgegenstehe**n.[7] So liegt der Fall in unserem *Beispiel 1* (oben Rn. 433). Zwar hat R vor der Erteilung der Baugenehmigung mit der Realisie-

---

[5] Vgl. *Grotefels* in: Hoppe/Bönker/Grotefels, Öffentliches Baurecht § 16 Rn. 85.
[6] Vgl. *Erbguth* in: Tettinger/Erbguth/Mann, Besonderes Verwaltungsrecht Rn. 1249.
[7] Vgl. zum Ganzen *Hellermann*, in: Dietlein/Burgi/Hellermann, Öffentliches Recht in Nordrhein-Westfalen § 4 Rn. 291 m.N.

Materielle Rechtmäßigkeit

rung seines Vorhabens begonnen; aber er hat die Baugenehmigung beantragt, sein Vorhaben ist aus der Sicht der Behörde (wie die später erteilte Genehmigung belegt) genehmigungsfähig und der Genehmigung stehen auch im Übrigen keine Hindernisse entgegen. Der Erlass einer Stilllegungsverfügung wäre demnach unverhältnismäßig und damit ermessensfehlerhaft.

b) Nutzungsuntersagung

Umstritten ist, unter welchen Voraussetzungen der Erlass einer Nutzungsuntersagung gerechtfertigt ist.[8]

455

Nach einer Ansicht setzt der Erlass einer Nutzungsuntersagung immer voraus, dass die Nutzung des Vorhabens formell und materiell baurechtswidrig ist. Zur Begründung führt diese Ansicht an, dass wegen des Gewichts und der wirtschaftlichen Bedeutung einer Nutzungsuntersagung keine Veranlassung bestehe, niedrigere Anforderungen als die formelle und materielle Baurechtswidrigkeit einer Nutzung zu verlangen. Dies gelte umso mehr, als auch die Gegenansicht immer einen Blick auf die materielle Rechtslage werfe, um zu verhindern, dass eine genehmigungsfähige Nutzung untersagt werde.[9] Nach dieser Ansicht ist in unserem *Beispiel 2* oben (Rn. 433) der Erlass einer Nutzungsverfügung gerechtfertigt, weil R die vierte und fünfte Etage seines Wohnhauses gewerblich und nicht – wie genehmigt – zu Wohnzwecken nutzt und die ausgeübte gewerbliche Nutzung in einem reinen Wohngebiet nicht genehmigungsfähig ist.

Überwiegend und vor allem in der Rechtsprechung wird demgegenüber vertreten, bereits die formell baurechtswidrige Nutzung einer baulichen Anlage rechtfertige den Erlass einer Nutzungsuntersagung, weil die Nutzungsuntersagung – ähnlich wie die Stilllegungsverfügung – jederzeit wieder rückgängig gemacht werden könne. Der Erlass einer Nutzungsuntersagung soll trotz formell baurechtswidriger Nutzung einer baulichen Anlage ausnahmsweise jedoch dann nicht gerechtfertigt sein, wenn der Bauherr den Bauantrag gestellt hat, die Nutzung aus der Sicht der Bauaufsichtsbehörde genehmigungsfähig ist und der Genehmigungserteilung auch im Übrigen keine Hindernisse entgegenstehen (sog. passiver Bestandsschutz).[10] In unserem *Beispiel 2* oben (Rn. 433) ist der Erlass einer Nutzungsuntersagung auch nach dieser Ansicht gerechtfertigt, weil die gewerbliche Nutzung der vierten und fünften Etage des Wohnhauses der genehmigten Nutzung zu Wohnzwecken widerspricht und die ausgeübte gewerbliche Nutzung in einem reinen Wohngebiet nicht genehmigungsfähig ist.

> **JURIQ-Klausurtipp**
>
> Den Meinungsstreit müssen Sie nur dann näher erörtern und entscheiden, wenn die verschiedenen Auffassungen zu unterschiedlichen Ergebnissen führen. Andernfalls genügt es, wenn Sie kurz erwähnen, dass es den Meinungsstreit gibt, dieser aber in Ihrer Fallkonstellation wegen übereinstimmender Ergebnisse nicht entschieden werden muss.

---

8 S. näher *Stollmann* Öffentliches Baurecht, § 19 Rn. 18 m.w.N.
9 Vgl. zum Ganzen *Finkelnburg/Ortloff* Öffentliches Baurecht Bd. II § 14 II.
10 Vgl. zum Ganzen *Hellermann* in: Dietlein/Burgi/Hellermann, Öffentliches Recht in Nordrhein-Westfalen § 4 Rn. 292 m.w.N.

c) Abrissverfügung

456 Von den drei typischen Handlungsmöglichkeiten repressiver Bauüberwachung stellt der Erlass einer Abrissverfügung den **schwerwiegendsten Eingriff** dar, denn der Abriss eines errichteten Vorhabens ist irreversibel. Dementsprechend hoch sind die Anforderungen an die Zulässigkeit einer Abrissverfügung. Die Rechtsprechung legt die Tatbestandsvoraussetzungen der Ermächtigungsgrundlage unter Berücksichtigung des Verhältnismäßigkeitsgrundsatzes **eng** aus und unterscheidet drei Fallkonstellationen:[11]

aa) Formell baurechtswidriges, aber materiell baurechtmäßiges Vorhaben

457 Bei einem formell baurechtswidrigen, aber materiell baurechtmäßigen Vorhaben kommt der Erlass einer Abrissverfügung regelmäßig[12] nicht in Betracht, weil die Bauaufsichtsbehörde sofort die Wiedererrichtung des Vorhabens genehmigen müsste. Anstelle einer Abrissverfügung kann die Behörde in dieser Fallkonstellation nur mildere Maßnahmen, nämlich eine Stilllegungsverfügung oder eine Nutzungsuntersagung, erlassen. So liegt der Fall auch in unserem *Beispiel 1* oben (Rn. 433). Zwar hat R mit der Errichtung des Wohnhauses vor Erteilung der erforderlichen Baugenehmigung begonnen; da das Vorhaben aber genehmigungsfähig ist, kann die Behörde bis zur Erteilung der Genehmigung allenfalls eine Stilllegungsverfügung erlassen.

> **Hinweis**
>
> Die Bauaufsichtsbehörde kann den Bauherrn jedoch nicht verpflichten, nachträglich einen Bauantrag zu stellen. Die Entscheidung über die Stellung eines Bauantrags liegt allein im Verantwortungsbereich des Bauherrn.

458 Im Übrigen kann eine nachträglich erteilte Baugenehmigung den angestrebten baurechtmäßigen Zustand wiederherstellen. Dies gilt auch dann, wenn die Baugenehmigung zuvor bereits bestandskräftig abgelehnt worden ist, weil der ablehnende Bescheid nur die bestandskraftfähige Regelung enthält, dass der Bauantrag abgelehnt wird, und die Gründe, die zur Ablehnung geführt haben, als Bestandteil der Begründung des Ablehnungsbescheids nicht in Bestandskraft erwachsen (s.o. Rn. 390).

bb) Formell baurechtmäßiges, aber materiell baurechtswidriges Vorhaben

459 Wurde für ein formell baurechtmäßiges, aber materiell baurechtswidriges Vorhaben eine Baugenehmigung erteilt, kommt der Erlass einer Abrissverfügung nicht in Betracht, weil die Baugenehmigung die rechtsverbindliche Feststellung enthält, dass das Vorhaben öffentlich-rechtlichen Vorschriften nicht widerspricht. Der Bauherr genießt insoweit **Vertrauensschutz**. Nach einer bestandskräftigen oder sofort vollziehbaren **Rücknahme der Baugenehmigung** auf der Grundlage des § 48 VwVfG NRW kann die Bauaufsichtsbehörde jedoch eine Abrissverfügung erlassen,[13] weil das errichtete Vorhaben dann auch formell baurechtswidrig ist.

---

11 Vgl. hierzu und zu den drei Fallkonstellationen *Hellermann* in: Dietlein/Burgi/Hellermann, Öffentliches Recht in Nordrhein-Westfalen § 4 Rn. 294 ff.
12 Vgl. zu einer Ausnahme *OVG NRW* NWVBl. 2006, 136.
13 Vgl. *OVG NRW* NVwZ 1988, 942.

Ermessen 6 B IV

Beispiel Nehmen Sie an, R aus unseren Beispielen oben (Rn. 433) hätte eine Baugenehmigung zur Errichtung eines viergeschossigen Wohnhauses erhalten, obwohl bauplanungsrechtlich nur eine dreigeschossige Wohnbebauung zulässig ist. In diesem Falle würde die Baugenehmigung rechtsverbindlich feststellen, dass R das Wohnhaus mit vier Vollgeschossen errichten darf. Insoweit würde R Vertrauensschutz genießen. Um einen baurechtmäßigen Zustand wiederherzustellen, könnte die Bauaufsichtsbehörde die Baugenehmigung jedoch nach §§ 48 Abs. 1, Abs. 3 VwVfG NRW zurücknehmen. Sobald die Rücknahme bestandskräftig oder sofort vollziehbar ist, könnte die Behörde eine Teilabrissverfügung für das vierte Vollgeschoss erlassen. ■

> **Hinweis**
>
> Hinter den Überlegungen zur Unzulässigkeit einer Abrissverfügung in der oben (Rn. 457) und hier genannten Konstellation steht der Gedanke des sog. passiven Bestandsschutzes.

cc) Formell und materiell baurechtswidriges Vorhaben

Bei einem formell und materiell baurechtswidrigen Vorhaben ist der Erlass einer Abrissverfügung gerechtfertigt. Weder der Bestandsschutz noch der Verhältnismäßigkeitsgrundsatz steht hier dem Erlass einer Abrissverfügung entgegen. – So könnte der Fall in unserem *Beispiel 3* oben (Rn. 433) liegen. Hinsichtlich der Errichtung des sechsten Vollgeschosses ohne die erforderliche Baugenehmigung ist das Wohnhaus des R formell baurechtswidrig. Um eine Abrissverfügung erlassen zu können, müsste das Vorhaben des R auch materiell rechtswidrig sein. Insoweit bestehen Zweifel, weil R das zu Wohnzwecken genutzte Gebäude zunächst als Wohnhaus und erst später teilweise gewerblich genutzt hat. Jedenfalls entsprach die ursprüngliche Nutzung des Hauses den Vorgaben der Baugenehmigung und war somit rechtmäßig. Die entscheidende Frage ist demnach, ob es für die Beurteilung der Rechtmäßigkeit auf den Zeitpunkt der Errichtung des Vorhabens oder auf einen späteren Zeitpunkt ankommt. Abgestellt wird auf den **Zeitpunkt der Errichtung des Vorhabens**.[14] Demnach wäre der Erlass einer Abrissverfügung rechtswidrig. 460

> **JURIQ-Klausurtipp**
>
> Bedenken Sie also: Eine Abrissverfügung ist nur zulässig, wenn das Vorhaben *seit seiner Errichtung* formell und materiell baurechtswidrig ist. War das Vorhaben zu irgendeinem Zeitpunkt materiell baurechtmäßig, wird eine Abrissverfügung für unzulässig gehalten.

IV. Ermessen

Ob die Maßnahme der Bauaufsichtsbehörde ermessensfehlerfrei ergangen ist, prüfen Sie in drei Schritten: 461

1. Ermessensentscheidung

Im ersten Schritt halten Sie fest, dass die Entscheidung über den Erlass bauaufsichtlicher Verfügungen im **Ermessen** der Bauaufsichtsbehörde steht (vgl. Wortlaut „nach pflichtgemäßem Ermessen"). § 61 Abs. 1 S. 2 BauO NRW räumt der Behörde dabei sowohl **Entschließungser-** 462

---

14 Vgl. *Hellermann* in: Dietlein/Burgi/Hellermann, Öffentliches Baurecht in Nordrhein-Westfalen, § 4 Rn. 294 m.w.N.

messen („ob") als auch **Auswahlermessen** („wie") ein. Das Ermessen hat die Behörde nach Maßgabe des § 40 VwVfG NRW auszuüben; sie hat dabei **alle widerstreitenden öffentlichen und privaten Interessen gegeneinander abzuwägen**.

> **JURIQ-Klausurtipp**
>
> Wenn Sie in der Fallbearbeitung aufgefordert sind, stellvertretend für die Behörde zu untersuchen, ob der Erlass einer bauaufsichtlichen Verfügung in Betracht kommt, müssen Sie hier zunächst alle möglichen öffentlichen Interessen, alle Interessen des Bauherrn und die von Nachbarn zusammentragen und sodann gegeneinander abwägen. In diesem Falle wäre § 40 VwVfG NRW der Maßstab für Ihr Vorgehen. Dabei dürften Sie vor allem auch Zweckmäßigkeitserwägungen anstellen.
>
> Sollen Sie aus der Perspektive eines Verwaltungsgerichts die Rechtmäßigkeit des Erlasses einer bauaufsichtlichen Verfügung prüfen, müssen Sie den Maßstab des § 114 VwGO anlegen und sich auf die Überprüfung beschränken, ob die Behörde bei ihrer Entscheidung die Ermessensgrenzen eingehalten hat und ob kein Ermessensfehlgebrauch vorliegt (s. dazu näher das Skript „Verwaltungsprozessrecht" Rn. 240 ff.).

2. Grenzen des Ermessens

463 Die Bauaufsichtsbehörde kann ihr **Ermessen nicht grenzenlos** ausüben. Vielmehr unterliegt sie rechtsstaatlich bedingten Grenzen, zu denen insbesondere der Verhältnismäßigkeitsgrundsatz und der Gleichheitssatz gehören. Umstritten ist, ob eine Verwirkung oder eine Duldung durch die Bauaufsichtsbehörde deren Ermessen begrenzen kann. Im Einzelnen gilt folgendes:

a) Verhältnismäßigkeitsgrundsatz

464 Das Ermessen der Bauaufsichtsbehörde kann durch den Verhältnismäßigkeitsgrundsatz begrenzt sein. Dieser spielt vor allem beim Erlass einer Abrissverfügung eine große Bedeutung. Wegen der weitreichenden erheblichen Folgen einer Abrissverfügung muss die Bauaufsichtsbehörde den Verhältnismäßigkeitsgrundsatz in diesem Falle besonders beachten.

> **JURIQ-Klausurtipp**
>
> Die Verhältnismäßigkeit einer bauaufsichtlichen Maßnahme prüfen Sie wie üblich: Die Maßnahme muss einem verfassungsrechtlich legitimen Zweck, nämlich der Wiederherstellung eines baurechtmäßigen Zustandes, dienen, zur Erreichung dieses Zwecks geeignet, erforderlich und angemessen sein. S. allgemein näher das Skript „Allgemeines Verwaltungsrecht" Rn. 206.

465 Unter Berücksichtigung des Verhältnismäßigkeitsgrundsatzes darf die Behörde eine Abrissverfügung z.B. nicht erlassen, wenn die Behörde den baurechtmäßigen Zustand mit einer **milderen Maßnahme** (etwa einer Nutzungsuntersagung oder der Bewilligung einer Ausnahme oder Befreiung nach § 31 BauGB) wiederherstellen kann. Dazu gehört auch der Fall, dass der baurechtmäßige Zustand durch den Erlass einer Teilabrissverfügung anstelle einer Totalabrissverfügung wiederhergestellt werden kann (vgl. unser *Beispiel 3* oben Rn. 433). **Unerheblich** sind demgegenüber **grundsätzlich** die **wirtschaftlichen Interessen des Bauherrn**.

Etwas anderes kann jedoch dann gelten, wenn das Vorhaben nur geringfügig gegen öffentlich-rechtliche Vorschriften verstößt, der Erlass einer Abrissverfügung aber erheblichen wirtschaftlichen Schaden nach sich ziehen würde.[15]

b) Gleichheitssatz

Eine weitere Grenze des behördlichen Ermessens kann sich **ausnahmsweise** aus dem allgemeinen Gleichheitssatz des Art. 3 Abs. 1 GG ergeben (s. dazu allgemein näher das Skript „Grundrechte" Rn. 209 ff.). In Betracht kommt dies vor allem im Falle der sog. **„Selbstbindung der Verwaltung"**. Erlässt die Behörde gegenüber einem Grundstückseigentümer eine Abrissverfügung, obwohl sie gleichzeitig andere, vergleichbare Vorhaben duldet, kann sich die Behörde nicht ohne Weiteres darauf berufen, es gebe keine „Gleichheit im Unrecht", sondern muss einen sachlichen Grund für die Ungleichbehandlung vorweisen können. Als solcher kommt z.B. in Betracht, dass die Behörde gegen vergleichbare Vorhaben systematisch und nacheinander vorgeht[16] oder dass die Behörde vor dem Erlass weiterer Abrissverfügungen zunächst das Ergebnis eines Musterprozesses abwartet.[17] Der Erlass einer Abrissverfügung ist dagegen z.B. ermessensfehlerhaft, wenn feststeht, dass es in einem abgrenzbaren Gebiet eine größere Anzahl vergleichbar rechtswidrig errichteter baulicher Anlagen gibt.[18]

c) Behördliche Duldung oder Verwirkung

Nehmen Sie an, dass die Bauaufsichtsbehörde in unserem *Beispiel 3* oben (Rn. 433) erst nach sieben Jahren gegen R vorgehen will. Hier stellt sich die Frage, ob der Erlass einer Teilabrissverfügung nicht deshalb ausgeschlossen ist, weil die Behörde den baurechtswidrigen Zustand geduldet hat bzw. weil die Behörde ihr Recht auf den Erlass einer Teilabrissverfügung verwirkt hat.

Die Frage, ob der Erlass einer bauaufsichtlichen Verfügung infolge Duldung oder Verwirkung durch die Bauaufsichtsbehörde ausgeschlossen sein kann, ist umstritten.

》 Wiederholen Sie die Rechtsfiguren der behördlichen Duldung und der Verwirkung im Skript „Allgemeines Verwaltungsrecht" bzw. „Verwaltungsprozessrecht"! 《

Hinsichtlich der behördlichen Duldung wird z.T. vertreten, dass die langjährige behördliche Duldung eines baurechtswidrigen Zustandes zu einem der Baugenehmigung angenäherten Rechtsstatus führe. Ändere die Behörde später ihre Verwaltungspraxis, indem sie den baurechtswidrigen Zustand beseitigen will, stehe einem repressiven Vorgehen der Behörde das langjährig unbeanstandet bestehende Vorhaben entgegen. Der Erlass einer bauaufsichtlichen Verfügung sei in einem solchen Falle rechtswidrig.[19]

Dem wird jedoch entgegengehalten, die langjährige Duldung eines baurechtswidrigen Zustandes schließe nicht aus, dass sich die Behörde eines Tages entschließt, nun aktiv zu werden. Die langjährige Duldung begründe kein Gewohnheitsrecht, das zum Inhalt habe, das baurechtswidrige Vorhaben dürfe zeitlich unbegrenzt weiterbestehen und genutzt werden. Träfe die Gegenansicht zu, könnten durch eine langjährige behördliche Duldung die gesetzlichen Vorschriften umgangen werden.[20]

---

15 Vgl. *OVG Nds* BRS 40 Nr. 226 (hier ging es um die Überschreitung einer notwendigen Abstandsfläche um drei bis sechs Zentimeter).
16 *OVG Bremen* BRS 54 Nr. 209.
17 *VGH Hessen* NJW 1984, 318.
18 *VGH BW* NVwZ-RR 1997, 465.
19 Vgl. *OVG Berlin* DÖV 1983, 644.
20 Vgl. zum Ganzen *Stollmann* Öffentliches Baurecht § 19 Rn. 37 m.w.N. aus der Rechtsprechung.

Zugunsten der Möglichkeit der behördlichen Verwirkung werden vielfach ähnliche Argumente wie in Bezug auf die behördliche Duldung vorgebracht.[21] Dagegen wird jedoch u.a. mit dem grundsätzlichen Bedenken argumentiert, bei der Eingriffsbefugnis der Bauaufsichtsbehörde handele es sich nicht um verzichtbares subjektives Recht, sondern um ein im öffentlichen Interesse bestehendes Recht, so dass die Bauaufsichtsbehörde ihr Recht, eine bauaufsichtliche Maßnahme zu erlassen, nicht verwirken könne.[22]

3. Richtiger Adressat

469 Im Rahmen ihres Auswahlermessens muss die Bauaufsichtsbehörde außerdem den richtigen Adressaten („gegen wen") für ihre bauaufsichtliche Verfügung auswählen. Entsprechend der **allgemeinen Grundsätze der gefahrenabwehrrechtlichen Störerhaftung** muss die bauaufsichtliche Verfügung an denjenigen gerichtet werden, der für den baurechtswidrigen Zustand verantwortlich ist. Als Störer kommen der Handlungsstörer (§ 17 OBG NRW) und der Zustandsstörer (§ 18 OBG NRW) in Betracht. Bei mehreren Störern muss die Behörde nach den allgemeinen Grundsätzen eine Auswahl treffen.

470 **Regelmäßig** ist der **Bauherr als Störer** heranzuziehen; wenn dieser unbekannt ist, kann der Eigentümer – sofern dieser mit dem Bauherrn nicht identisch ist – in Anspruch genommen werden.[23] Der Eigentümer ist grundsätzlich der richtige Adressat bei einer Abrissverfügung. Bei Miteigentümern ist eine Abrissverfügung, die nur gegenüber einem Miteigentümer ergeht, nur vollstreckbar, wenn die Behörde gegenüber den anderen Eigentümern eine Duldungsverfügung erlässt. Sofern die abzureißende bauliche Anlage vermietet ist, muss die Bauaufsichtsbehörde gegenüber dem Mieter eine Duldungsverfügung erlassen.[24]

471 Eine Nutzungsuntersagung bei einer vermieteten baulichen Anlage muss die Bauaufsichtsbehörde an den jeweiligen Mieter richten, weil er als Handlungsstörer für die rechtswidrige Nutzung verantwortlich ist.[25] Insoweit kommt aber auch Vermietverbot, das die Behörde gegenüber dem Eigentümer ausspricht, in Betracht.[26]

472 Als sachbezogene Verwaltungsakte gelten bauaufsichtliche Verfügungen grundsätzlich auch für den **Rechtsnachfolger**.[27]

C. Vollstreckung einer bauaufsichtlichen Verfügung

473 Bauaufsichtliche Verfügungen können im Wege der Verwaltungsvollstreckung gegen den Verantwortlichen durchgesetzt werden. Insoweit gelten die **allgemeinen Grundsätze** (s. dazu näher das Skript „Allgemeines Verwaltungsrecht" Rn. 287 ff.). Im öffentlichen Baurecht kommt die Anordnung einer sofortigen Vollziehung nach § 80 Abs. 2 S. 1 Nr. 4 VwGO bei einer Abrissverfügung regelmäßig nicht in Betracht, weil hierdurch Zustände geschaffen würden, die nicht mehr rückgängig gemacht werden können, wenn sich nachträglich herausstellen

---

21 Vgl. *VGH BW* BRS 32 Nr. 186.
22 Vgl. *VGH Bayern* BRS 22 Nr. 210.
23 Vgl. *Hellermann* in: Dietlein/Burgi/Hellermann, Öffentliches Recht in Nordrhein-Westfalen § 4 Rn. 288.
24 Vgl. zum Ganzen *Hellermann* in: Dietlein/Burgi/Hellermann, Öffentliches Recht in Nordrhein-Westfalen § 4 Rn. 299.
25 Vgl. *OVG NRW* NWVBl. 1993, 232.
26 Vgl. *OVG NRW* BRS 59 Nr. 220.
27 Vgl. *OVG NRW* NVwZ 1987, 427.

würde, dass die bauaufsichtliche Verfügung zu Unrecht erlassen wurde. Etwas anderes gilt demgegenüber für die Stilllegungsverfügung und für die Nutzungsuntersagung. Da sie jederzeit rückgängig gemacht werden können, kann die Bauaufsichtsbehörde diese Verfügungen für sofort vollziehbar erklären.

In der Praxis sind die Ersatzvornahme (§ 59 VwVG NRW) und das Zwangsgeld (§ 60 VwVG NRW) die üblichen Zwangsmittel. **474**

D. Rechtsschutz gegen bauaufsichtliche Verfügungen

I. Überblick

Bauaufsichtliche Verfügungen haben infolge des oftmaligen Fortfalls der Genehmigungspflichtigkeit von Vorhaben in der Praxis unerwartete Relevanz erlangt. Dementsprechend häufig kommt es in diesem Bereich zu rechtlichen Auseinandersetzungen über die Rechtmäßigkeit bauaufsichtlicher Verfügungen. Gegen bauaufsichtliche Verfügungen kann nicht nur der Bauherr als regelmäßiger Adressat, sondern auch ein Nachbar, der zwar nicht Adressat der Verfügung ist, aber gleichwohl durch die Verfügung in seinen Rechten betroffen sein kann, vorgehen. **475**

II. Rechtsschutz des Bauherrn gegen bauaufsichtliche Verfügungen

1. Rechtsschutzziel: Aufhebung der bauaufsichtlichen Verfügung

Erlässt die Bauaufsichtsbehörde gegenüber dem Bauherrn eine bauaufsichtliche Verfügung auf der Grundlage des § 61 Abs. 1 S. 2 BauO NRW, kann der Bauherr den Verwaltungsakt i.S.d. § 35 S. 1 VwVfG NRW, soweit dieser ihn belastet, unmittelbar mit der **Anfechtungsklage nach § 42 Abs. 1 VwGO** angreifen, nachdem das Widerspruchsverfahren gegen bestimmte Verwaltungsakte in NRW weggefallen ist (s.o. Rn. 399). **476**

Ob die bauaufsichtliche Verfügung rechtmäßig ist, bestimmt sich nach h.M. **grundsätzlich nach dem Zeitpunkt der letzten Verwaltungsentscheidung**.[28] Etwas anderes gilt jedoch dann, wenn sich die Sach- und Rechtslage nachträglich zugunsten des klagenden Bauherrn ändert. In diesem Falle ist für die Frage der Rechtmäßigkeit der bauaufsichtlichen Verfügung auf den Zeitpunkt der letzten mündlichen Verhandlung abzustellen.[29] **477**

2. Rechtsschutzziel: Wiederherstellung der aufschiebenden Wirkung der Anfechtungsklage

Anders als bei den Rechtsbehelfen gegen eine Baugenehmigung (s.o. Rn. 422) hat die Anfechtungsklage des Bauherrn gegen eine bauaufsichtliche Verfügung **aufschiebende Wirkung** (vgl. § 80 Abs. 1 S. 1 VwGO). **478**

> **Hinweis**
>
> § 212a BauGB gilt hier nicht!

---

[28] *BVerwG* NVwZ 1993, 476.
[29] Vgl. zum Ganzen (zugleich kritisch) *Schenke* Verwaltungsprozessrecht Rn. 782 ff.

479 Bei einer Stilllegungsverfügung und einer Nutzungsuntersagung ordnet die Bauaufsichtsbehörde jedoch regelmäßig die **sofortige Vollziehung nach § 80 Abs. 2 S. 1 Nr. 4 VwGO** an. Wegen der negativen Vorbildwirkung eines baurechtswidrig realisierten bzw. genutzten Vorhabens für die Umgebung kann die Behörde ein besonderes öffentliches Interesse an der sofortigen Vollziehung geltend machen. Etwas anderes gilt jedoch für eine Abrissverfügung. Da ihr sofortiger Vollzug vollendete Tatsachen schaffen würde und irreversibel wäre, scheidet die Anordnung einer sofortigen Vollziehung in der Regel aus.[30]

› Wiederholen Sie Einzelheiten zum Verfahren nach § 80 Abs. 5 S. 1 VwGO im Skript „Verwaltungsprozessrecht"! ‹

480 Ordnet die Behörde die sofortige Vollziehung gemäß § 80 Abs. 2 S. 1 Nr. 4 VwGO an, kann der Bauherr einen Antrag auf **Wiederherstellung der aufschiebenden Wirkung nach § 80 Abs. 5 S. 1 Hs. 2 VwGO** beim zuständigen Verwaltungsgericht stellen. Der Bauherr kann auch bei der Bauaufsichtsbehörde einen Antrag auf **Aussetzung der Vollziehung nach § 80 Abs. 4 VwGO** stellen.[31]

3. Rechtsschutzziel: Aufhebung einer Vollstreckungsmaßnahme

481 Will sich der Bauherr gegen eine Vollstreckungsmaßnahme der Bauaufsichtsbehörde wenden, richtet sich der statthafte Rechtsbehelf im Hauptsacheverfahren und im Verfahren des einstweiligen Rechtsschutzes nach der **Rechtsnatur der Vollstreckungsmaßnahme**.

› Wiederholen Sie Einzelheiten in diesem Zusammenhang im Skript „Allgemeines Verwaltungsrecht" bzw. „Verwaltungsprozessrecht"! ‹

482 Sofern es sich bei der **Vollstreckungsmaßnahme** um einen **Verwaltungsakt i.S.d. § 35 S. 1 VwVfG NRW** handelt, kommen als Rechtsbehelfe im Hauptsacheverfahren die **Anfechtungsklage nach § 42 Abs. 1 VwGO** oder ggf. die **Fortsetzungsfeststellungsklage nach § 113 Abs. 1 S. 4 VwGO** und im Verfahren des einstweiligen Rechtsschutzes ein Verfahren nach § 80 Abs. 5 S. 1 VwGO in Betracht.

› Lesen Sie § 8 AG VwGO NRW! ‹

Letzteres Verfahren kommt auch deshalb in Betracht, weil Rechtsbehelfe gegen Maßnahmen der Vollstreckungsbehörden und Vollzugsbehörden **keine aufschiebende Wirkung** haben (vgl. **§ 8 AG VwGO NRW**). Unabhängig vom Antrag nach § 80 Abs. 5 S. 1 VwGO kann der Bauherr außerdem bei der Bauaufsichtsbehörde die **Aussetzung der Vollziehung** beantragen (vgl. **§ 8 S. 2 AG VwGO NRW i.V.m. § 80 Abs. 4 VwGO**).

> **Hinweis**
>
> Denken Sie daran: Ein Widerspruchsverfahren gibt es in NRW auch bei behördlichen Vollstreckungsmaßnahmen nicht mehr (vgl. § 6 Abs. 1, Abs. 2 AG VwGO NRW)!

483 Sofern es sich bei der Vollstreckungsmaßnahme um einen **Realakt** handelt, kommt als Rechtsbehelf im Hauptsacheverfahren die **allgemeine Leistungsklage** und im Verfahren des einstweiligen Rechtsschutzes das Verfahren nach **§ 123 VwGO** in Betracht.

III. Rechtsschutz des Nachbarn gegen bauaufsichtliche Verfügungen

1. Rechtsschutzziel: Erlass einer bauaufsichtlichen Verfügung

484 Zahlreiche Vorhaben sind nach geltendem Recht nicht mehr genehmigungspflichtig, sondern nur noch anzeigepflichtig. Daher ist das Bedürfnis von Nachbarn, die Bauaufsichtsbehörde zu einem repressiven Vorgehen gegen baurechtswidrige Vorhaben zu veranlassen,

---

30 *OVG Berlin* BRS 62 Nr. 206.
31 *Stollmann* Öffentliches Baurecht § 19 Rn. 60.

gestiegen. Die Entscheidung über ein repressives Vorgehen gegen baurechtswidrige Vorhaben steht gemäß § 61 Abs. 2 BauO NRW im Ermessen der Bauaufsichtsbehörde (s.o. Rn. 462). Möchte der Nachbar daher die Behörde zu einem repressiven Einschreiten gegen ein baurechtswidriges Vorhaben veranlassen, kann er zunächst einen entsprechenden **Antrag bei der Behörde** stellen und im Falle der Ablehnung oder Nichtbescheidung seines Antrags unmittelbar Verpflichtungsklage in Form der **Versagungsgegenklage** nach **§ 42 Abs. 1 VwGO** oder **Untätigkeitsklage nach § 75 VwGO** erheben (s. zum Fortfall des Widerspruchsverfahrens gegen bestimmte Verwaltungsakte in NRW oben Rn. 399 und Rn. 476).

485 Um mit seiner Klage Erfolg zu haben, muss der Nachbar u.a. **klagebefugt** i.S.d. **§ 42 Abs. 2 VwGO** sein. Sein möglicher Anspruch auf ein repressives Einschreiten der Bauaufsichtsbehörde ist gegeben, wenn er geltend machen kann, durch die ablehnende oder unterbliebene Bescheidung durch die Behörde möglicherweise in **nachbarschützenden Vorschriften** verletzt zu sein.

486 Das Rechtsschutzbegehren des Nachbarn ist begründet, wenn das Gericht zur Überzeugung gelangt, dass die ablehnende oder unterbliebene Entscheidung der Bauaufsichtsbehörde den Nachbarn in seinen Rechten verletzt (vgl. insoweit § 113 Abs. 5 S. 1 VwGO). Da die Entscheidung der Bauaufsichtsbehörde über ihr repressives Einschreiten gegen ein baurechtswidriges Vorhaben jedoch in ihrem Ermessen steht, hat der Nachbar grundsätzlich nur einen Anspruch auf ermessensfehlerfreie Entscheidung mit der Folge, dass das Gericht **grundsätzlich** nur ein **Bescheidungsurteil** erlassen kann (vgl. **§ 113 Abs. 5 S. 2 VwGO**). Etwas anderes gilt allerdings dann, wenn das Ermessen der Behörde auf Null reduziert ist. In diesem Falle ergeht ein Verpflichtungsurteil (vgl. § 113 Abs. 5 S. 1 VwGO). Eine Ermessensreduzierung auf Null kommt vor allem dann in Betracht, wenn ohne den Erlass der bauaufsichtlichen Maßnahme erhebliche Verstöße gegen nachbarschützende Vorschriften vorliegen oder schwere Gefahren für ein wichtiges Rechtsgut des Nachbarn (Leben oder Gesundheit) zu befürchten sind.[32]

2. Rechtsschutzziel: Erlass einer einstweiligen Anordnung

487 Hat ein Nachbar bei der Bauaufsichtsbehörde den Erlass einer bauaufsichtlichen Maßnahme beantragt und möchte er zwecks Gewährleistung effektiven Rechtsschutzes schon vor Erlass der behördlichen Maßnahme gerichtlichen Rechtsschutz in Anspruch nehmen, kann er dies über einen Antrag auf Erlass einer einstweiligen Anordnung nach **§ 123 VwGO**.

Online-Wissens-Check

Kann eine behördliche Duldung dazu führen, dass der Erlass einer bauaufsichtlichen Maßnahme ausgeschlossen ist?

Überprüfen Sie jetzt online Ihr Wissen zu den in diesem Abschnitt erarbeiteten Themen. Unter **www.juracademy.de/skripte/login** steht Ihnen ein Online-Wissens-Check speziell zu diesem Skript zur Verfügung, den Sie mit dem Zugangscode auf der letzten Seite kostenlos nutzen können.

---

32 Vgl. *BVerwGE* 11, 95; *VGH BW* VBlBW 2003, 470.

E. Übungsfall Nr. 4

488 „Störender Bolzplatz"[33]

Eheleute M wohnen im nordrhein-westfälischen B. Sie bewohnen ein Haus auf einem Grundstück, das nach dem geltenden Bebauungsplan in einem reinen Wohngebiet belegen ist. Auf der gegenüberliegenden Straßenseite befindet sich eine große Grünfläche, die nach dem Jahrzehnte alten Bebauungsplan in einem allgemeinen Wohngebiet liegt und als „öffentliche Grünfläche, Dorfplatz" ausgewiesen ist. Die Grünfläche wird an zwei Seiten durch Wohnbebauung und an einer dritten Seite durch eine Turnhalle begrenzt. Traditionell dient die Grünfläche als Fläche für Veranstaltungen wie Dorffeste, Zirkusveranstaltungen, Maifest, Martinsfeuer etc. Seit etlichen Jahren nutzen jedoch vor allem Jugendliche und Erwachsene die Grünfläche intensiv auch als Bolzplatz, obgleich eine solche Nutzung nach der Begründung des Bebauungsplans nicht angestrebt war, weil das mit dieser (gegenwärtigen) Nutzung verbundene Konfliktpotential zwischen den Interessen der Bewohner einerseits und den Interessen der Hobbyfußballer andererseits schon bei der Aufstellung des Bebauungsplans bekannt war, aktive oder passive Schallschutzmaßnahmen nach gutachterlichen Prüfungen als nicht realisierbar und Nutzungseinschränkungen als unzureichend angesehen wurden. Begünstigt wird die Nutzung der Grünfläche als Bolzplatz dadurch, dass der Ortsverein vor Jahren eigenmächtig zwei Originalfußballtore auf der Grünfläche fest einbetonieren ließ. Eines der beiden Tore steht vor der Turnhalle, das andere Tor befindet sich direkt in Höhe des Hauses der Eheleute M. Nach Beschwerden der Eheleute M über vielfältige Belästigungen, die von der Nutzung der Grünfläche als Bolzplatz ausgehen (insbesondere Belästigungen durch Lärm verursacht durch Schüsse auf die Toranlagen, Rufe u.ä., durch herumfliegende Bälle, durch Feiern nach der sportlichen Betätigung verbunden mit erheblichem Abfallaufkommen etc.), errichtete die Stadt B ein vier Meter hohes Ballfangnetz hinter dem Tor, das dem Haus der Eheleute M zugewandt ist, und entfernte das Tor vor der Turnhalle. Außerdem stellte die Stadt B zwei Schilder an der Grünfläche auf, auf denen sie – kaum lesbar – darauf hinwies, dass die Grünfläche eine Spielwiese sei und nur bis zum Einbruch der Dämmerung, spätestens bis 20.00 Uhr, benutzt werden dürfe. Zudem bepflanzte die Stadt B die Fläche zusätzlich.

Alle diese Maßnahmen der Stadt B blieben ohne Wirkung. Die Grünfläche wurde weiterhin intensiv, vor allem in den Sommermonaten regelmäßig bis in den späten Abend hinein, als Bolzplatz benutzt. Als die Eheleute M diese Situation endgültig leid waren, beantragten sie im Herbst 2009 bei der Stadt M die Beseitigung des Bolzplatzes. Den Antrag lehnte die zuständige Bauaufsichtsbehörde der Stadt M nach Anhörung der Eheleute M ab und stützte ihre Entscheidung darauf, dass nach der Begründung des Bebauungsplans der Bereich u.a. auch als Spielfläche für unorganisierte Gruppen fungiere. Daher sei die Nutzung der Spielfläche durch unorganisierte Gruppen, auch in bolzplatzähnlicher Weise, grundsätzlich planungsrechtlich nicht unzulässig. Durch das Aufstellen der beiden Hinweisschilder, die Verdichtung der Bepflanzung, den Abbau eines Tores und die Errichtung eines vier Meter hohen Ballfangnetzes werde der Anreiz für unorganisierte Gruppen, die Fläche als Bolzplatz zu nutzen, zwangsläufig gehemmt; eine Belästigung durch Bälle werde weitgehend ausgeschlossen.

---

33 In Anlehnung an *VG Köln* Urt. v. 30.10.2008 – 13 K 403/08 (juris).

Übungsfall Nr. 4

Die Eheleute M geben sich mit diesem Bescheid nicht zufrieden. Sie wollen ihren Anspruch auf Beseitigung der Bolzanlage nun gerichtlich durchsetzen und erheben fristgemäß Klage vor dem zuständigen Verwaltungsgericht. Hat ihre Klage Aussicht auf Erfolg?

Anmerkung: Etwaige Ansprüche der Eheleute M außerhalb des Baurechts sind nicht zu prüfen. Auch im Übrigen sind Vorschriften außerhalb des Baurechts nicht zu prüfen.

Lösung

Die Klage der Eheleute M hat Erfolg, wenn sie zulässig und begründet ist.

1. Zulässigkeit der Klage

a) Eröffnung des Verwaltungsrechtswegs

Für die Klage der Eheleute M müsste der Verwaltungsrechtsweg eröffnet sein. Mangels Einschlägigkeit einer auf- oder abdrängenden Sonderzuweisung könnte der Verwaltungsrechtweg gemäß § 40 Abs. 1 S. 1 VwGO eröffnet sein. Eine öffentlich-rechtliche Streitigkeit i.S.d. § 40 Abs. 1 S. 1 VwGO ist gegeben, wenn die streitentscheidende Norm eine Vorschrift ist, die einen Träger hoheitlicher Gewalt berechtigt bzw. verpflichtet (sog. Sonderrechtstheorie). Die Eheleute M begehren den Erlass einer gefahrenabwehrrechtlichen Ordnungsverfügung auf der Grundlage des § 61 Abs. 1 S. 2 BauO NRW. Diese Vorschrift berechtigt bzw. verpflichtet die zuständige Bauaufsichtsbehörde als Träger hoheitlicher Gewalt. Somit liegt eine öffentlich-rechtliche Streitigkeit, die auch nichtverfassungsrechtlicher Art ist, vor. Der Verwaltungsrechtsweg ist demnach nach § 40 Abs. 1 S. 1 VwGO eröffnet.

b) Statthafte Klageart

Welche Klageart statthaft ist, richtet sich nach dem Begehren der klagenden Eheleute M (vgl. § 88 VwGO). Die Eheleute M begehren den Erlass einer gefahrenabwehrrechtlichen Ordnungsverfügung auf der Grundlage des § 61 Abs. 1 S. 2 BauO NRW. Die Ordnungsverfügung stellt einen Verwaltungsakt i.S.d. § 35 S. 1 VwVfG NRW dar. Statthafte Klageart ist demnach die Verpflichtungsklage nach § 42 Abs. 1 VwGO. Nachdem die Stadt den Erlass der beantragten Ordnungsverfügung zuvor mittels Verwaltungsakt i.S.d. § 35 S. 1 VwVfG NRW abgelehnt hat, begehren die Eheleute M den Erlass der beantragten Ordnungsverfügung unter gleichzeitiger Aufhebung der Ablehnungsverfügung. Um dieses Rechtsschutzziel zu erreichen, müssen die Eheleute M eine Verpflichtungsklage in Form einer Versagungsgegenklage nach § 42 Abs. 1 VwGO erheben.

c) Klagebefugnis

> **JURIQ-Klausurtipp**
>
> Das Vorliegen der Klagebefugnis muss ausführlicher erfolgen als üblich, weil bei einem behaupteten Anspruch auf ordnungsbehördliches Einschreiten geklärt werden muss, dass ein solcher Anspruch nur dann bestehen kann, wenn der Anspruchsteller geltend machen kann, dass die Behörde eine seinen Schutz bezweckende öffentlich-rechtliche Vorschrift zu überwachen hat und ggf. zur Abwehr einer Gefahr einschreiten muss.

Die Eheleute M müssten klagebefugt sein. Gemäß § 42 Abs. 2 VwGO sind sie klagebefugt, wenn sie geltend machen können, durch den Ablehnungsbescheid möglicherweise in ihren Rechten verletzt zu sein. Die Eheleute M machen geltend, durch die Nutzung der Grünfläche als Bolzplatz gestört zu werden. Sie befürchten, in ihrer Gesundheit gefährdet zu werden, und sehen die Stadt B daher in der Pflicht, gegen die Nutzung der Grünfläche als Bolzplatz einzuschreiten. Die Eheleute M machen somit geltend, dass die Nutzung der Grünfläche als Bolzplatz baurechtswidrig ist und die Stadt B daher zum Schutz ihrer Rechtsgüter einschreiten muss.

Fraglich ist, ob die Eheleute M aus der geltend gemachten Verpflichtung der Bauaufsichtsbehörde, gegen die behauptete baurechtswidrige Nutzung der Grünfläche einzuschreiten, einen eigenen Anspruch gegen die Bauaufsichtsbehörde auf Einschreiten herleiten können. Dagegen könnte sprechen, dass es keinen allgemeinen Anspruch des Bürgers gegen die öffentliche Gewalt auf Gesetzesvollziehung gibt. Einen eigenen Anspruch können die Eheleute damit nur dann haben, wenn die Vorschriften, die die Bauaufsichtsbehörde im Gefahrenabwehrrecht zu überwachen hat, auch den Schutz der Eheleute M bezweckt. Gemäß § 61 Abs. 1 S. 2 i.V.m. S. 1 BauO NRW haben die Bauaufsichtsbehörden u.a. bei der Nutzung baulicher Anlagen darüber zu wachen, dass die öffentlich-rechtlichen Vorschriften und die aufgrund dieser Vorschriften erlassenen Anordnungen eingehalten werden. Zu diesen öffentlich-rechtlichen Vorschriften gehören auch die Festsetzungen eines als Satzung erlassenen Bebauungsplans. Im vorliegenden Fall können sich die Eheleute M auf die Ausweisung der Gründfläche im Bebauungsplan als Dorfplatz berufen. Bereits aus der dazu gehörenden Begründung im Bebauungsplan ergibt sich, dass diese Festsetzung gerade mit Rücksicht auf die Interessen der betroffenen Nachbarn erfolgte. Da sich diese objektive und bezweckte Begünstigung der Eheleute M als betroffene Nachbarn nicht nur als Rechtsreflex darstellt, sondern auf Durchsetzbarkeit angelegt ist, hat die Festsetzung demnach nachbarschützende Wirkung.

Die Eheleute M sind somit klagebefugt i.S.d. § 42 Abs. 2 VwGO.

d) Vorverfahren

Ein verwaltungsgerichtliches Vorverfahren gemäß §§ 68 ff. VwGO mussten die Eheleute M vor der Erhebung ihrer Klage nicht durchführen, weil der Ablehnungsbescheid der Stadt B im Herbst 2009 ergangen ist und die zu dieser Zeit ergehenden Bescheide von der Durchführung des Vorverfahrens ausgeschlossen sind (vgl. § 6 Abs. 1 AG VwGO NRW).

e) Richtiger Klagegegner

Richtiger Klagegegner der Verpflichtungsklage ist gemäß § 78 Abs. 1 Nr. 2 VwGO i.V.m. § 5 Abs. 2 S. 1 AG VwGO NRW die Bauaufsichtsbehörde der Stadt B.

f) Beteiligten- und Prozessfähigkeit

Die Beteiligten- und Prozessfähigkeit der Eheleute M folgt aus §§ 61 Nr. 1; 62 Abs. 1 Nr. 1 VwGO und die der Bauaufsichtsbehörde der Stadt B aus §§ 61 Nr. 3 VwGO i.V.m. § 5 Abs. 1 AG VwGO NRW; 62 Abs. 3 VwGO.

g) Klagefrist

Die Klagefrist gemäß § 74 Abs. 2 VwGO ist nach den Angaben im Sachverhalt gewahrt.

h) Rechtsschutzbedürfnis

Die Eheleute M müssten ein Rechtsschutzbedürfnis für die Klage vor dem Verwaltungsgericht haben. Dies ist der Fall, wenn sie ihr Rechtsschutzbegehren nicht auf eine andere Art und Weise schneller und einfacher erreichen können. Zweifel könnten insoweit bestehen, als die Eheleute M ihren Anspruch auf Einschreiten statt auf § 61 Abs. 1 S. 2 BauO NRW auf §§ 823, 906 ff., 1006 BGB stützen könnten. Dann müssten sie ihr Rechtsschutzbegehren auf dem Zivilrechtsweg verfolgen. Da der Verwaltungs- und Zivilrechtsrechts aber rechtlich gleichwertig sind, können die Eheleute M nicht auf den Zivilrechtsweg verwiesen werden. Sie haben demnach ein Rechtsschutzbedürfnis.

i) Ergebnis zu 1.

Die Verpflichtungsklage der Eheleute M ist zulässig.

2. Begründetheit der Klage

Die Verpflichtungsklage der Eheleute ist begründet, wenn der Ablehnungsbescheid der Bauaufsichtsbehörde rechtswidrig ist und die Eheleute M in ihren Rechten verletzt. Dies ist dann der Fall, wenn sie einen Anspruch gegen die Bauaufsichtsbehörde auf Einschreiten gemäß § 61 Abs. 1 S. 2 BauO NRW haben.

> **JURIQ-Klausurtipp**
>
> Denken Sie daran, die verschiedenen Entscheidungsmöglichkeiten des Verwaltungsgerichts nach § 113 Abs. 5 VwGO an dieser Stelle bereits zu erwähnen! Relevant wird diese Unterscheidung dann erst wieder auf der Rechtsfolgenseite der Anspruchsnorm, nämlich beim Prüfungspunkt „Ermessen".

Da diese Vorschrift das Einschreiten der Bauaufsichtsbehörde in deren Ermessen stellt (vgl. Wortlaut „nach pflichtgemäßem Ermessen"), haben die Eheleute M grundsätzlich nur einen Anspruch auf ermessensfehlerfreie Entscheidung der Bauaufsichtsbehörde mit der Folge, dass das Verwaltungsgericht nur ein Bescheidungsurteil erlassen kann (vgl. § 113 Abs. 5 S. 2 VwGO). Etwas anderes gilt dann, wenn das Ermessen der Bauaufsichtsbehörde auf Null reduziert; in diesem Falle besteht ein Anspruch auf Einschreiten mit der Folge, dass das Verwaltungsgericht die Bauaufsichtsbehörde zum Einschreiten verurteilen kann (vgl. § 113 Abs. 5 S. 1 VwGO).

a) Anspruchsgrundlage

Anspruchsgrundlage für eine ermessensfehlerfreie Entscheidung über ein bzw. auf ein ordnungsbehördliches Einschreiten der Bauaufsichtsbehörde ist § 61 Abs. 1 S. 2 BauO NRW.

b) Formelle Anspruchsvoraussetzungen

Die Eheleute M müssten das begehrte ordnungsbehördliche Einschreiten bei der Bauaufsichtsbehörde als zuständiger Behörde geltend gemacht haben, die im richtigen Verfahren entschieden hat. Das begehrte ordnungsbehördliche Einschreiten haben die Eheleute M bei der zuständigen Bauaufsichtsbehörde beantragt. Dies ergibt sich ohne Weiteres aus dem Sachverhalt. Die Bauaufsichtsbehörde hat mangels entgegenstehender Hinweise im Sachverhalt im richtigen Verfahren entschieden, insbesondere hat sie die Eheleute M vor Erlass des belastenden Ablehnungsbescheides nach § 28 Abs. 1 VwVfG NRW angehört. Die formellen Anspruchsvoraussetzungen liegen demnach vor.

c) Materielle Anspruchsvoraussetzungen

Die materiellen Anspruchsvoraussetzungen müssten vorliegen. Dies ist dann der Fall, wenn ein baurechtswidriger Zustand besteht und die Tatbestandsvoraussetzungen des § 61 Abs. 1 S. 2 BauO NRW vorliegen.

aa) Bestehen eines baurechtswidrigen Zustandes

Die Nutzung der als Dorfplatz ausgewiesenen Grünfläche als Bolzplatz könnte baurechtswidrig sein. Die Baurechtswidrigkeit kann sich aus einer Verletzung bauplanungs-, bauordnungs- und/oder sonstiger öffentlich-rechtlicher Vorschriften ergeben. Da Vorschriften außerhalb des Baurechts nach dem Bearbeitervermerk nicht zu prüfen sind, kann ein baurechtswidriger Zustand nur durch die Verletzung baurechtlicher Vorschriften bedingt sein.

(1) Verletzung bauplanungsrechtlicher Vorschriften

Die Nutzung der Grünfläche als Bolzplatz könnte gegen Bauplanungsrecht verstoßen. Der Bebauungsplan weist die Grünfläche als „öffentliche Grünfläche, Dorfplatz" aus. Die Festsetzung als „öffentliche Grünfläche" ist gemäß § 9 Abs. 1 Ziff. 15 BauGB zulässig. Die Festsetzung „Dorfplatz" konkretisiert die Ausweisung des Areals als öffentliche Grünfläche. Eine Nutzung als Bolzplatz ist davon nicht umfasst. Dies gilt umso mehr, als sich der Begründung des Bebauungsplans entnehmen lässt, dass eine Nutzung als Bolzplatz wegen des Konfliktpotentials dieser Nutzung gerade nicht gewollt war.

Fraglich ist, ob sich etwas anderes daraus ergeben könnte, dass die Grünfläche nach der Begründung des Bebauungsplans auch als Spielfläche für unorganisierte Gruppen dienen soll. Darunter könnten Hobbyfußballer, die sich spontan treffen und zusammen spielen, fallen. Mit Spielfläche könnte aber auch ein Kinderspielplatz gemeint sein. Eine solche Spielfläche stellt Einrichtungen mit einer Ausstattung bereit, die für Kinder bis zu 14 Jahren zugeschnitten ist und die durchaus auch eine Fläche für Ballspiele umfassen kann. Ein Bolzplatz zeichnet sich demgegenüber dadurch aus, dass sich dort Jugendliche und Erwachsene spielerisch und sportlich austoben, indem sie spontan und weitgehend regellos Fußball spielen. Vergleicht man beide Nutzungsarten, kann man im vorliegenden Fall bereits mangels entsprechender Einrichtungen nicht von einem bloßen Kinderspielplatz sprechen; vielmehr liegt – wie auch die Ausstattung des Platzes zeigt – ein Bolzplatz vor. Da die öffentliche Grünfläche gerade nicht als Bolzplatz genutzt werden soll, widerspricht die gleichwohl so praktizierte Nutzung der Festsetzung im Bebauungsplan und ist damit bauplanungsrechtswidrig.

(2) Verletzung bauordnungsrechtlicher Vorschriften

Die Nutzung der Grünfläche als Bolzplatz könnte gegen Bauordnungsrecht verstoßen. In Abweichung vom Grundsatz der Genehmigungspflichtigkeit nach § 63 Abs. 1 S. 1 BauO ist der Bolzplatz als bauliche Anlage i.S.d. § 2 Abs. 1 S. 1 BauO NRW gemäß § 65 Abs. 1 Nr. 29 BauO NRW nicht genehmigungspflichtig. Dies ändert aber nichts daran, dass auch diese bauliche Anlage nicht in Widerspruch zu den öffentlich-rechtlichen Vorschriften stehen darf (vgl. § 65 Abs. 4 BauO NRW). Zweifel hinsichtlich der bauordnungsrechtlichen Zulässigkeit des Bolzplatzes könnten wegen § 18 Abs. 2 S. 2 BauO NRW bestehen. Bei dem verbliebenen fest einbetonierten Fußballtor und dem Ballfangnetz handelt es sich wegen ihrer festen Installation auf dem Erdboden um ortsfeste Anlagen. Torschüsse, die die Toranlage oder das Ballnetz treffen, verursachen Geräusche dieser Anlagen. Daher sind die Anlagen gemäß § 18 Abs. 2 S. 2 BauO NRW so zu dämmen, dass Gefahren oder unzumutbare Belästigungen nicht entstehen. Ob die Toranlagen und das Ballfangnetz ausreichend gedämmt sind, lässt sich nach den Angaben im Sachverhalt nicht feststellen, so dass die Frage, ob § 18 Abs. 2 S. 2 BauO NRW verletzt wurde, offen gelassen werden muss.

(3) Ergebnis zu aa)

Ein baurechtswidriger Zustand liegt vor, weil die Nutzung der Grünfläche als Bolzplatz jedenfalls bauplanungsrechtlich unzulässig ist.

bb) Vorliegen der Tatbestandsvoraussetzungen des § 61 Abs. 1 S. 2 BauO NRW

Die Tatbestandsvoraussetzungen des § 61 Abs. 1 S. 2 BauO NRW müssten vorliegen. Der Tatbestand des § 61 Abs. 1 S. 2 BauO NRW beschränkt sich auf die Aussage „in Wahrnehmung dieser Aufgaben". Welche Aufgabenwahrnehmung damit gemeint ist, ergibt sich aus § 61 Abs. 1 S. 1 BauO NRW. Dazu gehört u.a. die Aufgabe, bei der Nutzung baulicher Anlagen darüber zu wachen, dass die öffentlich-rechtliche Vorschriften und die aufgrund dieser Vorschriften erlassenen Anordnungen eingehalten werden. Hierunter fällt auch die im vorliegenden Fall in Rede stehende Überwachung, dass die Grünfläche (nur) gemäß den Festsetzungen des Bebauungsplans benutzt wird. Da die Grünfläche entgegen den Festsetzungen des Bebauungsplans genutzt wird, hat die Bauaufsichtsbehörde die erforderlichen Maßnahmen zu ergreifen.

Die Tatbestandsvoraussetzungen des § 61 Abs. 1 S. 2 BauO NRW liegen demnach vor.

d) Ermessen

> **JURIQ-Klausurtipp**
>
> Achten Sie auf den Prüfungsmaßstab: Da Sie das behördliche Handeln aus der Perspektive eines Gerichts prüfen, legen Sie als Prüfungsmaßstab den § 114 VwGO an (vgl. oben Rn. 462).

Nach dem Wortlaut des § 61 Abs. 1 S. 2 BauO NRW steht die Entscheidung, ob bzw. welche Maßnahmen die Bauaufsichtsbehörde bei Vorliegen der Tatbestandsvoraussetzungen trifft, im pflichtgemäßen Ermessen, es sei denn, das Ermessen ist ausnahmsweise auf Null reduziert. Dies ist z.B. dann der Fall, wenn dem Einschreiten der Bauaufsichtsbehörde keine Gesichtspunkte entgegenstehen oder zwar entgegenstehende Gesichtspunkte vorhanden sind, aber gegenüber dem Bedürfnis, gefahrenabwehrrechtlich einzuschreiten, nicht ins Gewicht fallen.

Ein Fall der Ermessensreduzierung ist im vorliegenden Fall gegeben. Die Nutzung der Grünfläche als Bolzplatz steht im offenen Widerspruch zu der Festsetzung des Bebauungsplans. Die Festsetzung im Bebauungsplan als „öffentliche Grünfläche, Dorfplatz" war bewusst deshalb vorgenommen worden, um andere störende

Nutzungen mit Rücksicht auf die betroffenen Nachbarn zu verhindern. Um insoweit einen baurechtmäßigen Zustand wiederherzustellen, muss die Bauaufsichtsbehörde einschreiten und sogar als schärfstes Mittel den Bolzplatz beseitigen, nachdem sich bereits aus der Begründung des Bebauungsplans ergibt, dass aktive oder passive Schallschutzmaßnahmen nicht realisierbar sind und Nutzungseinschränkungen die Gefahr nicht beseitigen.

e) **Ergebnis zu 2.**

Die Eheleute M haben einen Anspruch auf Beseitigung des Bolzplatzes.

3. Ergebnis

Die Verpflichtungsklage der Eheleute M ist zulässig und begründet und hat damit Erfolg. Das Verwaltungsgericht wird ausnahmsweise ein Vornahmeurteil nach § 113 Abs. 5 S. 1 VwGO erlassen.

Sachverzeichnis

Die Zahlen verweisen auf die Randnummern.

Abrissverfügung   344, 432, 436, 456 ff., 464 ff., 470
Abwägung nach § 1 Abs. 7 BauGB   72 ff., 106 ff., 128 ff., 154 ff.
Abwägungsergebnis   73, 77, 128, 131, 154, 156, 160
Abwägungsfehlerlehre   128
– Abwägungsausfall   128 f., 154
– Abwägungsdefizit   128 f., 154
– Abwägungsdisproportionalität   128 f.
– Abwägungsfehleinschätzung   128 f., 154
Abwägungsgrundsätze   108
Abwägungsvorgang   73 ff., 128, 130 f., 154, 157, 160
– äußere Seite des ~s   138
– Bewertungsausfall   131
– Bewertungsfehleinschätzung   131
– Ermittlungsausfall   131
– Ermittlungsdefizit   131
– innere Seite des ~s   138
Abweichungen   387
allgemeine Planungsleitlinien   89
Anpassungspflicht   94 f.
Anstoßfunktion   64
Art der baulichen Nutzung   99, 257 ff.
Aufstellungsbeschluss   50 ff.
Ausfertigung eines Bebauungsplans   82
Ausführungsgenehmigung   354
Ausnahmen   262, 264 f.
Außenbereich   226, 245 f., 250 ff., 284 ff., 318
– nicht-privilegierte Vorhaben   286, 308 ff.
– privilegierte Vorhaben   285, 287 ff.
– Rückbauverbot   307, 316
– Schonungsgebot   307, 316
– teilprivilegierte Vorhaben   313
Außenbereich im Innenbereich   248
Außenbereichssatzung   314

bauaufsichtliche Verfügungen
– Rechtmäßigkeit   437 ff.
– Rechtsschutz des Bauherrn   476 ff.
– Rechtsschutz des Nachbarn   484 ff.
– Vollstreckung   473 f.
Baufreiheit   6, 8, 310, 346, 399

Baugenehmigung   343 ff.
– Ablehnung der ~   390
– Anspruch auf Erteilung   362 ff.
– Arten   354; *siehe auch* Vorbescheid, Teilbaugenehmigung, Typengenehmigung, Ausführungsgenehmigung
– Bauantrag   367 ff.
– Baulast   396 f.
– Erteilung der ~   391
– Erteilung unter Beifügung von Nebenbestimmungen   392 ff.
– feststellende Regelung   348
– Geltungsdauer   353
– Genehmigungsfähigkeit eines Vorhabens   381; *siehe auch* genehmigungsfähiges Vorhaben
– Genehmigungspflichtigkeit eines Vorhabens   376 ff.; *siehe auch* genehmigungspflichtiges Vorhaben
– Koordinationsmodell   383; *siehe auch* Koordinationsmodell
– modifizierende Auflage   395; *siehe auch* modifizierende Genehmigung
– präventive Bauüberwachung   344, 347
– präventives Verbot mit Erlaubnisvorbehalt   346
– Rechtsnatur   348 ff.
– Rechtsschutz des Bauherrn   399 ff.
– Rechtsschutz des Nachbarn   405 ff.
– verfügende Regelung   348
Baulast   396 f.; *siehe auch* Baugenehmigung
Bauleitpläne   18, 23 ff.; *siehe auch* Bebauungsplan, Flächennutzungsplan
bauliche Anlage i.S.d. BauGB   233 ff.
bauliche Anlage i.S.d. BauO NRW   377
Bauordnung   14
Bauordnungsrecht   12, 14 f.
– formelles ~   15, 345
– Gefahrenabwehrrecht   343 f.; *siehe auch* Bauüberwachung
– materielles ~   14, 345
Bauplanungsrecht   12 f.
bauplanungsrechtliche Zulässigkeit von Vorhaben   225 ff.

Sachverzeichnis

Baurecht
- Begriff 4
- Unterscheidung zwischen privatem und öffentlichem ~ 5 ff.
- Verhältnis zwischen privatem und öffentlichem ~ 9 ff.

Baurechtsgutachten des Bundesverfassungsgerichts 12

Bauüberwachung
- präventive ~ 343 ff.; *siehe auch* Baugenehmigung; *Siehe Baugenehmigung*
- repressive ~ 431 ff.; *siehe auch* Stilllegungsverfügung, Nutzungsuntersagung, Abrissverfügung
- Unterscheidung zwischen präventiver und repressiver ~ 344

Bauverbote 389

Bauweise 104

Bebauungsplan 23, 31 ff.
- Arten 98
- einfacher ~ 98, 226, 242 f., 245, 266 ff.
- Gegenstand 32
- Inhalt 33 ff., 96 ff.
- qualifizierter ~ 98, 226, 242, 255 ff.
- Rechtmäßigkeit 39 ff.
- Rechtsnatur 38
- Rechtsschutz 184 ff.; *siehe auch* Normenkontrollverfahren gegen einen Bebauungsplan
- vorhabenbezogener ~ 226
- §§ 214 ff. BauGB 116 ff.

Bebauungsplan in Vorbereitung 227, 319 ff.
- formelle Planreife eines Vorhabens 322 f.
- materielle Planreife eines Vorhabens 324
- Zulässigkeit eines Vorhabens 321 ff.

Befreiungen 262 ff.

Bekanntgabe eines Bebauungsplans 83

besondere Planungsleitlinien 89

Bestandsschutz 317, 455, 459

Bodenrecht 12

Duldung 463, 467 f.

EAG Bau 2004 78, 107, 127, 130, 154, 280

Einvernehmen der Gemeinde 327 ff.
- Anforderungen 332 ff.
- Ersetzung 338 ff.
- Rechtsnatur 335
- Rechtswirkungen 336 f.

Entwicklungsgebot 31, 105, 150 ff.

Erforderlichkeit der städtebaulichen Planung 85 ff.

ergänzendes Verfahren 146

Erschließung 261, 283, 306, 315, 326

Fachplanung 22

faktische Vollziehung 428

Festsetzungen in einem Bebauungsplan 96 ff.

Flächennutzungsplan 23 ff.
- Gegenstand 25
- Inhalt 26 ff.
- Rechtsnatur 30

fliegende Bauten 379

Folgen von Verletzungen des BauGB bei Aufstellung eines Bebauungsplans 116 ff.; *siehe auch* Bebauungsplan, §§ 214 ff. BauGB

formelle Planreife 322

förmliche Beteiligung der Öffentlichkeit 63 ff.

frühzeitige Beteiligung der Behörden und der sonstigen Träger öffentlicher Belange 56 ff.

Gebot der Abwägungsbereitschaft 109

Gebot der Gebietsverträglichkeit 259

Gebot der Konfliktbewältigung 111 f.

Gebot der Lastenverteilung 115

Gebot der Rücksichtnahme 113, 260

Gebot gerechter Abwägung 106

gemeindliches Vorkaufsrecht 161

Genehmigung eines Bebauungsplans 81

genehmigungsfähige Vorhaben 381 ff.

genehmigungspflichtige Vorhaben 376

genehmigungspflichtiges Vorhaben 377 f.

Genehmigungssperren 389

Gesetzgebungskompetenzen 12 ff.; *siehe auch* Öffentliches Baurecht

Grundsatz der Trennung unverträglicher Nutzungen 113 f.

Grundstücksteilung 161

Inkrafttreten eines Bebauungsplans 83

Innenbereich 226, 247 ff., 266 ff., 318
- Einfügen in die Eigenart der näheren Umgebung 268 ff.
- im Zusammenhang bebauter Ortsteil 246 ff.
- Keine schädlichen Auswirkungen auf zentrale Versorgungsgebiete 279 ff.

Sachverzeichnis

- Nichtbeeinträchtigung des Ortsbildes 277 f.
- Wahrung der Anforderungen an gesunde Wohn- und Arbeitsverhältnisse 276

interne Unbeachtlichkeitsvorschriften 144

kommunale Bauleitplanung 16 ff.
- Aufgabe 17
- rechtliche Instrumente 18; *siehe auch* Bauleitpläne
- Sicherungsinstrumente 161; *siehe auch* Veränderungssperre, Zurückstellung von Baugesuchen
- Zweck 17

Konzentrationsmodell 383
Koordinationsmodell 383

Maß der baulichen Nutzung 100 ff.
materielle Planreife 324
mehrstufiger Verwaltungsakt 335
modifizierende Genehmigung 395, 402
Musterbauordnung 14

Nachbar 374, 405 ff., 484 ff.
nicht genehmigungspflichtiges Vorhaben 379 f.
Normenkontrollverfahren gegen einen Bebauungsplan 184 ff.
- Begründetheit 213 ff.
- Behördenprinzip 199
- Folgen der Gerichtsentscheidung 222
- Inhalt der Gerichtsentscheidung 221
- objektives Kontrollinteresse 206
- Vorbehaltsklausel 216 ff.
- Zulässigkeit 190 ff.

numerus clausus bauplanungsrechtlicher Festsetzungsmöglichkeiten 96
Nutzungsuntersagung 344, 432, 435, 455, 471

öffentlich-rechtlicher Nachbarschutz 406
öffentlich-rechtlicher Vertrag 389
Öffentliches Baurecht
- Gesetzgebungskompetenzen 12 ff.
- Regelungsgegenstand 7
- Unterscheidung zwischen Bauplanungsrecht und Bauordnungsrecht 12 ff.

Optimierungsgebot 114

Planentwurf 62
Planerhaltung 118
planerische Zurückhaltung 112
Plangewährleistungsanspruch 86

Planrechtfertigung 85 ff.
planreifer Bebauungsplan 195
Planungsermessen 93 ff.
Planungshoheit der Gemeinde 16
präventive Bauüberwachung 343 ff.
präventives Verbot mit Erlaubnisvorbehalt 346
Privates Baurecht 6
privilegierte Planfeststellung 230

qualifizierter Bebauungsplan 98, 244

Raumordnung 21
Recht auf gerechte Abwägung 202
repressive Bauüberwachung 344, 431 ff.; *siehe auch* Stilllegungsverfügung, Nutzungsuntersagung, Abrissverfügung

sachliche Teilflächennutzungspläne 28
Schlusspunkttheorie 383
Schutznormtheorie 410
Schwarzbau 449
Scoping 54
Selbstbindung der Verwaltung 466
Separationsmodell 383
Städtebaurecht 12; *siehe auch* Bauplanungsrecht
Stilllegungsverfügung 344, 432 ff., 454, 457
Störer 469 ff.

Teilbaugenehmigung 354, 359 ff.
Typengenehmigung 354

überbaubare Grundstücksflächen 104
Umweltprüfung 54 f.

Veränderungssperre 162 ff.
- Geltungsdauer 181
- Rechtmäßigkeit 163 ff.
- Wirkungen 178 ff.

Verfahrensgrundnorm 78, 127, 130, 154
Verwaltungsvollstreckung 473 f.
Verwirkung 467 f.
Vorbescheid 355 ff.
Vorhaben i.S.d. BauGB 232 ff.
Vorhaben öffentlicher Bauherrn 379

zivilrechtlicher Nachbarschutz 406
Zurückstellung von Baugesuchen 161, 182 f.
Zusicherung 389

Setzen Sie die richtigen Schwerpunkte!

Die Reihe „Schwerpunkte Pflichtfach"

- systematische Stoffvermittlung mit Tiefgang
- Vorlesungsbegleitung und Vertiefung oder punktuelle Wiederholung vor der Prüfung
- Übungen zur Fallanwendung und zum Prüfungsaufbau anhand von einleitenden Fällen mit Lösungsskizzen

Prof. Dr. Dr. h.c. Franz-Joseph Peine
Allgemeines Verwaltungsrecht
Mit Entscheidungen auf CD-ROM
9. Auflage 2008. € 23,50

Prof. Dr. Peter J. Tettinger † /Prof. Dr. Wilfried Erbguth/ Prof. Dr. Thomas Mann
Besonderes Verwaltungsrecht
Kommunalrecht, Polizei- und Ordnungsrecht, Baurecht
10. Auflage 2009. € 26,-

Prof. Dr. Wolf-Rüdiger Schenke
Verwaltungsprozessrecht
12. Auflage 2009. € 22,50

Prof. Dr. Wolf-Rüdiger Schenke
Polizei- und Ordnungsrecht
6. Auflage 2009. € 23,50

Alle Titel aus der Reihe und mehr Infos unter: www.cfmueller-campus.de/schwerpunkte

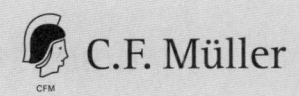

C.F. Müller   Jura auf den gebracht

Blitzschnell nachschlagen:
Textbuch Deutsches Recht

Prof. Dr. Hans-Uwe Erichsen (Hrsg.)
Staats- und Verwaltungsrecht Nordrhein-Westfalen
24. Auflage 2010. € 20,95

Prof. Dr. Dr. h.c. mult. Paul Kirchhof/
Dr. Charlotte Kreuter-Kirchhof (Hrsg.)
Staats- und Verwaltungsrecht Bundesrepublik Deutschland
Mit Lissabonner Vertrag und Begleitgesetzen
49. Auflage 2010. € 15,95

Prof. Dr. Rolf Schwartmann (Hrsg.)
Völker- und Europarecht
Mit WTO-Recht und Zusatztexten im Internet
7. Auflage 2010. € 24,-

Prof. Dr. Rolf Schwartmann/
Dr. Moritz Maus (Hrsg.)
Baurecht. Umweltrecht
Vorschriftensammlung
2. Auflage 2007. € 24,-

Alle Titel aus der Reihe und mehr Infos unter: **www.cfmueller-campus.de/textbuecher**

C. F. Müller   Jura auf den Punkt gebracht

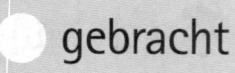